Berliner **BDA**
Architekten
Band III

Jovis

Für die großzügige Unterstützung danken wir:

DORMA Holding GmbH + Co. KGaA, Ennepetal, www.dorma.com

RHEINZINK GmbH & Co. KG, Datteln, www.rheinzink.de

© 2011 by Bund Deutscher Architekten Landesverband Berlin e.V. und jovis Verlag GmbH I Herausgeber: Bund Deutscher Architekten Landesverband Berlin e.V. I Das Copyright für die Texte liegt bei den Autoren. Das Copyright für die Abbildungen liegt bei den Fotografen bzw. bei den Bildrechteinhabern. I Alle Rechte vorbehalten. I Redaktion: Matthias Seidel, Berlin I Übersetzung: Rachel Hill, London; Julian Jain, Berlin I Gestaltung: Susanne Rösler, Berlin I Lithografie: Bild1Druck, Berlin I Druck und Bindung: Druckerei zu Altenburg I jovis Verlag GmbH, Kurfürstenstraße 15/16, 10785 Berlin, www.jovis.de I Bibliografische Information Der Deutschen Nationalbibliothek I Die Deutsche Nationalbibliothek verzeichnet diese Publikation in der Deutschen Nationalbibliografie, detaillierte bibliografische Daten sind im Internet über http://dnb.d-nb.de abrufbar.
ISBN 978-3-939633-85-3

Inhalt Contents

Inhalt	3
Contents	3
BDA Berlin 2008–11	4
BDA Berlin 2008–11	5
Grußwort	6
Welcome Note	7
„Was zählt, ist auf'm Platz" – Baukultur im Alltag	8
"What Matters is in the Street" – Building Culture in Everyday Life	11
Mehr ist mehr. Architektur und Nachhaltigkeit: wie sie zusammenkommen	14
More Is More. How Architecture and Sustainability Can Meet	18
Tatsachenentscheidung oder Grüner Tisch	22
Fact-based Decision-making or Green Table	24
Architekten sind die perfekten Projektentwickler!	26
Architects Make Ideal Project Developers!	28
Büroporträts	31
Office Portraits	31
BDA PREIS BERLIN 2009	170
2009 BDA BERLIN AWARD	171
BDA Galerie: Ausstellungsformate im Wandel	174
BDA Gallery: Changing Exhibition Formats	175
Die Nachwuchsförderpreise des BDA Berlin 2010	178
The BDA Berlin's Young Talent Awards 2010	179
Der BDA Stadtsalon als Ort des Austauschs	182
The BDA's Urban Lounge as a Place of Exchange	183
AG Berufsbild: Projektentwicklung durch Architekten	186
AG Job Description: Project Development by Architects	187
Anhang	190
Appendix	190

BDA Berlin 2008–11

Thomas Kaup, 1. Vorsitzender BDA Berlin

Mit dem vorliegenden dritten Band wird die im Jahr 2005 begonnene Werkschau Berliner BDA Architekten und Architektinnen zu einer Reihe. Sie zeigt im dreijährigen Turnus Entwicklungen im individuellen Werk der beteiligten Büros. Diese stehen in engem Zusammenhang mit baukultureller und stadtentwicklungspolitischer Veränderung, Tendenzen der sich in der Stadt stellenden Aufgaben sowie im Bund Deutscher Architekten und seinen Zielen.

Den Kern bilden 68 Büroporträts, in denen sich neben einer Vielfalt qualitätvoller Bauten und persönlicher Handschriften zusehends die erfreuliche Verjüngung durch eine große Zahl neuer Mitglieder infolge der erreichten inhaltlichen und strukturellen Neuausrichtung des Berliner Landesverbandes gut ablesen lässt. Im vorderen Teil des Buches beleuchten wir mit einem Beitrag von Oliver Herwig das Spannungsfeld zwischen vermeintlichen Anforderungen der Nachhaltigkeit und architektonischer Gestaltung. Wir haben Robert Kaltenbrunner gebeten, aus der Sicht des öffentlichen Bauherrn den Diskurs zur Baukultur fortzuschreiben, der anlässlich der Einrichtung der Bundesstiftung im letzten Band durch Michael Braum eröffnet wurde.

Die gesellschaftliche Verankerung von Baukultur ist ein langfristig angelegtes Projekt. Wie lange können wir – insbesondere der Nachwuchs – auf Verbesserungen der Arbeitsbedingungen warten? Die berufliche Situation für freie Architekten mit ihren vielfältigen Berührungsflächen zu anderen Interessenlagen erfordert eigene Impulse und Ansätze im Bereich der Verfahrenskultur, des Rechts, des Berufsbildes sowie für den Architekturexport. Exemplarisch stehen dafür die folgenden Texte: Der auch in beschränkten Wettbewerben erfolgreiche Leipziger Benedikt Schulz bezieht mit einem Plädoyer für den Abbau von Zugangsbeschränkungen dezidiert Stellung für den offenen Wettbewerb und skizziert damit die Position des Arbeitskreises junger Architekten und Architektinnen im BDA.

In seinem Beitrag erklärt Andreas Becher, wie Architekten – bei entsprechender Risikobereitschaft – durch Nutzung ihrer ureigensten Fertigkeiten mit eigenen Projekten bei anspruchsvoller Planung zugleich auskömmliche Honorierung und Wertschätzung ihrer Arbeit erreichen können. Ausgehend von einer Satzungsänderung in Berlin konnte zu diesem Thema ein mehr als zehnjähriger Dissens im BDA zum Berufsbild aufgelöst und damit bundesweit ein freieres Verständnis der Unabhängigkeit in der Planung erreicht werden.

Der Vorstand wurde 2009 neu gewählt und gerade erneut bestätigt: Gemeinsam mit der stellvertretenden Vorsitzenden Carola Schäfers sowie Andreas Becher, Birgit Frank, Philipp Heydel, Brigitte Kochta, Justus Pysall, Jörg Springer möchte ich eingeführte Formate wie BDA Galerie, den BDA Preis Berlin, Container und Stadtsalon ausbauen und neue Maßnahmen zu Berufsbild und Stadtentwicklung formulieren. Die Vertretung des BDA in der berufsständischen Selbstverwaltung wollen wir stärken und neben dem Blick auf das Zentrum einen kontinuierlichen Dialog mit den Berliner Randbezirken aufnehmen.

Im Sinne der Zielsetzung der vorliegenden Buchreihe und für eine Positionsbestimmung des BDA-Landesverbandes Berlin aus der Vergangenheit über die Gegenwart in die Zukunft haben wir mit der Erarbeitung einer Chronik des im Zuge der Vereinigung von Großberlin 1914 aus verschiedenen Ortsgruppen zusammengefassten Landesverbandes begonnen und hoffen, dieses Werk bis 2014 fertigzustellen.

BDA Berlin 2008–11

Thomas Kaup, 1st Chairperson BDA Berlin

With the publication of the third volume of its kind, the showcase of BDA Berlin's architects' work that began in 2005 has turned into a series. Every three years, the series showcases new developments in the work of participating practices which influence changes in building culture and urban development policies, having a bearing on city-related trends and tasks and on the Association of German Architects (BDA) and its objectives. Sixty-eight office portraits form the core of the book. Apart from a wide range of high-quality buildings and personal styles, these portraits bear witness to a welcome rejuvenescence resulting from a large number of new members. This is due to the new focus in content and structure that has been instituted by the BDA Berlin. In the first part of the book, an article by Oliver Herwig casts light on the interaction between the putative demands of sustainability and architectural design. We also asked Robert Kaltenbrunner to continue the discourse on building culture, which Michael Braum began in the last volume, to coincide with the foundation of the Bundesstiftung Baukultur foundation, from the point of view of public-sector clients.

Anchoring building culture firmly in society is a long-term project. How long can we—particularly young architects—wait for working conditions to improve? The professional situation for freelance architects, with their diverse points of contact to other fields of interest, requires their own input and approaches in the field of process culture, law, the job description, and the export of architecture. The following texts represent examples: Benedikt Schulz from Leipzig who has also been successful in limited competitions, clearly favours open competitions arguing that access restrictions should be abolished thus outlining the position of the BDA's Young Architects Working Group. Andreas Becher explains in his text how architects—with a corresponding willingness to take risks—can use their most inherent skills in their own well-planned projects to obtain both adequate payment and recognition for their work. An amendment to the statutes of the BDA Berlin has resolved a disagreement lasting over ten years pertaining to the job description of architects resulting in a freer understanding of planning liberties all over Germany.

The board was elected in 2009 and has recently been reconfirmed. Together with deputy chairperson Carola Schäfers, and Andreas Becher, Birgit Frank, Philipp Heydel, Brigitte Kochta, Justus Pysall and Jörg Springer, I would like to further develop the newly established formats including the BDA Gallery, the BDA Berlin Award, Container and Stadtsalon, and to redefine the job description and urban development. We aim to enhance the BDA's representation in professional self-administration and to engage in constant dialogue with both the periphery and the centre of Berlin.

To further the objective of this book series and to lead the BDA Berlin from the past, via the present, to the future, we have begun working on a timeline of the BDA Berlin from 1914, when various district groups merged to coincide with the unification of Greater Berlin. We hope to publish that book by 2014.

Grußwort

Reiner Nagel, Leiter Stadt- und Freiraumplanung,
Senatsverwaltung für Stadtentwicklung

Wollte man von der Form des vorliegenden dritten, diesmal grünen Bandes der Publikation *Berliner BDA Architekten* auf den Inhalt schließen, käme man der Wahrheit ziemlich nahe: kompakt, reell, ambitioniert und zeitlos schön. Dabei ermöglichen die inzwischen drei vorliegenden Bände auch einen Rückblick auf die letzten sechs Jahre ab 2005.

Berlin hat sich in dieser Zeit fraglos dynamisch entwickelt. Über mehrere wirtschaftlich erfolgreiche Jahre hinweg konnte der strukturelle Abstand zum Bundesniveau schrittweise verringert werden. Stadtgesellschaftlich ist Berlin gegenwärtig hin- und hergerissen zwischen kiezbezogenen Gentrifizierungsdebatten und gleichzeitigem Bewusstsein für einen Bedeutungszuwachs der Stadt auf internationaler Ebene.

Beides bietet aktuell Anlass für eine stadtentwicklungspolitische Standortbestimmung, wie sie sich beispielsweise im *ARCH+* Sonderheft zu Berlin abbildet. Interessanterweise ist damit aber keine Architekturdiskussion verbunden über Stilfragen des neuen, überwiegend bestandsbezogenen, kontextuellen Bauens. Berlin ist nicht Bilbao, dessen Strukturwandel von Bauten und Bildern ikonografischer Architektur begleitet und teilweise getragen war. Berlin ist (und war immer) anders. Atmosphärische Freiräume und bewohnergetragene Stadtteilmilieus scheinen wichtiger zu sein als die gebaute Umwelt oder das Einzelgebäude. Die Architekten zeichnet aus, dass sie dennoch oder gerade deshalb mit inspirierenden und gestalterisch hochwertigen Bauten zu diesem viel beschriebenen und gelobten Berliner Stil die Grundlage schaffen.

Berliner (BDA-)Architekten genießen zu Recht einen hervorragenden Ruf. Das auch, weil sie häufig national und international mehr bauen als in der eigenen Stadt. Dabei liegen in Berlin in Bestand und Neubau mehr als genug Planungs- und Bauaufgaben. Es geht gerade in Zeiten einer virtuellen Finanzökonomie um die Aktivierung von Nutzern und Bauherren für reale Bauvorhaben. Wohnungsbau könnte der Treiber für eine neue, nutzerorientierte Gestaltungsaufgabe sein: Wie wollen wir (gemeinschaftlich) in der Stadt leben und was können wir der Infrastruktur und integriertes Umfeld bietenden Stadt an stadtgesellschaftlicher Gegenleistung zurückgeben? Für Architekten und Planer liegt die Antwort auch in einer städtebaulich, gestalterisch und im Detail hochwertigen Architektur – zu sehen in den dokumentierten Beispielen dieser Publikation.

Berlin braucht zur Sicherung seines Standortvorteils gegenüber anderen Metropolen nicht nur bezahlbare Mieten, sondern auch finanzierbare Neu- und Umbauten. Bei dieser Gratwanderung sind qualifizierte Planer ebenso wichtig wie die Mitwirkungsbereitschaft einer städtischen Bodenpolitik. Beides sollte direkt unterstützend zusammenwirken, durch integrierte Entwicklungs- und Planungsprozesse. Nicht zuletzt deshalb freue ich mich über das vorliegende Buch, mit dem sich der BDA und seine Mitglieder als Partner in diesem Prozess bestens empfehlen!

Welcome Note

Reiner Nagel, Head of Department for Urban Planning and Open Space,
Senate Department for Urban Development

What the green cover of the current third volume in the Berliner BDA Architekten series seems to hint at on the outside are precisely the qualities one finds inside the book: compactness, practicality, ambition and timeless beauty. Taken together, the three existing volumes provide a review of the work of the last six years starting from 2005.

During this period, Berlin has, without doubt, developed dynamically. Thanks to several economically successful years, the structural gap that had existed between the city and other parts of the country could be considerably reduced. On a social level, Berlin is currently torn between neighborhood-based gentrification debates and a simultaneous awareness of the city's growing international importance. Both these sides represent a current opportunity to undertake an urban development-oriented location assessment as has been done by the ARCH+ special issue on Berlin. Interestingly, this challenge is not related to an architectural debate on matters of style as they may, for example, pertain to new building activity within historical urban contexts. Berlin is not Bilbao whose structural change was accompanied and partly supported by buildings and images representing iconographic architecture. Berlin is (and has always been) different. Atmospheric open spaces and resident-organized urban milieus seem to be more important than the built environment or free-standing iconic buildings. In spite or perhaps precisely because of this, the work of the architects presented in this volume distinguishes itself on account of its inspiring and high-quality design that serves to emphasize the context of this much-described and praised Berlin style.

Berlin's (BDA) architects deservedly enjoy an excellent reputation. This is also so because they often build more in other parts of the country and internationally than in their own city even though Berlin offers numerous planning and building opportunities in historical as well as newly created building contexts. Especially in times of virtual financial economics, it becomes all the more crucial to motivate users and clients for real building projects. Housing can become the catalyst for a new, user-oriented design objective: how do we want to (collaboratively) live in the city and what can we give back to it in urban-social terms for what we receive from it by way of infrastructure and integrating environments? For architects and planners the answer also lies in an architecture that is of a high quality with respect to its urban development, aesthetics and detailing, documented examples of which are presented in this publication.

What Berlin needs for securing the locational advantages it has over other large cities are not only affordable rents but also affordable and realistic new building and conversion projects. For this balancing act to succeed, qualified planners are just as crucial as a conducive urban land management policy. Both ought to directly support each other by means of integrated development and planning processes.

This is one of the reasons that I am so pleased to see this book which commendably illustrates the role the BDA and its members play as partners in this process.

„Was zählt, ist auf'm Platz" – Baukultur im Alltag

Robert Kaltenbrunner, Leiter Bau- und Wohnungswesen, Bundesamt für Bauwesen und Raumordnung

Das Vertraute und Wiedererkennbare, das physisch Fassbare, an das Erinnerungen geknüpft werden und welches Gefühle auszulösen vermag: In unserem „kollektiven Gedächtnis" sind sie, so der Philosoph Maurice Halbwachs, unverzichtbar. Deswegen komme auch dem materiellen Aspekt der Stadt große Bedeutung zu, sei er doch für die affektive Bindung vieler Einwohner ausschlaggebend: Denn eine Mehrzahl der Stadtbevölkerung würde „zweifellos das Verschwinden einer bestimmten Straße, eines bestimmten Gebäudes, eines Hauses sehr viel stärker empfinden als die schwerwiegendsten nationalen, religiösen, politischen Ereignisse".

Gewiss lässt sich die soziale Komplexität des Urbanen nicht auf räumliche Arrangements reduzieren; gleichwohl aber erweist sich so etwas wie „Baukultur" als unverzichtbar, wenn Stadt als Lebenswelt begriffen und beeinflusst werden soll. Gemeint ist damit sowohl das örtliche Erfahrungswissen einer Gesellschaft als auch der gegenwärtige Umgang mit der dreidimensionalen gebauten Umwelt. Die einzelnen Gebäude, ihr Produktionsprozess ebenso wie ihr Zusammenspiel sind Indikatoren für den Lebenswert eines Ortes. Er wird in dreifacher Weise wahrgenommen: funktional im alltäglichen Gebrauch (als Gebrauchswert), ökonomisch über die Nachfrage als Wohn- und Arbeitsort (als Tauschwert) und symbolisch über das Erscheinungsbild und die Atmosphäre des Ortes (als Inszenierungswert).

Nun wäre es jedoch eine Illusion zu erwarten, dass Baukultur von allen Mitgliedern einer Gesellschaft gleich bewertet wird. Gerade weil sie aber mit der Befriedigung der alltäglichen Lebensbedürfnisse zu tun hat, liegt ihre zentrale Aufgabe nach wie vor darin, einen Ausgleich herbeizuführen zwischen der Orientierung am Gemeinwohl und der Optimierung von Eigentums- und Individualrechten Einzelner. Stadtplanung ist dabei, um einen Gedanken des Kultursoziologen Lucius Burckhardt aufzugreifen, ein Zuteilen von Bequemlichkeiten und von Leiden. Denn alles, was sie bewirkt, bringe irgendwelchen Leuten Vorteile und anderen Nachteile. Damit aber müsse man „umgehen".

Doch die Produktionsbedingungen gebauter Umwelt zu thematisieren, ist wenig populär: Es herrscht eine weit verbreitete Planungsfeindlichkeit aus ideologischer Voreingenommenheit und aufgrund partikularer Interessen, Misstrauen gegenüber öffentlichen Maßnahmen und der sogenannten Bürokratie. Zudem ist die Neigung verbreitet, das Prinzip des freien Kräftespiels unterschiedslos auf private und öffentliche Angelegenheiten anzuwenden. Mangelnde Einsichten von Politik, Wirtschaft und Öffentlichkeit in die Komplexität und Tragweite von Planung sind ebenfalls vorherrschend. Aber gerade weil ihre Resultate oftmals wenig Anlass zur Identifikation boten (und bieten), rückt der Prozessbegriff, das heißt die Kultur von Kommunikation und Beteiligung, des Interessenausgleichs und der Entscheidungsbildung in den Vordergrund. Wobei man gar nicht deutlich genug mahnen kann, dass im planerischen Bemühen um „Integration" und „Konsens" nicht der Eigenwert von Gestaltung erneut vernachlässigt wird, wie es bereits einmal in der Planungseuphorie der 1970er Jahre der Fall war. „Messt die Architektur an der Architektur, der Mensch ist das Maß für den Schneider", hatte Nikolai Ladowsky auf dem Höhepunkt der Bilderstürmerei Anfang der 1920er Jahre in Moskau reklamiert. Eine Forderung zwar so unerhört, dass sie in der breiten Öffentlichkeit nicht die geringste Aussicht auf Akzeptanz hatte. Aber auch ein neuer Geltungsanspruch, auf den sich die Stars der heutigen Szene zu berufen scheinen (freilich ohne es explizit zu sagen). Was beispielsweise der US-amerikanische Architekt Frank O. Gehry bewirkte, als er 1997 in einer nordspanischen Stadt den Neubau des dortigen Guggenheim-Museums fertigstellte, ist längst sprichwörtlich geworden – als *Bilbao-Effekt*. Mit diesem Begriff wird nun die gezielte Aufwertung von Orten durch spektakuläre Bauten oder *iconic buildings* von Architekten bezeichnet, die mittlerweile selbst zu Ikonen geworden sind. Natürlich spielen hierbei die Medien eine so bedeutsame wie verkürzende Rolle: Ohne Show geht nichts mehr, Neuerungen in jedem Bereich des täglichen Lebens werden heute grundsätzlich zum Event stilisiert, in der zeitgenössischen Architektur festgehalten, obwohl man die emotionalisierende Postmoderne längst begraben hat. Der Status des „Noch-nie-Dagewesenen" wird für ein Gebäude zum entscheidenden Signum. Und damit scheint Baukultur lediglich zu sein, was als ästhetisch kommuniziert wird – also bestimmte zeichenhafte Architekturen. Diese, und nur diese, werden in der breiten Öffentlichkeit goutiert, für (mehr oder weniger) gelungen befunden. Mit dem Alltag der Bürger – Stichwort: „my home is my castle" – hat das in der Regel herzlich wenig zu tun, mit Baukultur allerdings auch nicht. Freilich offenbart dieser Begriff einen Januskopf. Einerseits entwickelt Baukultur eine kritische Kraft, wenn sie Mangelerscheinungen und Qualitätsverluste aufzeigt, wenn es zu diskutieren und öffentlich zu machen gilt. Andererseits versackt sie hoffnungslos im Reaktionären, Fundamentalistischen, wenn das Bild der heilen, vermeintlich wieder erreichbaren Welt projiziert und vorgegaukelt wird. Aber eben weil die sichtbaren, greifbaren Möglichkeiten der Einflussnahme sich mehr und mehr verflüchtigen, weil die öffentliche Hand Ordnungshoheiten an private Zuständigkeiten abgibt, wird mitunter wieder die omnipräsente Allmacht des Stadtbaukünstlers beschworen. Was möglicherweise Fritz Schumacher (in Hamburg), Ludwig Hoffmann und Martin Wagner (in Berlin) oder Ernst May (in Frankfurt) einmal personifizierten – fast unbeschränkte Verfügung über Boden und Ressourcen, enormen Gestaltungsraum gegenüber konkurrierenden Instanzen und Interessen –, das ist heute indes nicht mehr zu haben.

Doch soll man nun einem mutmaßlichen Ideal hinterhertrauern, das der Soziologe Walter Siebel so schön das „Gott-Vater-Modell von Planung" genannt hat?

Gleichwohl gibt es einen inneren Zusammenhang von gebauter Umwelt und Kultur – den man versuchsweise wie folgt konkretisieren könnte: (1.) Aufgaben und Projekte in den Städten entstehen nicht aufgrund ästhetischer Fragen, sondern anhand konkreter Probleme und/oder Bedürfnisse. Städtebau und Architektur meinen in diesem Zusammenhang in erster Linie Qualitäten beim Erheben und Festlegen der Aufgabenstellungen. (2.) Es braucht innovative Verfahrenskonzepte, in denen andersartige Formen der Kooperation genauso erprobt werden wie neue Instrumente der Qualitätssicherung – von Wettbewerben über Gestaltungsbeiräte bis hin zu internationaler Zusammenarbeit. Dabei ist auch der Stellenwert des Experiments zu stärken, Chancen durch Modelle „offener" Planungen wären zu nutzen, die im Wechselspiel zwischen festem stadträumlichem „Gerüst" und flexibler architektonischer „Füllung" agieren. (3.) Ohne eine intensive Vermittlung können Projekt- und Programminhalte in Architektur und Städtebau heute nur noch schwerlich umgesetzt werden. Man muss nicht erst Stuttgart 21 bemühen: Autokratische Alleinentscheidungen entsprechen nicht mehr den Bedürfnissen und der Forderung der Bürgergesellschaft nach Teilnahme und Mitsprache. Für den Erfolg einer Maßnahme ist die positive Akzeptanz vor Ort von zentraler Bedeutung. (4.) Es braucht klare und nachvollziehbare Qualitätsvorstellungen für das einzelne (Bau-)Objekt, die jenseits einer bloßen „Ökonomie der Aufmerksamkeit" liegen und stets auch das gelingende Zusammenspiel mit der Umgebung im Blick haben.

Vor allem jedoch scheint es nötig, das Bauen (wieder) zu einer res publica zu machen. Zwar hat sich die Architektur – mit ihren „Raumbildern für Lebensstile" und „Bühnenbildern für die Stadtkultur" – in der Erlebnisgesellschaft längst unentbehrlich gemacht. Aber ihre soziale und politische Aufladung, die tatsächliche wie die intendierte, wird nach wie vor zu wenig betrachtet. Schließlich, und um nochmals auf Halbwachs' „kollektives Gedächtnis" zurückzukommen, konsolidiert sich jede Gruppe durch die Schaffung von Orten, die nicht nur Schauplätze ihres Handelns abgeben, sondern Anhaltspunkte ihrer Erinnerung sind – und Symbole ihrer Identität.

"What Matters is in the Street" – Building Culture in Everyday Life

Robert Kaltenbrunner, Head of Department for Building, Housing, Architecture, Federal Office for Building and Regional Planning

Memories are linked to the familiar, recognisable and tangible; they trigger feelings. According to the philosopher Maurice Halbwachs, they are essential to our "collective memory". Being indispensable for the emotional connections many inhabitants make, the material aspect of the city is of great importance. The majority of an urban population would "certainly feel the disappearance of a particular street, a particular building or a house much more strongly than the gravest national, religious or political events."

Of course, the social complexity of what is urban cannot be reduced to spatial arrangements; at the same time, something like "building culture" proves to be essential if the city is to be understood and influenced as a living environment. This refers both to a society's local knowledge gained from experience and to current interaction with the three-dimensional built environment. Individual buildings, their production processes and their interplay indicate the value of living in a particular place. This value is perceived in three ways: functionally in daily use (as practical value), economically as a residential and working location (as exchange value), and symbolically via the appearance and atmosphere of a location (as staged value).

However, it would be an illusion to expect that building culture be rated equally by all members of society. Precisely because it involves satisfying daily needs, its main task remains the creation of an equilibrium between orientation towards the common good and optimisation of individuals' property and personal rights. In this sense, urban planning means dividing up comfort and suffering, as described by the cultural sociologist Lucius Burckhardt. Everything that is brought about by urban planning provides benefits to some people and disadvantages to others. One just has to "deal with it". However, discussing the production conditions of the built environment is less popular. There is a widespread aversion to planning because of ideological preconceptions and particular interests and a mistrust of official measures and so-called bureaucracy. There is a tendency to apply the principle of free dynamics equally to private and public matters, and a lack of insight on the part of politics, the economy and the public into the complexity and range of planning. But precisely because the results of planning often provided (and provide) little means of identification, it is "process" that includes a culture of communication, participation, a balance of interests and decision-making that begin to be of crucial importance. At the same time, one cannot warn strongly enough that the intrinsic value of design should not again be neglected in planning endeavours to secure "integration" and "consensus", as was already the case during the planning euphoria of the nineteen-seventies.

"Judge architecture by architecture. The human being is the measure for the tailor," declared Nikolai Ladovsky at the height of iconoclasm in Moscow at the beginning of the nineteen-twenties. His call was so outrageous that it did not have the slightest chance of being accepted by a wider audience. But it is also a new claim to validity, to which the stars of the contemporary scene seem to refer (obviously without explicitly saying so). For example, what the US architect Frank O. Gehry achieved when he completed the new Guggenheim Museum building in a northern Spanish city in 1997 has long since become a term in its own right: the Bilbao Effect. This term is now used to describe the specific regeneration of places through spectacular or *iconic buildings* designed by architects who have themselves become icons over time. Naturally, the media play a role that is as important as it is limiting: performance is a must; innovations in every area of daily life are now fundamentally stylised as events and preserved in contemporary architecture although we have long since buried the emotionalising postmodern. The status of "never existed before" has become the decisive symbol for new buildings. Hence, building culture appears to be only what is communicated in terms of aesthetics—that is, certain symbolic architecture. These buildings —and only these buildings—are praised by the general public and considered to be (more or less) successful. This has pretty little to do with people's everyday lives or the motto "My home is my castle". But it also has nothing do with building culture. Of course, this term also has two sides. On the one hand, building culture develops critical power when it points out flaws and a loss of quality, or when it comes to discussing and making matters public. On the other hand, it sinks hopelessly into "reactionisms" and fundamentalisms when it projects the image of a perfect world that can apparently be recreated and when it deceives people. But the omnipresent omnipotence of the urban architectural artist is partly being conjured precisely because the visible, tangible possibilities of influencing are increasingly disappearing and because the public sector is handing over decision-making sovereignty to the private sector. What Fritz Schumacher (in Hamburg), Ludwig Hoffmann and Martin Wagner (in Berlin) or Ernst May (in Frankfurt) may once have personified, i.e. almost unlimited access to land and resources, huge design scope in comparison with competing entities and interests, is no longer available. But should one mourn a supposed ideal, which the sociologist Walter Siebel so aptly described as the "God-Father-Model of Planning"? At the same time, there is an internal connection between the built environment and culture, which one could attempt to express as follows in concrete terms: (1) Tasks and projects do not arise in cities because of aesthetic issues, but due to concrete problems and/or needs. In this context, urban planning and architecture primarily mean qualities in assessing and defining the tasks. (2) There is a need for innovative procedure concepts in which other forms of cooperation are tested exactly like new instruments of quality assurance—from competitions and design committees to international collaboration. In doing so, the threshold for experimentation should be strengthened; the opportunities provided by the models of "open" planning, which function in the interaction between fixed "frameworks" in urban space and flexible architectural "filling" should be used. (3) Project and programme contents in architecture and urban planning can now only be implemented with difficulty if there is a lack of intensive communication. One does not need to attempt a project like Stuttgart 21: autocratic unilateral decisions no longer reflect civil society's needs and requirements to participate and have its say. Positive local acceptance is of primary importance for the success of a project. (4) Clear and logical quality concepts, which go beyond simple "economy of attention" and always keep successful interaction with the environment in mind, are needed for individual (building) objects.

Above all, it seems to be essential that building is (again) made part of *res publica*. Although architecture—with its "stereograms for lifestyles" and "stage scenery for urban culture" —has long since made itself vital in a fun-oriented consumer society, its social and political charge, both actual and intended, still do not receive much attention. Ultimately—and to return to Halbwachs's "mémoire collective" —each group consolidates itself by creating places that are not just venues of their activities but rather points of reference for their memory and symbols of their identity.

Mehr ist mehr

Architektur und Nachhaltigkeit: wie sie zusammenkommen

Oliver Herwig, Journalist und Autor

Architekten waren die Baumeister der Moderne. Heute sind sie wieder an vorderster Front, als Bildgeber der Zukunft und Katalysatoren des gesellschaftlichen Wandels. Um Nachhaltigkeit kommt niemand mehr herum. Zu lange aber war die Diskussion eine ästhetische. Es ging um Fassaden und sogenannte Wärmedämmverbundsysteme. Und um banales Marketing, das sich bald als „Greenwashing" herausstellte. Darum mal richtig gefragt: Wie sieht ökologisches Bauen in Zukunft wirklich aus?

Nachhaltigkeit[1] hatte einmal einen richtigen Sound, Hippie-Gitarrenakkorde und filigrane Glockentöne. Seit mehr als einer Generation klingen Paolo Soleris bronzene *Windbells* über die Wüste von Arizona. Sie finanzieren Arcosanti, eine Aussteigersiedlung 70 Meilen nördlich von Phoenix. Wer sie verstehen will, muss Phoenix erfahren. Schnellstraßen, Parkplätze, Reklametafeln und Strip Malls schwappen an der Windschutzscheibe vorbei. Von Zentrum keine Spur. In nur 20 Jahren verdoppelte Phoenix seine Fläche. Frank Lloyd Wrights „Broadacre City" von 1932 hat hier Gestalt angenommen. Plötzlich Wüste. Kakteen und staubiges Steppengras krallen sich in roten Sand. Das Gelände steigt auf fast 1200 Meter. An der Cordes Junction, auf halbem Weg nach Flagstaff, führt eine Staubpiste zum Besucherparkplatz. Über rostenden Armierungseisen knarrt der Kran, daneben erhebt sich das Besucherzentrum von 1977, ein fünfstöckiger Betonblock mit quadratischen Erkern. Der Stadtplaner Paolo Soleri wurde 1919 in Turin geboren. Sein Lieblingsbaumeister ist Louis Kahn. Arcosanti nannte er 1970 seine ganz spezifische Verbindung aus Architektur und Ökologie.

Arcosanti liegt auf einem Felsplateau über dem Agua Fria River Valley. Kein Wärmedämmverbundsystem, keine Solarpaneele, keine Wärmepumpe, kein Windrad. Brüchiger Beton knistert in der Sonne. Menschenleer die Piazza unter den 16 Meter hohen Betontonnen der South und North Vault. Verlassen auch die Keramikwerkstatt und die Gießerei. Statt der erhofften 5000 Einwohner leben weniger als 100 Arcosantis in den Betonbauten. Nur rund ein Prozent der Stadt ist überhaupt fertig.

Wenn Soleris Traum von der kompakten amerikanischen Stadt etwas lehrt, dann das: Ökologie braucht weniger Masterpläne, dafür mehr Ideen, die sich im Wettbewerb befinden, dazu eine gesellschaftliche Übereinkunft über das Ziel „Nachhaltigkeit" sowie ausreichend finanzielle Mittel. Ihre Gestalt bleibt Moden unterworfen und ist daher vernachlässigbar.

Gesucht: das Gesicht der Nachhaltigkeit

Mehr als eine Generation nach Soleri ist grünes Bauen vor allem an der Zahl der Kollektoren und Solarzellen auf Deutschlands Dächern zu messen. Nachhaltigkeit ist in der Gesellschaft angekommen, zumindest irgendwie auf der Oberfläche der Häuser. Ohne Subventionen wäre das nie geschehen. Das Gesicht der Nachhaltigkeit aber bleibt weithin ein Klischee. Da schwirren Holzhäuser durch den Kopf mit Wintergärten oder gar Selbstversorgerkommunen mit Strohdächern und Lehmwänden. Das öffentliche Bild der Nachhaltigkeit schwankt zwischen Romantik und technischem Overkill, zwischen High-Tech-Bauten und banalen Wärmedämmverbundsystemen, zwischen Weltverbesserungssucht und Anträgen zur Solarstromeinspeisung.

Ökologie ist ein Geschäft. „Greenwashing" wird vielen vorgeworfen, die ihre Dienstleistungen und Produkte schnell mal ökologisch aufhübschen, zum Beispiel durch klimaneutrale Baumpflanzungen in sonst wo. Wo aber stehen diese Wälder? Selbst dieses „Herausputzen" wäre nicht weiter schlimm, belegt es doch vor allem, welche Dynamik der aus der Forstwirtschaft abgeleitete Begriff des Bundtland-Berichts (Nachhaltigkeit) entfaltet. Nur sollten Worten auch Taten folgen. Dass grün gut fürs Image ist, haben selbst die Strategen der Deutschen Bank begriffen, als sie ihre spiegelverglaste

Konzernzentrale für rund 200 Millionen Euro in ein etwas energiesparenderes Hochhaus verwandelten. Dank neuer Kühl- und Klimatechnik sollen die Doppeltürme nur noch die Hälfte der bisherigen Energie verbrauchen. Nachhaltigkeit hat eben auch einen anderen Effekt, sie lässt sich berechnen. Betriebskosten sind das liebste Argument der Investoren. Während durchschnittlich 30 Jahren verschlingen Strom, Wasser und Reinigung angeblich rund 80 Prozent der gesamten Ausgaben. Baukosten werden damit fast zur Marginalie. Nachhaltiges Bauen verteure die Planung dagegen nur um rund fünf Prozent, heißt es. Wer beim Betrieb spart, führt wertbeständige Immobilien im Portfolio. Auf den Leitmessen der Immobilienwirtschaft, Marché International des Professionnels de l' Immobilier (MIPIM) und Expo Real, lässt sich neben rhetorischem Bombast und bunten Animationen dieser fundamentale Wandel ablesen: Nachhaltigkeit sucht nach einem Gesicht, um nicht zum Unwort des Jahres 2012 zu verkommen.

Ratingagenturen berechnen minutiös Öko-Ranglisten und machen Häuser und Lagen somit vergleichbar. Jahrelang dominierte das US-Siegel Leadership in Energy and Environmental Design (LEED) und gab damit eher minimale Standards vor, nach denen weltweit „grüne Bauten" errichtet und vermarktet wurden. Das änderte sich erst am 12. Januar 2009, als die Deutsche Gesellschaft für Nachhaltiges Bauen (DGNB) ihre ersten Zertifikate überreichte. Inzwischen sind 183 Projekte ausgezeichnet und weitere 158 zum Verfahren angemeldet. Die Ziele klingen ambitioniert: „Eine Reduktion der Heiz-, Kühl- und Wartungskosten um 20 Prozent ist im Bereich des Machbaren", versprach Gründungspräsident Werner Sobek. Häuser sollten nach seinem Willen überhaupt keine Energie mehr verbrauchen, sondern welche produzieren. Plusenergiehäuser klingen zugegebenermaßen viel besser als Passivhäuser.

Das Ziel ist klar, der Weg dorthin keineswegs. Grün ist im Hausbau schon lange nicht mehr eine Frage der Materialien und Methoden, Grün ist eine Rechengröße in einem komplexen Haustechnik-Modell. Heizen und Kühlen bilden die technologischen Nadelöhre. Wer hier Ideen mit Ästhetik verbindet, wird unsere Bilder beim Wandel zur Solarwirtschaft prägen. Das Antlitz der Nachhaltigkeit ist noch nicht entschieden, es lebt von der Kreativität seiner Nutzer und Gestalter. Denn Vielfalt ist kein Problem, Vielfalt ist eine Antwort, wollen wir nicht Standardlösungen von Flensburg bis Mittenwald durchziehen. Wer Verantwortung sagt und ökologisches Bauen meint, sollte daher einen Blick werfen auf regionale Traditionen, die lange schon erprobte Lösungen bereitstellen für die Frage nach dem mehr mit weniger.

Grüne Produkte? Gibt es nicht!

Solange wir nicht in die von Michael Braungart wortgewaltig beschworene Kreislaufwirtschaft unbedenklicher Stoffe einsteigen, und das dürfte Jahrzehnte dauern, bleibt Cradle to Cradle eine Aufgabe. Bis dahin bleibt nur, Material- und Energieströme, die zum Hausbau führen, im Blick zu behalten und möglichst zu reduzieren. Um- und Ausbau des Bestandes werden ohnehin die Architektenaufgaben der Zukunft.

Auch hier ersticken wir in Informationen. Kein Tag ohne Nachhaltigkeitsstatistiken, Umweltanalysen und Ökobilanzen. Rainer Grießhammer, Autor des 1984 erschienenen Öko-Knigge, riet einmal, bei der nächsten Essenseinladung statt Wein lieber eine Energiesparlampe mitzubringen. Die reduziere die persönliche Umweltbilanz um 500 kWh Strom und 330 Kilogramm CO_2. Dass sie aber selbst ein Fall für den Sondermüll ist, erwähnte er nicht. Oder wusste er es noch nicht? Zu oft fehlen harte Kriterien für Nachhaltigkeit. Zu oft werden auf unterschiedlicher Basis gewonnene Zahlen miteinander verglichen. Das Wuppertal Institut für Klima, Umwelt, Energie lobt in seiner Studie Alte Orte, neuer Glanz – res-

sourceneffizientes Bauen und Wohnen im Bestand das österreichische (Stroh-)„S-House" von 2005: „Durch Stroh als Baustoff können die negativen Auswirkungen auf die Umwelt wesentlich verringert werden". Beim „Vergleich einer Strohwandkonstruktion mit einem konventionellen Wandaufbau" zeige sich, dass „die Strohwand in allen Berechnungskriterien bis zum Faktor zehn besser abschneidet." Das Haus wurde für hohe Material- und Energieeffizienz mit dem Rio-Innovationspreis 2006 ausgezeichnet. Hans Peters, Geschäftsführer des Instituts Bauen und Umwelt e. V., sieht diesen Materialfetischismus wesentlich skeptischer. „Grüne Produkte gibt es nicht", behauptet er. Allein ihre Verwendung entscheide darüber, ob sie nachhaltig seien – oder nicht. Bei solchen Einschätzungen hilft die Environmental Product Declaration (EPD). Das Informationssystem gleicht einem Beipackzettel bei Arzneimitteln, nur dass hier der sogenannte ökologische Rucksack des Produkts aufgelistet, also der Energie- und Materialaufwand bei seiner Herstellung beziffert wird. EPD macht Produkte vergleichbar und differenziert zugleich das Label Öko. Was steckt in dem Stoff, wie viel unsichtbare Energie, wie viel Wasser und wie viel CO_2-Ausstoß?

Sogenannte intelligente Baustoffe und Materialien sollen dem Nutzer Arbeit abnehmen. Zweifel sind angebracht. Das beste System versagt, wenn der Mieter oder Hausbesitzer nicht mitspielt. In München entstand ein vernetztes Bürohaus. Das Ziel: höchstmöglicher Komfort bei geringstem Energieverbrauch. Exemplarisch wurde das ungünstigste Büro an der Südwestecke des Gebäudes, das Zimmer mit dem größten Glasanteil und der längsten Sonneneinstrahlung, simuliert. Die thermische Analyse ergab, dass an 16 Stunden im Jahr die Temperatur über 26 Grad Celsius steigt. Das sind wertvolle Ergebnisse. Der Computer bietet nicht nur neue Möglichkeiten zu bauen, sondern auch die Chance, etwas gar nicht zu bauen. Oder besser zu machen, bevor auch nur ein einziger Bagger anrollt.

Raumautomation ist aber nicht ohne Tücken. Verließ ein Mitarbeiter das Büro, fuhren automatisch Lüftung, Heizung und Beleuchtung herunter. Selbstverständlich kann man über eine Fernsteuerung, die Teile der Sensorik enthält, auch individuell bestimmen, ob man die Jalousie nach unten fährt und das Licht anmacht. Viele Nutzer waren bald überzeugt, dass nichts funktioniert. Bis eine Begehung zeigte, dass viele Sensoren gar nicht arbeiten konnten, weil die Fernbedienungen die meiste Zeit unter Bergen von Papier und Akten begraben waren. Fazit: Beste Technik ist nichts ohne informierte Nutzer.

Die neue Verantwortung der Gestalter

Nachhaltiges Bauen ist eine Frage der Bilder. Wie elegant kann ein Haus erscheinen, wie verlockend ist die Aussicht, in ein Gebäude zu ziehen, das der Normalbundesbürger ein ganzes Leben abzahlt und in dem er womöglich Panikanfälle hat, weil er mit der kontrollierten Lüftung nicht zurechtkommt? Aber die äußere Erscheinung sollte man nicht verabsolutieren. Wärmedämmverbundsysteme lösten einen Proteststurm gegen verpackte Häuser und entstellte Denkmale aus. Kritiker prangerten die verheerende Wirkung massiver Dämmung an. Das mag in jedem Einzelfall stimmen, doch der eigentliche Mangel liegt tiefer. Niemand kann mit Sicherheit sagen, ob Verbindungen aus mineralischen Elementen, Dübeln, Klebern und Kunststoffen, aus Polystyrol-Extruderschaum oder Polyurethan-Hartschaum je sinnvoll zu trennen und wiederaufzubereiten sind. An den Fassaden deutscher Häuser kleben vertikale Sondermülldeponien mit ungewissem Schicksal.

Natürlich gibt es Alternativen zum Dämmstoffwahn, der wohl vor allem einer gut geölten Lobby zu verdanken ist: intelligente Planung, die zeitgemäße Haustechnik mit herausragender Gestaltung verbindet und erst so Häuser entstehen lässt, die nicht nur Objekte sind, sondern Adressen und deshalb auch nach 30 Jahren noch stehen.

Unsere Zukunft mag leicht und flexibel daherkommen, modular und miniaturisiert oder portabel und hochästhetisch. Oder unerhört lässig. Unkonventionelle, freche Lösungen gewinnen. Wer Matthias Schuler, Gründer und technischer Direktor von Transsolar, besucht, steht womöglich in einem Büro mit Metallregalen Marke Hobbykeller. Als Raumteiler dient Industrieglas. Von Klimatechnik keine Spur. Transsolar arbeitet ohne abgehängte Decke oder Klimaanlage. Im Sommer steigen die Temperaturen schon mal auf 26 Grad Celsius. „Dann laufen wir eben mit kurzen Hosen rum", meint Schuler.

Der nächste Schritt wird der schwierigste. Baumeister müssen das Einzelobjekt verlassen und größer denken, das Haus mit der Straße vernetzen und in eine flexible Energieinfrastruktur der Zukunft einbetten. Das Passivhaus am Stadtrand könnte sich als hinfälliger erweisen als die schlecht gedämmte WG an der Kreuzung in der Innenstadt. Wer kann schon von sich behaupten, stets das Ganze im Blick zu behalten? Vielleicht reicht es auch, flexibler auf die Optionen der unmittelbaren Nachbarschaft einzugehen.

Viel spricht für eine Gemeinschaft aus Ökologie und Technik; das gilt für Fahrzeuge wie Immobilien und ganze Städte. Sobald Prozesse in den Vordergrund treten und nicht mehr nur Produkte, können Gestalter sich wieder ihrer eigentlichen Aufgabe zuwenden, als Schrittmacher und Bildgeber des Umbruchs.

Was bleibt, bleibt

Die ältesten Dinge werden noch älter. Bronzefibeln und Pyramiden dürften länger halten als alle Bauten der Moderne, länger zumindest als New York City, prophezeit Alan Weisman in seinem Buch *Die Welt ohne uns* (2007). Im Wortsinne wären die Pyramiden damit „nachhaltig". Andererseits dürften uns viele Errungenschaften der Moderne erhalten bleiben, vor allem unser Anspruchsdenken. Soleri, der den Zeitgeist der Hippies traf, predigt wie Henry David Thoreau 100 Jahre zuvor die Abkehr vom Konsum und das einfache Leben. Beschränkung allein aber ist wenig nachhaltig, lehrt das Beispiel Arcosanti. „Das Projekt hat alle Höhen und Tiefen erlebt", erinnert sich Mary Hoadley, Site Coordinator von Arcosanti und rechte Hand von Soleri. „Wir wollten die Welt retten", sagt die studierte Historikerin, „wir dachten, wir könnten Arcosanti in fünf Jahren bauen." Arcosanti war ein Zeltlager der Optimisten. Doch bereits Mitte der 1970er Jahre ließen die Kräfte nach, die Studentenzahlen gingen zurück und der Baukran, Zeichen der Zukunft, wurde zum Sinnbild der Stagnation.

Wer von Nachhaltigkeit schwadroniert und doch nur Hüllen meint, womöglich spektakuläre Fassaden fordert und gedämmte Gebäudehüllen rundweg ablehnt, geht am Kern dieser Mammutaufgabe vorbei. Nachhaltiges Bauen bedeutet, dass wir uns mit dem Bestand auseinandersetzen und hier tragfähige Lösungen gewinnen müssen. Nachhaltigkeit fordert und fördert Vernetzung. Es geht um Konzepte, die einzelne Bauwerke mit ihrer Umgebung verbinden, mit der Straße, dem Stadtteil, den Nachbarn und Quartiersbewohnern. Dazu können sogenannte intelligente Materialien ebenso beitragen wie Holz. Wichtiger denn je sind intelligente Planer und Nutzer, die über den Tellerrand blicken, Normen und Bebauungspläne kritisch hinterfragen und auch vor bewährten Lösungen keine Angst haben. Bauen wird vielfältiger, experimenteller und individueller. Die Zukunft der Architektur hat gerade erst begonnen.

Anmerkung

1   Natürlich müssten wir zwischen grün, nachhaltig und ökologisch differenzieren. Die Flug-Papaya aus Guatemala mag aus ökologischer Landwirtschaft stammen, nachhaltig ist sie nicht, sondern vielleicht nur der Gedanke an ihren besonderen Geschmack. Nachhaltig im Wortsinne könnten hingegen auch Brennelemente sein, die noch Hunderte von Generationen strahlen. Hier soll deshalb auf die Differenzierung verzichtet werden.

More is More
How Architecture and Sustainability Can Meet

Oliver Herwig, Journalist and Author

Architects built the modern era. Now they are back at the forefront as projectors of the future and catalysts of social change. No one can avoid sustainability any more. However, the discussion focused on aesthetics for too long. It dealt with façades and composite heat insulation systems. It also featured banal marketing, which was soon proven to be "greenwashing". As such, the right question to ask would be: what will ecological construction really mean in the future?

Sustainability[1] used to have a distinctive sound of its own: hippie guitar chords and gently chiming bells. For over a generation, the chimes of Paolo Soleri's bronze *Windbells* have been heard across the Arizona desert. They fund Arcosanti, an alternative community seventy miles north of Phoenix. If you want to understand it, you have to experience Phoenix. Driving past motorways, car parks, advertising billboards and strip malls, there is no sign of a city centre. Phoenix doubled in size in just twenty years. Frank Lloyd Wright's Broadacre City (1932) took shape here.

Suddenly the desert appears. Cacti and dusty steppe grass claw into the red sand, with the ground level rising to almost 1,200 metres. At Cordes Junction, halfway to Flagstaff, a dirt road leads to the visitors' car park. A creaking crane towers over rusty concrete reinforcement rods. The visitor centre dating from 1977, a five-storey concrete block with square alcoves, rises up beside it. The urban planner Paolo Soleri was born in Turin in 1919. Louis Kahn is his favourite architect. Arcosanti was the name he gave to his very specific combination of architecture and ecology in 1970.

Arcosanti is situated on a rock plateau above the Agua Fria River Valley. There are no composite heat insulation systems, no solar panels, no heat pumps and no wind turbines. The piazza beneath the sixteen-metre high concrete tons of the South and North Vault is deserted. The pottery workshop and foundry are also empty. Instead of the 5,000 inhabitants Soleri hoped for, fewer than 100 Arcosantis live in the concrete buildings. Only around one per cent of the town has actually been completed.

If Soleri's dream of a compact American city teaches us anything, then it is this: ecology requires fewer master plans and more competing ideas. It also requires societal consensus about the aim of "sustainability" and sufficient funding. Its design remains subject to fashion and can thus be discounted.

Wanted: the face of sustainability

More than a generation after Soleri, green building can be measured above all by the number of collectors and solar panels on roofs in Germany. Sustainability has arrived in society, at least on the surfaces of houses. Without subsidies, this would never have happened. However, the face of sustainability remains a cliché. Images of wooden houses with conservatories or even of self-sufficient communities with thatched roofs and mud walls spring to mind. The public image of sustainability swings between romance and technical overkill, between high-tech buildings and banal composite heat insulation systems, between an addiction to making the world a better place and forms of solar power feed-in.

Ecology is a business. Many firms are accused of "greenwashing" when they quickly prettify their services and products to make them seem green, for example by random climate-neutral planting of trees in an almost random place.. But where are these forests? Even that would not really matter, as it proves what sort of dynamic the term taken from forestry in the Bundtland Report (sustainability) has developed. But words should be followed by action. Even the strategists at Deutsche Bank realised that green is good for their corporate image when they converted their headquarters with its façade of mirror glass into a somewhat energy-saving high-rise building at a cost of around 200 million euro.

Thanks to the new air-conditioning and ventilation technology, the twin towers should only consume half of the energy previously used. Sustainability also has another effect: it can be calculated. Operating costs are investors' favourite argument. Over an average of twenty years, electricity, water and cleaning allegedly devour around eighty per cent of the total costs. Construction costs thus almost become a marginal note. It is said that sustainable construction only makes planning five per cent more expensive. Those who save on operating costs have properties worth stable values in their portfolio. This fundamental transformation can be seen alongside rhetorical bombast and bright animated films at the property sector's main trade fairs, MIPIM and Expo Real: sustainability is looking for a face so that it does not become the most hated word of 2012.

Rating agencies calculate eco ranking lists in minute detail, thus making it possible to compare buildings and locations. For many years, the US LEED seal (Leadership in Energy and Environmental Design) led the field and tended to set the minimum standards to which "green buildings" were constructed and marketed worldwide. This only changed on 12 January 2009 when the German Sustainable Building Council (DGNB) awarded its first certificates. Since then, 183 projects have received awards and a further 158 have been registered for approval. The aims sound ambitious: "a reduction of the heating, cooling and maintenance costs by around twenty per cent is realistically possible," promised the founding president, Werner Sobek. If he gets his way, buildings will no longer consume any energy at all, but will instead produce it. Admittedly, energy-plus houses sound a lot better than passive houses. The aim is clear, but how it can be achieved is not clear at all. Ecology in house building has long since not been a question of materials and methods. Ecology is an operand in a complex housing technology model. Heating and cooling create technological bottlenecks. Those who combine ideas with aesthetics will shape our images in the shift to the solar economy. The face of sustainability has not yet been decided—it relies on the creativity of its users and designers. Diversity is not a problem—it is an answer if we do not want to impose standard solutions from Flensburg to Mittenwald. People who say "responsibility" and mean "ecological construction" should take a look at regional traditions, which hold tried and tested solutions to the question of more using less.

Green products? They don't exist!

As long as we do not arrive at a circular economy of harmless materials so eloquently described by Michael Braungart—and this is likely to take decades—"cradle to cradle" remains a unfulfilled task. Until then, all we can do is keep an eye on the material and energy flows that lead to the construction of a house and reduce them as much as possible. Conversion and extension of existing buildings will be the tasks facing architects in the future.

We are also drowning in information on this subject. Not a day goes by without sustainability statistics, environmental analyses and ecological summaries. Rainer Grießhammer, the author of *Öko-Knigge* [Ecological Etiquette](1984) once advised bringing an energy-saving bulb rather than a bottle of wine the next time one was invited to dinner. This would reduce personal consumption by 500 kWh of electricity and 330 kilograms of CO_2. However, he did not mention that this sort of light bulb is classed as hazardous waste. Or did he not know that at the time? All too often there is a lack of solid criteria for sustainability. All too often comparison is made between figures calculated on different bases. In its 2005 study, *Alte Orte, neuer Glanz – ressourceneffizientes Bauen und Wohnen im Bestand* [Old Places, New Splendour – Resource-efficient Construction and Living in Existing Buildings], the

Wuppertal Institute for Climate, Environment and Energy praised the Austrian straw-bale house ("S-House"): "Using straw as a building material can significantly reduce the negative effects on the environment." The "comparison between a straw-bale wall and a conventional wall" showed that the "straw-bale wall was better by up to a factor of ten in all calculation criteria." The house was awarded the 2006 Rio Innovation Prize for its high material and energy efficiency.

Hans Peter, managing director of the Institute of Construction and Environment, has a far more sceptical view of this material fetishism. "Green products do not exist," he declares. He says that only by using them will we see if they are sustainable—or not. The EPD (Environmental Product Declaration) helps in such decisions. The information system is similar to the information sheet provided with medical drugs, the difference being that it lists the product's "ecological rucksack", i.e. figures on the energy and material consumed in its manufacture. The EPD makes it possible to compare products. At the same time, it shows differences in the label, "eco". What is contained in the material, how much invisible energy, how much water, and how much CO_2 emission?

The idea behind so-called intelligent building components and materials is to relieve the user of some work. Doubts are not misplaced. The best system fails if the tenant or house owner does not do their part. A networked office building was constructed in Munich. The aim was to achieve the highest possible comfort with the lowest energy consumption. As an example, the least favourable office in the south-western corner of the building, the room with the largest amount of glass and the longest period of direct sunlight, was simulated. A thermic analysis revealed that the temperature rose above 26 degrees on 16 hours per year. These are valuable results. Computers do not only deliver opportunities to build, but also the chance not to build something in the first place, or to do it better before even a single digger arrives.

However, room automation is not so straightforward. If an employee leaves the office, the ventilation, heating and lighting are automatically reduced. Of course one can also use remote control, which contains sensor technology elements, to decide for oneself if one wants to put the blinds down or turn on the light. Many users soon became convinced that nothing worked—until an inspection revealed that many of the sensors simply could not work because the remote controls were buried under piles of paper and files most of the time. In short: the best technology is worth nothing without informed users.

Designers' new responsibility

Sustainable building is a matter of image. How elegant can a house appear, how tempting is the prospect of moving into a building that the normal German citizen will pay back for the rest of his life and in which he may have panic attacks because he cannot cope with the controlled ventilation? But the external appearance should not be an absolute. Composite heat installation systems unleashed a storm of protests against wrapped houses and deformed monuments. Critics denounced the devastating impact of massive insulation. This may be true in each individual case, but the actual fault lies deeper. No one can say with certainty whether combinations of mineral elements, screw anchors, adhesive agents, plastics, polystyrene or polyurethane can ever be properly separated and recycled. Vertical hazardous waste depots with an uncertain future are stuck to the façades of German houses. Obviously, there are alternatives to the insulation craze, which mainly came about as a result of a well-connected lobby: intelligent planning, which combines modern housing technology with outstanding design. Only in this way can houses be built that are not mere objects, but rather proper addresses, and will thus also still be there in thirty years' time.

Our future may appear to be light and flexible, modular and miniaturised, or portable and highly aesthetic. Or incredibly laid back. Unconventional, daring solutions win the day. Visitors of Matthias Schuler, the founder and technical director of Transsolar, may find themselves in an office with metal shelves, like those you find in a basement workshop. Industrial glass divides up the space. There is no sign of cooling technology. Transsolar works without lowered ceilings or air conditioning. Temperatures sometimes rise to twenty-six degrees. "So then we wear shorts," Schuler says.

The next step will be the most difficult. Architects need to leave the individual object behind and think bigger. They must link houses to the street and embed them in the flexible energy infrastructure of the future. The passive house in the suburbs could prove to be more untenable than the badly insulated shared flat on the corner in the city centre. Who can say with hand on heart that they always keep an eye on the big picture? Maybe it will be enough to react more flexibly to the option of the immediate neighbourhood.

There is much that speaks for a combination of ecology and technology. This applies to vehicles, properties and entire cities. As soon as processes, rather than just products, come to the forefront, designers can turn to their actual task once again, as trendsetters and projectors of radical change.

What stays, stays

The oldest things become even older. In his book, *The World Without Us* (2007), Alan Weisman predicted that bronze brooches and pyramids are likely to last longer than all of the buildings from the modern era. Hence, the pyramids would be "sustainable" in the true sense of the word. On the other hand, many of the achievements of the modern era are likely to remain, particularly our sense of entitlement. Soleri, who captured the spirit of the hippie age, preached like Henry David Thoreau 100 years before him on turning away from consumption and living simply. However, reduction alone is not very sustainable, as Arcosanti shows.

"The project experienced all sorts of highs and lows," recalls Mary Hoadley, site coordinator at Arcosanti and Soleri's right hand. "We wanted to save the world," said Hoadley, who holds a degree in history. "We thought that we could build Arcosanti in five years." Arcosanti was a tent camp of optimists. But as early as the mid-1970's, energy started to fade, the number of students dropped, and the crane, a symbol of the future, became a sign of stagnation.

People who go on and on about sustainability but only mean cladding, who possibly call for spectacular façades and refuse to even contemplate insulated cladding, are missing the heart of this enormous task. Sustainable construction means that we must deal with existing buildings and find workable solutions. It is a matter of concepts that connect individual buildings to their environment, to the street, the district, the neighbours and people who live in the area. Intelligent materials can contribute to sustainability, as can wood. Intelligent planners and users are more important than ever—people who see the bigger picture, who question norms and development plans critically, and are not afraid of proven solutions. Construction is becoming more diverse, experimental and individual. The future of architecture has only just begun.

Note

1   Naturally, we must distinguish between green, sustainable and ecological. Papayas flown in from Guatemala may come from an ecological farm, but they are not sustainable. Maybe only the thought of their special taste will last. On the other hand, fuel elements that will still produce radiation after hundreds of generations can be sustainable in the true sense of the word. This is why no differentiation should be made here.

Tatsachenentscheidung oder Grüner Tisch

Benedikt Schulz, Architekt

Man durchforstet das unübersichtliche EU-Amtsblatt nach interessanten Wettbewerben, versucht die Bekanntmachung mit den verschlüsselten Bewerbungsbedingungen zu verstehen und erarbeitet eine umfassende Bewerbung. Wird man ausgewählt, stellt sich heraus, dass die Wettbewerbsbedingungen inakzeptabel sind. Seien es die überfrachtete Auslobung, das schlecht besetzte Preisgericht oder die ungenügende Wertung des Wettbewerbs in der VOF[1]-Verhandlung – schon stellen sich Motivationsprobleme ein. Mangels Alternativen und aus Angst vor dem Bannstrahl des Auslobers im Absagefall nimmt man doch teil – und malt trotz unklarer Aufgabenstellung einen der drei ersten Preise auf. Beauftragt wird nach aufwändiger Verhandlung der vierte Preis.

Die Darstellung mag ein wenig überzeichnet sein, doch sie zeigt drei zentrale Probleme des Wettbewerbswesens: die Beschränkung des Zugangs zu Wettbewerben, die Häufung nicht zufriedenstellend verlaufender Wettbewerbsverfahren und die zunehmende Unsicherheit der Beauftragung nach erfolgtem Wettbewerbsgewinn.

Die Wurzel des Übels liegt in der Zugangsbeschränkung. Zum Verständnis halte man sich die Entwicklung vor Augen, die dazu geführt hat. Früher unterlag der Architektenauftrag für öffentliche Bauten dem deutschen Haushaltsrecht. In der Folge wurden Wettbewerbe öffentlich ausgeschrieben, zur Beschränkung des Teilnehmerkreises wurde bei kleineren Aufgaben der regionale Wettbewerb ausgelobt, der den Teilnehmern den Sitz in einer bestimmten Region abverlangte. Eine für Auslober und Teilnehmer gute Regelung, schützte sie doch vor unverhältnismäßigem Aufwand bei der Projektbearbeitung.

Dann kam die Europäische Union mit dem schönen Gedanken des freien Marktzugangs für alle in ganz Europa. Eine faszinierende Idee: So wie der Bauunternehmer aus dem Nachbarland ohne Beschränkung in Deutschland arbeiten darf, kann der deutsche Architekt Wettbewerbe im warmen Spanien bearbeiten! Was aber, wenn er in Deutschland keinen Zugang mehr zu Wettbewerben hat, wie es für die große Mehrheit des Berufsstands aktuell der Fall ist, weil die Auslober aus Furcht vor hohen Teilnehmerzahlen und scheinbar unkontrollierbaren Ergebnissen den Zugang einschränken? Da drängt sich die Frage auf, ob die Zugangsbeschränkung zu Wettbewerben überhaupt mit dem europäischen Grundsatz des freien Marktzugangs vereinbar ist.

Betrachten wir dessen ungeachtet unseren Berufsstand und seine Arbeit. Ist es der deutschen Architektur förderlich, wenn nur noch einige wenige Büros den geschlossenen Zirkel des Wettbewerbswesens bilden? Nein, denn es lassen sich erste Inzesterscheinungen beobachten: die Ergebnisse bei Alltagsaufgaben sehen zunehmend gleich aus, Innovationen sind Mangelware. Das Wettbewerbswesen ist heute kein Experimentierfeld mehr.

Früher war der Architektenwettbewerb Chance und Bühne des beruflichen Nachwuchses. Die heutigen Zugangsbeschränkungen schließen den Nachwuchs aus. Damit droht langfristig ein Qualitätsverlust der deutschen Architektur und ihrer internationalen Wettbewerbsfähigkeit. Noch absurder erscheint das ganze Dilemma, wenn man sich vor Augen hält, dass der Nachwuchs gern mitspielen würde, es nur nicht darf! Das Problem besteht nicht in einem Mangel an Talenten, sondern an ihren Entwicklungsmöglichkeiten.

Die Lösung kann nur im offenen Wettbewerb liegen. Zugangsbeschränkungen zu öffentlichen Wettbewerben müssen komplett entfallen und diese für alle Architekten frei zugänglich sein. Die gefürchteten hohen Teilnehmerzahlen bleiben aus, da die Architekten sich wieder vorrangig auf die Wettbewerbe vor ihrer Haustür konzentrieren. Große Wettbewerbe für bedeutende Bauaufgaben können in zweiphasigen Verfahren bewältigt werden. Bei öffentlichen Bauaufgaben, die sich für Wettbewerbe nicht eignen, bleibt als Alternative die VOF-Verhandlung mit der Auswahl des geeignetsten Büros als Gegensatz zur Auswahl des besten Entwurfs im Architektenwettbewerb. Sämtliche Mischformen wie der in die VOF-Verhandlung integrierte Lösungsvorschlag oder die einem Wettbewerb nachgeordnete VOF-Verhandlung entfallen.

Für die Umsetzung dieses Szenarios ist es erforderlich, dass auch die übrigen Probleme des Wettbewerbswesens gelöst werden. Schlecht durchgeführte Verfahren und nicht beauftragte erste Preise gab es schon immer. Will man im Zeitalter des europäischen Vergaberechts jedoch den Grundgedanken von Wettbewerben bewahren – die Auswahl der besten Lösung –, so steigen der Anspruch an das Wettbewerbsverfahren und der Wert des ersten Preises.

Mit der Novellierung der VOF hat der erste Preis eine bisher wenig beachtete sensationelle Stärkung erfahren: Der Auslober muss nicht mehr zwingend mit allen Preisträgern VOF-Verhandlungen führen, wenn er vorher seine Bereitschaft zur Beauftragung des ersten Preises erklärt hat. Diese quälenden Verhandlungen nach einem Wettbewerb und die damit oft verbundenen Einsprüche können entfallen – wenn der Auslober den Mut hat, die Entscheidung des Wettbewerbs uneingeschränkt mitzutragen! Den Mut für eine bedingungslose Entscheidung kann der Auslober nur aufbringen, wenn alle Kriterien im Verfahren berücksichtigt und im Preisgericht angemessen bewertet werden. Dies setzt eine eindeutige Aufgabenstellung, eine qualifizierte Wettbewerbsbetreuung und ein kompetentes Preisgericht voraus. Die Realität zeigt jedoch häufig gegenteilige Erscheinungen: im Vorfeld zu klärende Fragen werden auf Teilnehmer abgewälzt, Betreuer überfrachten die Verfahren formal und inhaltlich, in den Preisgerichten finden sich zudem Amts-, Quoten- und Berufspreisrichter, die halbherzige Entscheidungen treffen. Wenn aber die Entscheidung eines Preisgerichts zum alleinigen Kriterium der Auftragsvergabe wird, wie es die neue VOF zulässt, steigt der Anspruch an das Verfahren erheblich.

Für das deutsche Wettbewerbswesen käme das klare Bekenntnis zum ersten Preis einer Revolution gleich. Manche Architekten sehen es als sinnvolles Privileg des Auslobers an, den Auftrag an einen der Preisträger vergeben zu dürfen. Warum eigentlich? Wer käme auf die Idee einem anderen Teilnehmer eines 100-Meter-Laufs die Goldmedaille zuzusprechen als dem schnellsten Läufer? Die Analogie zeigt die Widersinnigkeit der VOF-Verhandlung nach dem Wettbewerb, der bereits die beste Lösung hervorgebracht hat. Hasenfußdenken des Auslobers oder Geschäftstüchtigkeit des Wettbewerbsbetreuers mögen dieses deutsche Phänomen erklären – der Sache dient es nicht und gegenüber dem ersten Preis ist es ungerecht. Der Blick in europäische Nachbarländer zeigt zudem, dass die Auftragsvergabe an den ersten Preis erfolgreicher Regelfall sein kann.

Die lange Tradition des Wettbewerbswesens in Deutschland steht vielleicht noch zu sperrig im Raum. Zumindest ist es bisher nicht gelungen, das Instrument Architektenwettbewerb mit den Vorzügen des offenen europäischen Marktes in Einklang zu bringen. Es könnte so einfach sein, auch im europäischen Sinne: Jeder Wettbewerb ist offen für alle und der Gewinner bekommt den Auftrag.

Anmerkung
1   Vergabeordnung für freiberufliche Leistungen

Fact-based Decision-making or Green Table

Benedikt Schulz, Architect

You comb through the confusing EU journal looking for interesting competitions, trying to understand the notices with their cryptic conditions and putting together a comprehensive application. Having been chosen, it turns out that the competition parameters are unacceptable. Whether it is due to the overloaded tender, the badly selected jury or the inadequate evaluation of the competition in the VOF procedure (German procedure for the award of professional services), motivation problems already start to arise. Facing a lack of alternatives and the fear of displeasing the competition host by pulling out, you end up taking part—and, despite a lack of clarity in the way the task has been formulated, you win one of the first three prizes. After complex negotiations, the commission is ultimately awarded to the fourth prize-winner.

Although this depiction may be a little exaggerated, it illustrates the three main problems of competition procedures: limitations in who is allowed to take part, an increase in the rate of competitions that are not run satisfactorily and increasing uncertainty of being commissioned after winning.

The roots of this evil lie in limiting who is allowed to take part. This is easier to understand if you look at the developments that have led to this. Commissioning architects for public buildings used to be under the jurisdiction of German domestic law. As a result, competitions were announced publicly; in the case of smaller projects, regional ones were held to limit the amount of participants, these stipulated that entrants had to be based in a specific region. This was a good rule for both the competition hosts and the participants as it protected them from investing disproportionate efforts in a project. Then the European Union came along with the wonderful idea of free market access for everyone in the whole of Europe. A fascinating idea: just as building contractors from neighbouring countries can work in Germany, so too can German architects take part in competitions in, say, sunny Spain! However, what happens when an architect no longer has access to competitions in Germany, as is the case for the vast majority of those practicing at the moment because the competition host has limited the number of people who can apply for fear of too many apparently unmanageable entries? Then the question arises as to whether limiting competition entries is at all consistent with European free market policy.

Let us look at this without taking our profession and its work into consideration. Is it to the advantage of German architecture if only a few practices form a closed competition circle? No, because the first symptoms of incest can already be seen: the results of everyday building practice are looking more and more alike, innovation is becoming scarce. Competitions no longer provide room for experiment. Architectural competitions used to represent a chance and a stage for up-and-coming professionals. The limitations imposed today exclude the younger generation. This is threatening German architecture and its potential to compete in international competitions in the long term. This whole dilemma seems even more absurd when you consider that the coming generation would like to take part but is not allowed to! The problem is not a lack of talent; it is the lack of opportunity to develop.

The solution to this can only lie in open competitions. Limitations as to who can take part in public competitions must be abolished to open them up to all architects. The feared huge amount of participants will fail to materialise because architects will again prefer to concentrate on competitions that are close to home. Large competitions for important building tasks can take place in two-phase procedures. VOF negotiations, with the aim of selecting the most suitable practice rather than picking the best design in an architectural competition, remains an alternative in the case of public building works that are not suited to competitions. There would then no longer be a need for the hybrid solutions such as that integrated into the VOF or the VOF which is secondary to competitions.

Other problems associated with competition procedures must also be solved if this scenario is to work. Badly organised competitions and those in which the first prize has not been built have always been around. If, in the era of European public procurement, the fundamental idea behind competitions is to be preserved in order to select the best proposal, expectations of competitions rise, as does the value of the first prize.

Amendments to the VOF have meant that the standing of the first prize has seen a major boost, something that has received little attention thus far: the competition host is no longer obliged to enter into VOF negotiations with all of the prize-winners if he declares his willingness beforehand to commission the first prize winner. The torturous negotiations after a competition and the appeals that often go with them thus disappear—as long as the competition host is brave enough to unequivocally accept the competition result!

The competition host can only demonstrate the courage to accept an unconditional decision when all of the initial criteria are taken into account throughout the process and are appropriately assessed by the jury. This requires an unambiguous formulation of the task at hand, qualified competition supervision and a competent jury. However, reality often reveals the opposite: matters that should be resolved in advance are passed onto participants while supervisors overload the procedure with formalities and content-related aspects and the jury consists of functionary, quota and professional judges who make half-hearted decisions. If, however, when the decision of a jury becomes the only criterion for a project to be commissioned, as permitted by the new VOF, levels of trust in the procedure rise dramatically.

Clear commitment to the first prize would be like a revolution in German competition procedures. Some architects consider it to be a reasonable privilege of the competition host to be allowed to commission any one of the prize-winners. Why is that? Who would ever consider awarding the gold medal to any one of the participants in a 100-metre race rather than to the fastest runner? This analogy proves the senselessness of VOF negotiations in the aftermath of a competition that has already yielded the best result. This German phenomenon may perhaps be explained by the cowardly attitude of competition hosts or the business interests of the competition supervisors—it does not serve the procedure well and it is not fair on the first prize winner. The example of neighbouring European countries shows that commissioning the first prize as a rule can be successful.

Perhaps Germany's long tradition of competitions is still blocking the way. It has at least not yet been possible to reconcile the instrument of the architectural competition with the advantages of the open European market. It could be so easy, even from a European perspective: every competition is open to all and the winner gets the commission.

Architekten sind die perfekten Projektentwickler!

Andreas Becher, Architekt

Die Projektentwicklung für Immobilien besteht aus drei Elementen: Grundstück, Idee und Kapital. Demnach sind Architekten die geborenen Projektentwickler: Architekten kennen die Grundstücke. Architekten haben die Ideen. Architekten verfügen über das notwendige Kapital.
Soweit die Theorie! Erfahrungsgemäß haben Architekten jedoch nicht einmal das notwendige Kapital, ein geeignetes Grundstück zu sichern oder zu reservieren. Aber es geht trotzdem: Architekten kennen die Grundstücke, ihre Stadt sowie die zuständigen Vertreter der Behörden, deren Befindlichkeiten und die städtebaulichen Ziele. Architekten wissen wo die richtigen Standorte sind.
Architekten erkennen die Potenziale von Grundstücken. Architekten können erahnen, wie aus schlechten Lagen gute Lagen werden. Architekten wissen auch, wem diese Grundstücke gehören oder können das ganz leicht herausfinden. Nach Klärung der Eigentumsverhältnisse müssen diese Grundstücke belastbar gesichert oder reserviert werden. Dazu braucht man Geduld, Geschicklichkeit und ein wenig Glück!

Architekten haben die Ideen. Sie können Ideen mit Bleistift und Papier für andere sichtbar machen. Mit Zeichnungen und Modellen, mit Computersimulationen oder mit Filmsequenzen. Architekten entwickeln Lösungen und transformieren diese in eine virtuelle Realität. Architekten können damit den beteiligten Laien ihre Gedanken verständlich machen und visualisieren.
Architekten können Nutzungsmaße und Herstellungskosten berechnen. Architekten sind dazu ausgebildet, Funktionsschemata und Projektterminpläne zu erstellen. Architekten haben längst gelernt, verantwortungsvoll mit knappen Budgets umzugehen, kostengünstig und dabei gleichzeitig mit hoher Qualität zu bauen. Architekten haben Fähigkeiten, welche Kaufleute, Juristen oder Immobilienökonomen nicht haben. Aber ohne diese Fertigkeiten ist der Projektentwickler hilflos und machtlos.

Architekten besorgen das notwendige Kapital. Der projektentwickelnde Architekt braucht je nach Projektinhalt 10 bis 35 Prozent Eigenkapital oder Bargeld, bezogen auf die Gesamtkosten des Projektes. Dieser Anteil kann von der Oma, von Freunden, von Privatinvestoren, von Beteiligungsgesellschaften oder Mezzaninkapitalgebern kommen. Der große Rest kommt von einer Bank. Genauso arbeitet auch der klassische Immobilienprojektentwickler.

Der Architekt kennt das Grundstück und hat die richtige Idee. Das ist bei der Projektentwicklung das Wichtigste und das Wertvollste. Das notwendige Kapital wird mit den Zahlen und Fakten und der Geschichte des Projektes beschafft. Die Geschichte zu dem Projekt muss wahr und schlüssig sein und wird immer vom Ende her erzählt. Dabei geht es im Wesentlichen um die Laufzeit des Projektes und die Renditeerwartung nach Abzug aller Kosten. Wenn die Geschichte zum Projekt glaubhaft und belastbar ist – dabei darf die Erwähnung von Chancen und Risiken nicht fehlen – kommt das notwendige Kapital fast wie von selbst.

Das Geld der Investoren liegt bereit. Gut entwickelte und gut aufbereitete Projekte mit Grundstück sind rar! Falls sich ein Investor für das Projekt interessiert und die Frage nach einer Beteiligung mit seinem Geld gestellt wird, muss das Grundstück verbindlich und belastbar auf den projektentwickelnden Architekten oder eine Person seines Vertrauens gesichert oder reserviert sein. Danach – und wirklich erst dann – sagt der Architekt dem Investor, wo das Grundstück liegt und zeigt dem Investor seine Idee. Niemals umgekehrt! Denn sobald die Idee auf dem Tisch liegt oder von dem Kaufmann mit dem Geld, welches wir brauchen, erfasst wurde, ist diese Idee für weitere Verhandlungen wertlos. Falls das Grundstück nicht gesichert war, könnte dieses schon bald jemand anderem gehören.

Der Architekt trägt in seinem Berufsalltag eine immense Verantwortung. Er haftet gesamtschuldnerisch für sein Werk, für die Planung, die Kosten und für die Qualität der Ausführung. Warum sollte der Architekt keine eigene Projektentwicklung wagen?
Die eigene Projektentwicklung ist bei solider Kalkulation ein zuverlässiger Weg, Wertschätzung und auskömmliches Honorar für gute Planung zu erreichen. Gleichzeitig erlaubt die eigene Projektentwicklung, an der Wertschöpfung des Grundstücks und des Projektes zu partizipieren.
Bleiben Sie kreativ!

Architects Make Ideal Project Developers!

Andreas Becher, Architect

Project development for real estate consists of three elements: the site, the idea and the capital. As such, architects would make natural born project developers: Architects understand sites. Architects have ideas. Architects have the necessary capital.

Well, that's how the theory goes! However, experience shows that architects do not even have enough capital to secure or reserve a suitable site. But the following still holds: Architects understand sites. Architects know their city. Architects know the right representatives at the public authorities, as well as their sensitivities and urban planning objectives. Architects know where the right locations are. Architects recognise the potential of sites. Architects can sense how bad locations become good locations. Architects also know who these sites belong to or can easily find out. Once the ownership aspects have been cleared up, these sites must be reliably secured or reserved. This requires patience, skill and a little luck!

Architects have ideas. Architects can do things with a pencil and paper. Architects can show other people their ideas in the form of drawings, models, computer simulations or film sequences. Architects develop ideas and transform them into virtual reality. Architects can then make it possible for the non-experts involved to understand and visualise their ideas.

Architects can calculate usage dimensions and production costs. Architects are trained to produce function schemes and project schedule plans. Architects learned a long time ago how to deal responsibly with tight budgets and how to build high quality at a reasonable cost.

Architects possess abilities that business people, lawyers or property economists do not have. But without these abilities, the project developer is helpless and powerless.

Architects raise the necessary capital. Depending on the project contents, architects who are also developing the project need ten to thirty-five per cent equity or cash in terms of the overall project costs. This share may come from their granny, friends, private investors, investment companies or mezzanine capital investors. Most of the rest comes from the bank. This is exactly how a classical real estate project developer works.

Architects know their sites and have the right ideas. This is the most important and most valuable thing in project development. The necessary capital is raised using the facts and figures and the story of the project. The project story must be true and logical. It is always told from the end. It mostly concerns the duration of the project and the expected profits after all the costs have been covered. If the project story is credible and reliable—it must always mention opportunities and risks—the necessary capital will arrive almost of its own accord.

Investors' money is ready and waiting. Well-developed and well-prepared projects that include a site are rare!
If an investor is interested in a project and asks about investing his or her money, the site must be firmly and reliably secured or reserved by the architect who is developing the project or by a person whom he or she trusts. Afterwards—and really only then—the architect tells the investor where the site is and presents his or her idea. It's never the other way round! As soon as the idea is out in the open or has been grasped by the business people with the money we need, the idea is of no value for further negotiations. If the site was not secured, it could soon belong to someone else.

Architects have enormous responsibility in their daily work. They are liable for their work, planning, costs and the quality of the execution. Why should architects hesitate to conduct their own project development?
If the calculations are solid, doing one's own project development is a reliable way to earn praise and an appropriate fee for good planning. At the same time, one's own project development makes it possible to participate in the added value of the site and project.
Stay creative!

ABELMANN VIELAIN POCK ARCHITEKTEN – AVP

WERTE ERKENNEN WEITERBAUEN
Unsere Philosophie:
Achtung und Bewahrung der architektonischen Konvention als Produkt eines
jahrtausendelangen Entwicklungs- und Erfahrungsprozesses sowie zugleich
die Notwendigkeit, über die Konvention hinaus Authentisches, Neues zu
schaffen als optimale Antwort auf die über das Typologische hinausragende
Einzigartigkeit jeder Aufgabe.

RECOGNISE VALUE AND BUILD ACCORDINGLY
We believe in respecting and preserving architectural tradition understood
as the result of an ongoing developmental and experiential process spanning
thousands of years. At the same time, we realise the necessity to create something authentic and new beyond the bounds of convention, finding optimal
answers that transcend formal typologies in the uniqueness of each new task.

LCS Flugobjekte von Otto Lilienthal in der neuen Ausstellungshalle

Zentralflur der Zwangsarbeiterbaracke mit beid-
seitig abgehenden Stubenzugängen

oben: Originalfassade der Zwangsarbeiterbaracke in Niederschöneweide
unten: LCS Lilienthal-Centrum Stölln, alte Brennerei mit Anbau Flugobjekthalle,
Fassade aus eingefärbtem Stampfbeton

avp architekten
Hasenheide 61 / II
10967 Berlin
Tel.: 030.611 53 13
Fax: 030.611 90 41
avp@abelmann-vielain-pock.de
www.abelmann-vielain-pock.de

Walter Vielain
Architekt BDA
1979–87 Studium GH Kassel
1987/88 Mitarbeit bei
Prof. J. G. Gsteu,
Wien, Kassel
1989–94 wissenschaftlicher
Mitarbeiter an der
HDK Berlin
Seit 1989 gemeinsames
Büro mit Renate Abelmann
(Büro Abelmann + Vielain)
Seit 2001 Bürogemeinschaft
Abelmann Vielain Pock
Architekten

Partner:
Prof. Renate Abelmann
Clemens Pock

Arbeitsschwerpunkte
Bauen im Bestand,
Denkmalpflege, Sanierung,
Ergänzung, Neubau,
Innenausbau, insbesondere
Kultur- und Hochschulbau

Referenzen (Auswahl)
Hochschule für nachhaltige
Entwicklung Eberswalde:
energetische Sanierung und
Hörsaalanbau

Lilienthal-Centrum Stölln:
Museum in ehemaliger
Brennerei

Kulturstandort Britz:
Konzerthalle, Museum und
Musikschule in ehemaligen
Gutshofgebäuden

Sporthalle Harnackstraße:
energetische Sanierung
eines Typenbaus (VT-Falte)

Dokumentationszentrum
NS-Zwangsarbeit:
Schaffung eines begeh-
baren Museumsobjektes
(Zwangsarbeiterbaracke)

Germanistische Institute mit
Fachbereichsbibliothek der
Humboldt-Universität zu
Berlin: Gebäudeensemble
am Hegelplatz in Mitte

Integrierter Kulturstandort
Schiffbauergasse Potsdam:
Konzerthalle und Museum
in ehemaligen Pferdeställen

Fachhochschule Eberswalde:
Umbau und Ausbau der
„Neuen Forstakademie"
zum modernen Hochschul-
standort mit dem Schwer-
punkt der energetischen
Sanierung

Universitätsgebäude FB
Sozialwissenschaften mit
Fachbereichsbibliothek
der HU Berlin mit
Wiederherstellung der
bauzeitlichen Kubatur des
kriegszerstörten Daches

Oberstufenzentrum
Mandelstraße, Berlin-
Prenzlauer Berg: Umbau,
Sanierung, Ausbau
zur Berufsschule für
Dienstleistungen, mit
neuen Medien und „Open
Learning Center"

Auszeichnungen
(Auswahl)
1.Preis:
Sanierung und Ergänzung
Wilhelmstraße Berlin für den
Deutschen Bundestag

1. Preis:
GI-Institute Berlin

Regionalsieger (neue
Bundesländer und Berlin):
Wettbewerb
Energieeffizienz und gute
Architektur

3. Preis:
Tageslichtkonzepte Velux

Bernd Albers

Aufregend und selbstverständlich

Exciting and natural

Neuer Markt

Werderscher Markt

Humboldt Forum

Bernd Albers
Segitzdamm 2
10969 Berlin
Tel.: 030.615 91 51
Fax: 030.615 92 48
mail@berndalbers-berlin.de
www.berndalbers.com

Bernd Albers
Prof. Dipl.-Ing.
1957 in Coesfeld geboren
1980–87 Architekturstudium
TU Berlin und HDK Berlin
1987 Diplom an der
Technischen Universität
Berlin
1984–87 Mitarbeit
Architekturbüro Hans
Kollhoff Berlin
1987–94 Lehrtätigkeit ETH
Zürich
1988–93 Architekturbüro
in Zürich
Seit 1993 Architekturbüro
in Berlin
1989 Gastdozent Intern.
Sommerakademie Herne
Seit 1990 Mitglied der
Berliner Architektenkammer
1990 Gastdozent Intern.
Sommerakademie Karlsruhe

1995 Gastprofessor
7. Intern. Sommerakademie
Neapel
1996–99 Gastprofessor FH
Potsdam
Seit 1999 Professor
„Entwurf und Baukonstruktion" FH Potsdam/Potsdam
School of Architecture
Seit 2005 Dekan Fachbereich Architektur und
Städtebau
2011 Mitglied Werkbund
Berlin

Arbeitsschwerpunkt
Projekte für die Kultivierung
des Großstädtischen

Referenzen
Häuser
2011 Hochtief-Haus Berlin
2008 Hermann-Quartier
Neukölln
2008 Friedrich-Ebert-
Stiftung Tiergarten
2008 Elpro-Haus
Friedrichswerder
2007 Townhouse P.6
Friedrichswerder
2007 Möbelhaus
Sachsendamm

2005 Neucölln-Carree
2004 Marriott Berlin
2004 BMW + MINI-Auto-
center Riller & Schnauck
1998 Haus B1 + F2
Wasserstadt Spandau

Städtebau
2011 Masterplan
Schinkelplatz Berlin
2009 Masterplan Altstadt
Berlin
2007 Masterplan
Europäisches Energieforum
Berlin
2001–03 Masterplan
Townhouse.Quartier Berlin
1999 Masterplan Flughafen
Tempelhof
1996–98 Masterplan
Biesdorf-Süd Berlin
1996–99 Planwerk
Innenstadt Berlin

Wettbewerbserfolge
2011 Lelbach Haus am
Wannsee, Berlin
Geschäftshaus
Braubachstraße,
Frankfurt am Main
2008 Stadtquartier.S,
Gerber, Stuttgart

2005 Friedrich-Ebert-
Stiftung Berlin
2004 Wohn- und
Geschäftshaus Elpro, Berlin
2001 Hotel am Lindenpark,
Zimmerstraße, Berlin
SAS-Hotel, Axel-Springer-
Straße, Berlin
2000 Beisheim-Center,
Potsdamer Platz, Berlin
1996 Stuttgarter Platz,
Berlin S-Bahnhof Teltow-
Stadt, Teltow
Landeszentralbank
Thüringen, Chemnitz
1994 Neustadt Biesdorf,
Berlin
Investitionsbank Berlin
Schulanlage
Rothenburgstraße, Berlin
1993 Schöneberger Kreuz
Berlin
Wohn- und Gewerbeblock
Rotaprint, Berlin
Oberstufenzentrum Berlin-
Steglitz
1992 Stadtteil Pulvermühle
Berlin-Spandau
1991 Bahnhof
Gesundbrunnen, Berlin
1988 Königsstraße und
Königsplatz, Kassel

Anderhalten Architekten

Kontextuelles Bauen heißt für uns, die Spuren der Vergangenheit nicht zu verwischen, sondern die vorhandene Bausubstanz zu respektieren und sie sensibel mit neuen Materialien, Oberflächen, Farben und Strukturen, Funktionen und Räumen, hin und wieder auch mit Neubauten zu ergänzen.

For us, building within a given context does not mean obliterating traces of the past: it means respecting the existing built structure and sensitively replenishing it with new materials, surfaces, colours, structures, functions, spaces and, every now and then, extensions.

Bundesministerium für Ernährung, Landwirtschaft und Verbraucherschutz, Berlin – Fassadenausschnitt

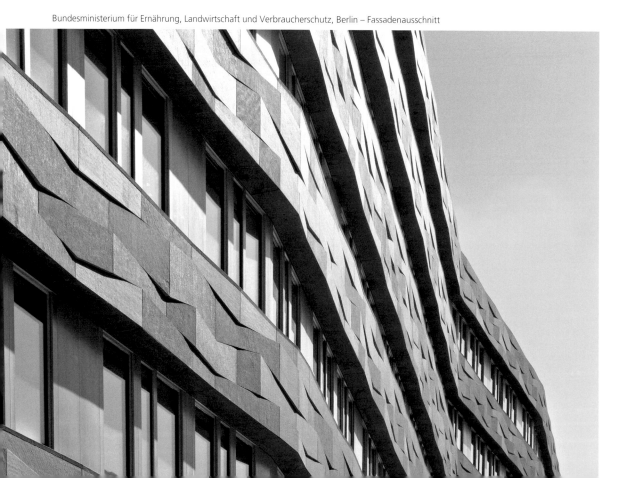

Uferstudios für Zeitgenössischen Tanz, Berlin

Institut für Gemüse- und Zierpflanzenbau, Großbeeren

Anderhalten Architekten
Köpenicker Straße 48/49
10179 Berlin
Tel.: 030.278 94 40
Fax: 030.278 94 411
architekten@anderhalten.com
www.anderhalten.com

Prof. Claus Anderhalten
Architekt BDA
1962 geboren in Köln
1990 Diplom RWTH Aachen
mit Auszeichnung
1991/92 Wissenschaftliche
Mitarbeit RWTH Aachen
1993 Gründung
Anderhalten Architekten
2006 Vertretungsprofessur
Universität Siegen
2008 Professur Universität
Kassel

Hubertus Schwabe
Architekt BDA
1958 geboren in Lübeck
1994 Diplom TU Berlin
2001 Partner Anderhalten
Architekten

Petra Vondenhof-
Anderhalten
Architektin BDA
1965 geboren in Aachen
1991 Diplom RWTH Aachen
1993 Gründung
Anderhalten Architekten
1993–2000
Wissenschaftliche Mitarbeit
TU Berlin

Partner:
Wolfgang F.B. Schöning

**Referenzen und
Wettbewerbserfolge
(Auswahl)**
2011
Haus der Stadtgeschichte
und Musikschule,
Mülheim a. d. Ruhr
Sanierung Schloss
Schwarzenberg, Scheinfeld
Kindertagesstätte
Fürstenberger Straße, Berlin
Neubau der Feuerwache
Pankow, Berlin, 1. Preis

2010
Elternhaus von Martin
Luther, Mansfeld, 1. Rang
Neubau Molekulare
Pflanzenwissenschaften
Leibniz Universität,
Hannover, 2. Preis
Bundesministerium für
Ernährung, Landwirtschaft
und Verbraucherschutz,
Berlin
Uferstudios für
Zeitgenössischen Tanz,
Berlin
Fassadensanierung
Hausvogteiplatz, Berlin
Doppelsporthalle
Schwanebeck, Panketal

2009
Johann-Joseph-Fux-
Konservatorium, Graz

2008
Kunstmuseum
Dieselkraftwerk Cottbus
Büro- und Geschäftshaus
Wilmersdorfer Straße, Berlin
Vattenfall
Unternehmensrepräsentanz,
Berlin, Hamburg
Institut für Gemüse- und
Zierpflanzenbau,
Großbeeren

Ulrich Müller / Architektur Galerie Berlin

Architektur ausstellen heißt übersetzen.

To exhibit architecture is to translate.

Ausstellungseröffnung: Architektur + Fotografie: Hélène Binet, Christian Richters, Friederike von Rauch

Anderhalten   Adolf Krischanitz   Holzer Kobler

Ulrich Müller
Architektur Galerie Berlin
Karl-Marx-Allee 96
10243 Berlin
Tel.: 030.788 97 431
Fax: 030.788 97 432
info@architekturgalerieberlin.de
www.architekturgalerieberlin.de

Ulrich Müller
Dipl.-Ing. Architekt
1965 geboren
1986–93 Architekturstudium
in Weimar und Darmstadt
1993–2002 Architekt in
Berlin
1999 Gründung
Architektur Galerie Berlin
Seit 2001 Herausgeber von
Ausstellungspublikationen
sowie Vorträge zum Thema
Architekturkommunikation
2008 Gründung Agentur
ulrichmüllerberlin für die
Vermittlung architektur-
bezogener Kunst

Arbeitsschwerpunkte
Ausstellungen über zeit-
genössische Architektur,
Schwerpunkt Deutschland,
Österreich und Schweiz,
Vorträge über
Architekturkommunikation,
Publikationen

Referenzen (Auswahl)
Ausstellungen seit 2008:
03 München
AFF
Anderhalten
Architektur + Fotografie
ARTEC
Behles & Jochimsen
Astrid Bornheim
Christ & Gantenbein
Gruber+Popp
E2A
EM2N
Europäischer
Architekturfotografie-Preis
Fuhrimann Hächler
Gigon / Guyer
Holzer Kobler
Kleihues + Kleihues
Adolf Krischanitz
Peter Märkli
Modersohn & Freiesleben
Müller Sigrist
Riegler Riewe
Schneider + Schumacher
Schulz & Schulz
Simon Ungers

Publikationen (Auswahl)
Stadt Haus Architektur

Architektur Landschaft
Fotografie

Architektur + Kunst –
Dialoge

Architektur Galerie Berlin.
Einführungen 2006–2009

Kleihues + Kleihues.
Kunst an Architektur

Arnold und Gladisch Gesellschaft von Architekten mbH

Unter Architekturqualität verstehen wir: die Kunst, Gebäude für Bauherren, Umwelt und Gesellschaft optimal zu gestalten. Wir schaffen dauerhafte, funktionale Häuser mit hohem ökologischem Standard. Klare, reduzierte Formen und nachhaltige Materialwahl verbinden wir zu lichten, erlebenswerten Räumen.

To us, architectural quality is: the art of optimally designing buildings for clients, the environment and society. We create lasting, functional buildings to high ecological standards. We combine clear, reduced forms and sustainable materials to create coherent, quality spaces.

Baugruppe Wohnen am Weißen See, 2010

Zwei Einfamilienhäuser am Fichtenberg, 2007

Baugruppe Weitsicht, 2010

**Arnold und Gladisch
Gesellschaft von
Architekten mbH**
Belziger Straße 25
10823 Berlin
Tel.: 030.233 29 800
Fax: 030.233 29 899
info@arnoldundgladisch.de
www.arnoldundgladisch.de

Frank Arnold
Dipl.-Ing. Architekt BDA
1961 geboren in München
1982–90 Architekturstudium
TU Berlin
1991–96 Mitarbeit in
Berliner Architekturbüros
Seit 1996 Büroinhaber
Arnold und Gladisch
Architekten
Seit 2009 Mitgliedschaft BDA
2009 Gründung Arnold und
Gladisch Gesellschaft von
Architekten mbH

Mathias Gladisch
Dipl.-Ing. Architekt BDA
1963 geboren in
Hindenburg
1986–93 Architekturstudium
Uni Hannover

1993–96 Mitarbeit in
Berliner Architekturbüros
Seit 1996 Büroinhaber
Arnold und Gladisch
Architekten
Seit 2009 Mitgliedschaft BDA
2009 Gründung Arnold und
Gladisch Gesellschaft von
Architekten mbH

Arbeitsschwerpunkte
Energieeffizienter
Wohnungsbau
Verwaltungsbau für die
öffentliche Hand
Umbau von denkmal-
geschützter Substanz

Referenzen (Auswahl)
2010/11 Denkmalgerechte
Grundsanierung
Stasimuseum, Berlin,
7700 m² BGF

2010–12 Neubau
Mehrfamilienhaus mit
Tiefgarage, Berlin,
1700 m² WFL

2009/10 Baugruppe
„Wohnen am Weißen See",
Berlin, 1500 m² WFL

2009/10 Baugruppe
„Liselotte", Berlin,
2350 m² WFL

2008–10 Baugruppe
„Weitsicht", Berlin,
1100 m² WFL

2005–07 Umbau
Bürogebäude, Berlin,
8600 m² BGF

2005–07 Baugruppe
„Wohnen an der Marie",
2950 m² WFL

seit 2004 Studien und
Gutachten Nachnutzung
Flughafen Tempelhof, Berlin,
ca. 285.000 m² BGF

2000–04 Herrichtung denk-
malgeschützte Liegenschaft
für Bundesbehörde, Berlin,
ca. 50.900 m² BGF

Wettbewerbe (Auswahl)
2009 Wohngärten Pankow,
Berlin, Ankauf

2003 Dienstleistungs-
zentrum, Langenselbold,
3. Preis

2000 Wohn- und
Geschäftshaus, Bernau,
1. Preis

1997 Das städtische Haus
(Wohnungsbau),
2. Preis mit Realisierungs-
empfehlung

Autzen & Reimers Architekten

Die Erhaltung bestehender baulicher Anlagen als Zeugnisse der Geschichte ist eine der herausragenden Aufgaben kultureller Tätigkeiten der Gesellschaft. Es ist der Sinn unserer Arbeit, durch Schaffung zeitgemäßer Weiternutzungsmöglichkeiten von Gebäuden und Stadträumen Erinnerungsvermögen zu generieren und so zukünftige Orientierungen zu gewährleisten.

The maintenance of existing building complexes as chronicles of history is one of the pre-eminent tasks of the cultural activities of society. The gist of our work is to generate a depository of memory by creating possibilities for contemporary extensions of use of buildings and urban spaces, thereby guaranteeing orientations for the future.

Studentendorf Schlachtensee

oben: Studentendorf Schlachtensee
unten: Rathaus Lübz, Ansicht Alter Markt

Rathaus Malchow, ehemaliges Amtsgericht

AUTZEN & REIMERS ARCHITEKTEN

Hufelandstraße 22
10407 Berlin
Tel.: 030.421 10 610
Fax: 030.421 10 64
architekten@autzen-reimers.de
www.autzen-reimers.de

Rainer Autzen
Dr.-Ing. Architekt BDA

Geboren 1948 in Itzehoe, Zimmererlehre, Studium und Diplom 1974, Promotion 1978. Tätigkeit in verschiedenen Architekturbüros, Mitarbeit beim Senator für Bau- und Wohnungswesen Berlin 1978/79, Lehrauftrag am Fachbereich Architektur der Technischen Universität Berlin 1978–81, wissenschaftlicher Mitarbeiter am Deutschen Institut für Urbanistik Difu 1979–89, zahlreiche Veröffentlichungen (Bücher und Aufsätze), Architekt und Stadtplaner.

Bernd Reimers
Dipl.-Ing. Architekt BDA

Geboren 1949 in Neumünster, Zimmererlehre, Studium und Diplom 1977. Büro seit 1978 zusammen mit Rainer Autzen (bis 1982) und Helmut Ferdinand. Seit 1989 Autzen & Reimers Architekten und Stadtplaner

Arbeitsschwerpunkte

Büro- und Geschäftshäuser, Wohnbauten
Bauten für Kultur
Umgang mit denkmalgeschützter Bausubstanz in Verbindung mit Neu-, Um- oder Erweiterungsbauten

Referenzen (Auswahl)

2008–12 Studentendorf Schlachtensee, Erneuerung einer Anlage der Nachkriegsmoderne vom Ende der 50er Jahre von Fehling, Gogel und Pfankuch, Berlin-Zehlendorf
1999–2011 Umnutzung des Klosters Malchow für Ausstellungen: Kulturzentrum Kloster Malchow
2006–08 Rathaus

Malchow (Mecklenburg): Fachwerkgebäude und ehemaliges Amtsgericht erhalten einen Verbindungsgang.
2006–09 Rathaus Lübz (Mecklenburg): Sanierung des alten Rathauses und Erweiterung durch Neubau
2004–08 Denkmalgerechte Sanierung und Umnutzung für das Bauhausarchiv Berlin: ehemaliges Wasch- und Heizhaus in der Wohnstadt Carl Legien
1994–96 Büro-, Geschäfts- und Wohnhaus, Uhlandstraße 88–90/ Fechnerstraße 12, Berlin-Wilmersdorf
1993–97 Erneuerung, Umbau und Restaurierung eines repräsentativen Geschäftshauses am Hausvogteiplatz 3-4, Berlin-Mitte
1993–95 Büro-, Geschäfts- und Wohnhaus, Bismarckstraße 72/ Fritschestraße 61–63, Berlin-Charlottenburg
1992–96 Erneuerung und Restaurierung eines

Häuserblocks für unterschiedliche Nutzungen, Demianiplatz 8–10/ Am Museum 2, Görlitz
1992–95 Büro- und Geschäftshaus, Einemstraße 11/Kurfürstenstraße 130, Berlin-Schöneberg
1991–94 Wiederaufbau/ Neubau des ausgebrannten Geschäftshauses Kurfürstendamm 185, Berlin-Charlottenburg

Wettbewerbserfolge/ Preise (Auswahl)

2010 Landesbaupreis Mecklenburg-Vorpommern: Rathaus Lübz, Belobigung; Rathaus Malchow, Belobigung

2005 Grundschule am Schlossplatz, Bötzow (Mecklenburg), 3. Preis

2002 Kindertagesstätte, Berlin, 1. Preis

2001 Theologische Fakultät der Humboldt-Universität Berlin, 2. Preis

av–a Veauthier Meyer Architekten

av-a steht für eine klare, prägnante, individuelle und zeitgenössische Architektur. Wir planen und realisieren in dem Spannungsfeld zwischen anspruchsvollem Neubau und dem Bauen im wertvollen denkmalgeschützten Bestand.

av-a represents clear, succinct, unique and contemporary architecture. Our spectrum of planning and building spans both qualitative new structures and valuable listed building stock.

Sanierung Schwimmhalle Fischerinsel, Berlin

Neubau Campus Center der Universität des Saarlandes, Saarbrücken

**av-a Veauthier Meyer
Architekten**
Friedrichstraße 127
10117 Berlin
Tel.: 030.308 78 930
Fax: 030.308 78 931
info@av-a.com
www.av-a.com

Andreas Veauthier
Dipl.-Ing. Architekt BDA
1965 geboren in
Saarbrücken
1987–94 TU Berlin
1994/95 Sauerbruch Hutton
Architekten, Berlin
1995/98 Anderhalten
Architekten, Berlin
1998 Gründung av-a
Veauthier Architekten
Seit 2007 BDA Berlin
2008 Büropartnerschaft mit
Nils Meyer

Partner:
Nils Meyer, Dr.-Ing. Architekt

Arbeitsschwerpunkte
Öffentliche Gebäude,
Hochschulbau, Bäder- und
Spa-Anlagen, Bauen im denk-
malgeschützten Bestand

Referenzen (Auswahl)
Sanierung und Erweiterung
Stadtbad Gotha,
8400 m² BGF

Sanierung Schwimmhalle
Finckensteinallee, Berlin,
3800 m² BGF

Neubau Gästehaus Schloss
Dagstuhl, Wadern,
500 m² BGF

Wohngebäude für
die Baugemeinschaft
„Metropolis", Berlin,
1250 m² BGF

2011 Sanierung
Schwimmhalle Hüttenweg,
Berlin, 2200 m² BGF

2010 Bernsteinzentrum der
Humboldt-Universität zu
Berlin, 900 m² BGF

2010 Neubau Campus
Center der Universität des
Saarlandes, Saarbrücken,
2200 m² BGF

2009 Denkmalpflegerische
Zielplanung Christian-
Albrechts-Universität Kiel

2009 Spa im Tagungshotel
Ullrich, Elfershausen

2009 Sanierung
Schwimmhalle Fischerinsel,
Berlin, 3200 m² BGF

2009 Sanierung Stadtbad
Neukölln, Berlin,
11.500 m² BGF

2008 Kultusministerium des
Saarlandes, Saarbrücken,
12.200 m² BGF

2007 Gräflicher Park Hotel &
Spa, Bad Driburg,
18.200 m² BGF

2005 Neubau Zentrum
für Sprachforschung
Universität des Saarlandes,
Saarbrücken, 1600 m² BGF

**Wettbewerbserfolge
(Auswahl)**
2011 „Labels Blue"
Modezentrum
im Europaparc Dreilinden,
Berlin, 2. Rang

2009 Kunsthalle Kiel,
1850 m² BGF, 2009,
2. Rang

2007 Stadtbad Gotha,
8400 m² BGF,
1. Preis

Baumgarten Simon Architekten BDA

Wie werden Menschen in Zukunft leben und arbeiten? Welche Technologien
werden uns begleiten?
Gebäudeplanung muss industrialisiertes Bauen, modernste Technologie
und Nutzungsflexibilität berücksichtigen. Eine undogmatische Betrachtung
gewährleistet einen nachhaltigen, kohärenten Entwurf.

How will people live and work in the future? What technologies will accom-
pany us? Building design must take into account industrialised building, the
most modern technology and flexibility of use. An undogmatic approach
guarantees sustainable, succinct design.

greenBox am Gleisdreieck Berlin, Visualisierung

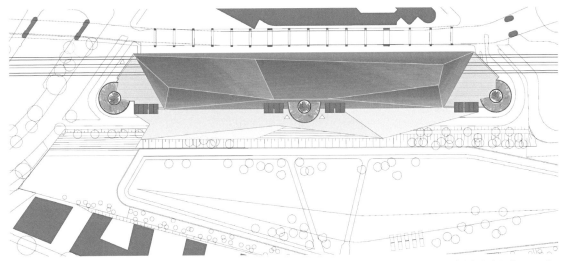

greenBox am Gleisdreieck Berlin, Lageplan

**Baumgarten Simon
Architekten BDA**
Danckelmannstraße 9
14059 Berlin
Tel.: 030.437 27 270
info@baumgartensimon.de
www.baumgartensimon.de

Roger Baumgarten
Dipl.-Ing. Architekt BDA
1962 geboren in Mannheim
1982–84 Tischlerlehre
1984–91 Studium der
Architektur an der RWTH
Aachen, ETH Zürich und
PCL London
1991–2000 Renzo Piano
Building Workshop Paris
2000–02 Architekturbüro
mit M. Kohlbecker und J.
Simon
Seit 2002 Architekturbüro
mit Judith Simon
Seit 2002 BDA-Mitglied

Partner:
Judith Simon, Dipl.-Ing.
Architektin

Arbeitsschwerpunkte
Gesundheitsbau, Wohnen,
Büro und Gewerbe,
Städtebau, Hotel,
Studioplanung, Planung für
Kunstobjekte

Referenzen (Auswahl)
2010–12 St.-Johannes-
Hospital, Dortmund,
Neubau eines Hybrid-OP
und Sanierung der zentralen
OP-Abteilung, 2200 m² BGF

2010/11 Radiologische
Praxis Prof. Duda, Berlin-
Zehlendorf, 450 m² BGF

2009–11 greenBox, Neubau
einer Ausstellungs-, Konzert-
und Veranstaltungshalle im
und auf dem bestehenden
Parkhaus am Gleisdreieck,
Potsdamer Platz, Berlin,
10.000 m² BGF

2007/08 N24
Nachrichtensender,
Potsdamer Platz, Berlin,
8400 m² BGF

2009–11 Area Design
Potsdamer Platz, Berlin, z. B.
Sitzmöbel, Leitsystem etc.

2010 Panoramapunkt und
Café, Potsdamer Platz,
Berlin, 240 m² BGF

2009/10 Bürogebäude
Rohrdamm, Berlin,
14.400 m² BGF

2007/09 Medical Park Berlin
Humboldt-Mühle, Neubau
und Umbau im Bestand
einer Rehabilitationsklinik
mit ICU und Hotelsuiten,
Berlin-Tegel, 25.000 m² BGF

2008 Medical Park Loipl,
Neubau einer neurolo-
gischen Intensivstation,
Bischofswiesen-Loipl,
1200 m² BGF

2007/08 Haus am Wasser
Abion Hotel, 2000 m² BGF

2006/07 neue städtebau-
liche Verbindung Potsdamer
Platz/Staatsbibliothek,
Berlin, in Zusammenarbeit
mit Renzo Piano Building
Workshop,1000 m² BGF

2005 Q 207 Friedrichstadt
Passagen Berlin, Berliner
Energieagentur, 900 m² BGF

2004 Villa E., Berlin-
Grunewald, 480 m² BGF

2002/03 Daimler Financial
Services, Vorstandsetage,
Potsdamer Platz, Berlin,
500 m² BGF

2000/02 Umbau Spielbank
Berlin, Potsdamer Platz,
Berlin, 2500 m² BGF

Becher + Rottkamp

Architektur wird für einen konkreten Ort gebaut und zur Erfüllung funktionaler Zusammenhänge entworfen. Sie ist existent, wenn sie umfassend nutzbar ist und mit den für uns gewohnten Bildern vergleichbar erscheint. Es entstehen „künstliche" dreidimensionale Objekte, die in ihrer Form, Konstruktion und Funktion übergreifend miteinander verbunden werden müssen, um ein Ganzes zu bilden.

Architecture is built for a specific location and designed to perform functional interrelations. It comes into being when it is comprehensively useful and comparable for us with the accustomed images.
"Artificial", three-dimensional objects emerge, which in their form, construction and function must be connected holistically with each other, in order to form a whole.

Fachhochschule Potsdam, Zentralgebäude

Waldorfschule, Erweiterungsbau, Berlin   Fachhochschule Potsdam, Hörsaal   Fachhochschule Potsdam, Bibliotheksfoyer

Becher Rottkamp
Generalplanung
Gesellschaft von
Architekten mbH
Lietzenburger Straße 51
10789 Berlin
Tel.: 030.6959 24-0
Fax: 030.6959 24-22
mail@becher-rottkamp.de
www.becher-rottkamp.de

Andreas Becher
1960 geboren
1983–88 Universität GH
Paderborn, Abteilung Höxter
1988 Diplom
1989–91 Virginia Tech, USA
1991 Master of Architecture
1991–93 Technischer Leiter
Geschäftsstelle Berlin DIL
1993 Bürogründung
Becher+Rottkamp
Architekten
1996 Mitglied BDA

Weitere Geschäftsführende
Gesellschafter:
Nikolaos Hatzijordanou,
Dipl.-Ing. MBA
Christopher Weiß, Dipl.-Ing.
Architekt BDB

Arbeitsschwerpunkte
Architektur, Städtebau,
Baumanagement,
Beratungsleistungen.
Sämtliche
Architektenleistungen von
der Grundlagenermittlung
über Planung und
Bauleitung bis hin zur
Objektbetreuung.
Erfolgreiche Umsetzung
verschiedenster
Gebäudetypologien
in den Bereichen
Wohnungsbau, öffentliche
Bauten, Gewerbe- und
Industriebauten, Bauten
für die Forschung und
Lehre sowie im Bereich
der Sanierung und
Modernisierung.

Referenzen
Fachhochschule Potsdam,
Seminargebäude, Anbau 1,
2009–12
Umbau Einkaufszentrum
„Cite Foch", Berlin, 2009

Fachhochschule Potsdam,
Zentralgebäude, 2002–09
Erweiterung Waldorfschule,
Berlin-Zehlendorf, 2005–08
Umbau/Sanierung Leipziger
Straße, Berlin, 2006–07
Erweiterung und Moder-
nisierung Einkaufszentrum
„der Clou", Berlin, 2003–05
Fachhochschule
Potsdam, Labor- und
Werkstattgebäude, 2000–03
Mehrfamilienhaus
Bismarckallee,
Berlin-Grunewald
Atelierhäuser Königsweg,
Berlin Zehlendorf
diverse Einfamilienhäuser
und Villen
Schwedter Straße: Neubau
einer Wohnanlage
diverse Wohnungsbau-
projekte

Wettbewerbserfolge
2011 Wohnen am Bäkepark
Brahmsstraße 36,
1. Preis
2004 Spielbudenplatz
Hamburg, Engere Wahl
2001 Nietzsche-
Dokumentationszentrum,
2. Preis
2000 Hafen-Campus
Hamburg, 3. Preis
1999 Leipziger Platz Berlin,
2. Preis
1997 Fachhochschule
Potsdam, 1. Preis

Eike Becker_Architekten

Die Häuser und Städte als Abbilder ihrer Erfinder müssen dabei immer mehr bieten, immer mehr leisten. Was bedeutet das für die Architektur, was für die Architekten? Wir stecken in einem Monsun polymorpher Ansprüche und spezifischen Wissens. Und wir spüren, wie – im ersten Moment ohne Ordnung – mal dieses mit jenem sich mischt, mal dieses an jenem sich stößt. Manche nennen das Interferenz. Die Steigerung der Erfahrung und Erkenntnis von Interferenz haben wir auf einen anderen, neuen Begriff gebracht: Superferenz.

Bei superferenten Bauten liegt über Funktion und Form auch: eine Idee, ein Konzept, eine Vision. Sie macht aus dem Meer von Möglichkeiten einen Strom, der alles in eine Richtung fließen lässt.

As built reflections of their inventors, houses and cities must increasingly offer more and be able to achieve more. What does that mean for architecture and architects? We are up to our ears in a whirl of polymorphic demands and specific knowledge. And we can feel how—at first without order—certain things mix with or impact on certain others. Some people call this interference. We use a new term—superference—to describe the augmentation of the experience and recognition of interference.

In "superferent" buildings an idea, a concept, a vision, overlies function and form. It transforms a sea of possibilities into a current, making everything flow in one direction.

Schlossstraße 20, Berlin, Fertigstellung 2010

Koncar, Split, Fertigstellung 2013

oben: BBI Airport City Hotel, Berlin,
Fertigstellung 2012
unten: Am Zirkus 1, Berlin
Fertigstellung 2012

Strojarska, Zagreb,
Fertigstellung 2015

Eike Becker_Architekten

Charlottenstraße 4
10969 Berlin
Tel.: 030.259 37 40
Fax: 030.259 37 411
info@eb-a.de
www.eb-a.de

Eike Becker
Dipl.-Ing. Architekt BDA
RIBA
1962 geboren in Osterholz-
Scharmbeck, studierte
Architektur in Aachen, Paris
und Stuttgart, arbeitete bei
Norman Foster und Richard
Rogers, ab 1991 Becker
Gewers Kühn & Kühn
Architekten, seit 1999 Eike
Becker_Architekten

Partner:
Helge Schmidt, Dipl.-Ing.
Architekt

Arbeitsschwerpunkte

Verwaltungsbau,
Wohnungsbau,
Verkehrsbauwerke,
Hotels,
Innenarchitektur

Preise

2008
Deutsches Gütesiegel für
Nachhaltiges Bauen in
Silber für das z-zwo Züblin,
Stuttgart

2007
Office Application Award
Best Office Concept

2006
Goldene Skulptur des
iF product design award

2004
red dot design award

2002
Auszeichnung
Innovationspreis Architektur
und Office

2001
RIBA Award for Architecture
des Royal Institute of British
Architects

1998
Deubau Preis

Wettbewerbe

2011
Fassadenqualifizierung
Mönchengladbach Arcaden,
2. Preis
Mehrfachbeauftragung
Planung Pulpo Oberhausen,
2.Preis
Tempelhofer Hafen, 1.Preis

2010
Neubau eines Hotels und
Aparthotels, Leipzig, 2. Preis
Strojarska, Zagreb, 1. Preis
Hotel Weser Quartier,
Bremen, 1. Preis

2009
maxCologne, Köln, 2. Preis
Koncar, Split, 2. Preis
Hotel und Wohnungen Am
Hohen Ufer, Hannover,
1. Preisgruppe
BBI Airport City Hotel, Berlin,
1. Preis

2008
Hotel am Olympiapark,
München, 3. Preis
Neubau Medienhaus des
Schwäbischen Verlages
Ravensburg, 2. Preis

2008
The Garden, Berlin, 1. Preis

2007
Neubau Bürogebäude
Ministerium der Finanzen
des Landes Brandenburg,
Potsdam, 2. Preis
Die Württemberger, Berlin,
1. Preis

2006
Am Zirkus 1, Berlin, 1. Preis

2005
Fehrbelliner, Berlin, 1. Preis

Ausstellungen

2010
AIT Charity Chair, Berlin,
München, Hamburg,
Rotterdam, Copenhagen,
Kortrijk, Köln, Langenthal
50 years of Artemide,
Münster
40 auf 40, BDA Galerie,
Berlin
Sehnsucht – Deutscher
Pavillon, Biennale Venedig
Generation Reißbrett, AIT
Galerie, Hamburg und
München

Behles & Jochimsen

Uns interessiert eine Architektur, die körperlich erfahren und kulturell verstanden wird. Neben die Wahrnehmung eines in sich schlüssigen Konstrukts tritt ein nachvollziehbares Verhältnis zur Stadt. Unter Stadt verstehen wir eine Gesellschaft von Häusern, die fähig sind zum Dialog untereinander, aber auch für sich stehen können.

We are interested in architecture that can be physically experienced and culturally understood. Beyond the perception of a self-contained construction is a meaningful relationship to the city. Here, a "city" means a community of buildings that are capable of mutual dialogue but that can also stand for themselves.

Biomedizinisches Forschungszentrum Gießen, 2005–11

Kindertagesstätte Griechische Allee, Berlin-Oberschöneweide, 2003–06

Behles & Jochimsen
Nürnberger Straße 8
10787 Berlin
Tel.: 030.325 94 83 60
Fax: 030.325 94 83 80
eingang@behlesjochimsen.de
www.behlesjochimsen.de

Armin Behles
1966 geboren in München
1985–92 Architekturstudium
TU Berlin und ETH Zürich
1987–94 Mitarbeit in den
Büros Brenner+Tonon,
Berlin, Prof. Kollhoff, Berlin,
Prof. Steidle, München,
Prof. Albers, Zürich/Berlin
1994–99 Wissenschaftlicher
Mitarbeiter an der HdK
Berlin
1999 Bürogründung Behles
& Jochimsen
2004–05 Gastprofessur an
der HfbK Hamburg

Jasper Jochimsen
1964 geboren in Freiburg
1984–92 Architektur-
studium TU Berlin und
University of Miami
1989–90 Mitarbeit im Büro
Müller Reimann Scholz,
Berlin
1990 Mitarbeit im Büro
Prof. Kollhoff, Berlin:
Wettbewerb Alexanderplatz,
1. Platz; Projektleiter für das
DaimlerChrysler-Hochhaus
am Potsdamer Platz 1, Berlin
1999 Bürogründung Behles
& Jochimsen
2000–06 Wissenschaftlicher
Mitarbeiter und Lehrstuhl-
vertretung an der UdK Berlin
2007/09 Gastprofessur an
der Chinesisch-Deutschen
Kunstakademie in
Hangzhou/China

Referenzen (Auswahl)
Double Twin Plaza
Changxing, China, Büro-
und Dienstleistungszentrum,
in Planung seit 2010
Laborgebäude der
Universität Luxemburg,
Esch-sur-Alzette (L), in
Planung seit 2009
Biomedizinisches
Forschungszentrum der
Universität Gießen, 2005–11
Umbau Institutsgebäude
(Ernst v. Ihne, 1913) für die
FU Berlin, 2009/10
Kindergarten
Griechische Allee, Berlin-
Oberschöneweide, 2003–06
Casa Skuppin,
Castell'Umberto, Sizilien,
2003–05
Türdrückerserie 1097 für
FSB Franz Schneider Brakel
GmbH, 2003–05

Wettbewerbe (Auswahl)
2011 LianLian Group
Headquarters, Hangzhou,
China, 1. Rang
2010 Double Twin Plaza,
Changxing, China, 1. Rang
2009 Maisons des sciences
de la vie et des matériaux,
Luxemburg, ein 1. Rang
2003 Biomedizinisches
Forschungszentrum der
Universität Gießen, 1. Rang
2003 Kindertagesstätte
Griechische Allee, Berlin-
Oberschöneweide, 1. Rang

Bernrieder . Sieweke Lagemann . Architekten BDA

„Alle guten Bauwerke überdauern ihre Epoche, denn sie sind wohl aus ihr
entstanden, aber nicht für ihren Geschmack gemacht worden …."
Alfred Kuhn

"All good buildings outlive their age because they have indeed evolved from
it, although they have not been made to suit its tastes…"
Alfred Kuhn

Haus Lilienthal, Berlin-Lichterfelde, Umbau und Sanierung eines denkmalgeschützten Wohnhauses, 2008–10

Realisierungswettbewerb TU Illmenau, Fakultät für Informatik und Automatisierung, 2003, Ankauf

Bernrieder . Sieweke Lagemann . Architekten BDA
Erkelenzdamm 59–61
10999 Berlin
Tel.: 030.417 63 636
Fax: 030.417 63 637
sieweke-lagemann@offwhite.de
bernrieder@offwhite.de
www.bsl-architekten.de

Frederike Sieweke Lagemann
Dipl.-Ing. Architektin BDA
1968 geboren in Montevideo, Uruguay
1989–91 Grundstudium der Architektur an der Universität Hannover
1991–96 Hauptstudium der Architektur an der Technischen Universität Berlin
1996–2001 Architektin bei Max Dudler
2001–07 eigenes Büro in Berlin
2007 Bürogründung Bernrieder · Sieweke Lagemann · Architekten
2010 Mitglied BDA

Christian Bernrieder
Dipl.-Ing. Architekt BDA
1964 geboren in Brannenburg/Rosenheim
1986–92 Studium der Architektur an der FH München
1994–2002 Architekt bei Max Dudler
2005/06 Architekt bei Pfeiffer Ellermann Preckel
2002–07 eigenes Büro in Berlin
2007 Bürogründung Bernrieder . Sieweke Lagemann . Architekten
2011 Mitglied BDA

Arbeitsschwerpunkte
Bauen im Denkmal, Bauen im Bestand, Öffentliche Bauten, Innenausbau, Städtebau

Referenzen
Staatsanwaltschaft im LBZ Eberswalde, Umbau und Erweiterung, in Planung seit 2010
Katholische Kirche St. Ludwig, Berlin/Wilmersdorf, denkmalgeschütztes Kirchengebäude, Sanierung Innenraum, 2010/11
Haus Lilienthal, Berlin-Lichterfelde, Umbau und Sanierung eines denkmalgeschützten Wohnhauses, 2008–10
Freie Waldorfschule Kreuzberg e.V. Berlin, denkmalgeschützte Gesamtanlage, Umbau Bauteil B2, 2008–10
Arbeitsgericht und Amt für Arbeitsschutz im Haus 9 LBZ EBW, Umbau und Erweiterung, 2005–07
Außenstelle der Kriminalpolizei PP FO im Haus 9 LBZ EBW, Umbau, 2005–07

Wettbewerbe
2004
Bankgebäude am Schlossplatz in Karlsruhe, 5. Preis
2003
Parkquartier Friedrichsberg in Hamburg, 2. Preis
TU Illmenau, Fakultät für Informatik und Automatisierung, Ankauf
Regionale 2004, Baukultur, Siedlungen bauen in Mettingen, 3. Preis

BHBVT
Busmann, Haberer, Bohl, Vennes, Tebroke

Ausgehend vom Ort und der besonderen Nutzung entwickeln wir individuelle Bauten mit hohem Wiedererkennungswert, die sich durch den Umgang
mit Material und Form wie selbstverständlich in ihre Umgebung einfügen.
Dabei gilt es, die konzeptionelle Kraft des Entwurfsgedankens über alle
Phasen des Projektes zu bewahren.

We develop highly recognisable and unique buildings, which have their ori-
gins in the specifics of place and function they fit naturally into their environs
as a result of the materials and shapes that we choose. Within this process,
our goal to conserve the conceptual strength of the design idea during all
phases of a project.

Johann-Sebastian-Bach-Saal, Köthen, 2008

Leibnizhaus, Astrophysikalisches Institut Potsdam, 2010

Medieninnovationszentrum Babelsberg, 2011

BHBVT Gesellschaft von Architekten mbH Berlin Busmann, Haberer, Bohl, Vennes, Tebroke
Leuschnerdamm 13
10999 Berlin
Tel.: 030.617 99 60
Fax: 030.617 99 629
Info@bhbvt.de
www.bhbvt.de

Bruno Vennes
Dipl.-Ing. Architekt BDA
1955 geboren in Bocholt
1976–83 Architekturstudium FH Münster und TU Berlin
1983–94 freiberuflicher Architekt
1994 Mitarbeit Busmann + Haberer Architekten, Berlin
1998 Geschäftsführender Gesellschafter der Busmann + Haberer Gesellschaft von Architekten mbH Berlin
2000 Berufung in den BDA

Stefan Tebroke
Dipl.-Ing. Architekt
1968 geboren in Bocholt
1987–94 Studium der Architektur an der RWTH Aachen

1994 Mitarbeit im Büro Antonio Citterio, Mailand
1996 Mitarbeit im Büro Busmann + Haberer Berlin
2004 Gesellschafter Busmann + Haberer, Berlin
2010 Geschäftsführender Gesellschafter BHBVT Gesellschaft von Architekten mbH Berlin

Arbeitsschwerpunkte
Bauten für Forschung und Lehre, Museen, Veranstaltungsgebäude, Bauen im Bestand, Denkmalschutz, Wohnungsbau, Verkehrsbauten

Referenzen (Auswahl)
Zentrum für Mikrosysteme und Materialien, Berlin-Adlershof, 12.500 m² BGF, 2009–11
Medieninnovationszentrum Babelsberg, 3800 m² BGF, 2009–11

Museen Dahlem, Berlin, 45.000 m² BGF, 2006–11
Astrophysikalisches Institut, Potsdam, 2480 m² BGF, 2007–10
Johann-Sebastian-Bach-Saal im Schloss Köthen, 3150 m² BGF, 2003–08
Landeskriminalamt Mecklenburg-Vorpommern, Schwerin, 7000 m² BGF, 2003–06

Wettbewerbe (Auswahl)
2009
Empfangsgebäude für Staatsgäste am Flughafen BBI, Berlin-Schönefeld, 6897 m² BGF, 1. Preis
Kulturhistorisches Zentrum Mecklenburg-Strelitz, 3966 m² BGF, 1. Preis
NS-Dokumentationszentrum München, Sonderpreis

2006
Topografie des Terrors, Internationaler Wettbewerb, Berlin, Ankauf

Auszeichnungen
Johann-Sebastian-Bach-Saal im Schloss Köthen Architekturpreis Sachsen-Anhalt 2010

Deutscher Fassadenpreis 2009

Neubau der Kriminal-technischen Institute in Schwerin Landesbaupreis Mecklenburg-Vorpommern 2006

Klaus Block

„Jede Form ist das Momentbild eines Prozesses. Also ist das Werk Haltestelle des Werdens und nicht erstarrtes Ziel." (frei nach El Lissitzky)

"Every form is the snapshot of a particular process. The finished work thus represents nothing but a stop during the journey of becoming and not a petrified final goal." (Paraphrase of El Lissitzky)

St. Elisabeth, Berlin-Mitte, Kirche und Konzertsaal

St. Elisabeth, Berlin-Mitte, Kirche und Konzertsaal

Klaus Block

Dipl.-Ing. Architekt BDA
Sieglindestraße 5
12159 Berlin
Tel.: 030.859 63 051
Fax: 030.859 63 052
office@klausblock.de
www.klausblock.de

1952 geboren in Berlin
Seit 1988 eigenes
Architekturbüro
Seit 2006 Professur i.V.
an der TU Berlin IfA, FG
Baukonstruktion und
Entwerfen

Bearbeitung aller
Leistungsphasen,
Wettbewerbe, Gutachten,
Neubauten, Um- und
Erweiterungsbauten,
Denkmalpflege, Lehre

Auszeichnungen

2009 Nationaler Preis für
integrierte Stadtentwicklung
und Baukultur des
Bundesministeriums
für Verkehr, Bau und
Stadtentwicklung für
das Gemeindezentrum
Großziethen und für das
MACHmit!Museum in
der Eliaskirche in Berlin-
Prenzlauer Berg
2008 BDA Preis Architektur
in Brandenburg 2008
2005 Ferdinand-von-Quast-
Medaille
2004 Gestaltungspreis der
Wüstenrot Stiftung
2003 Brandenburgischer
Architekturpreis 2003
2000 Balthasar-Neumann-
Preis 2000
1999 Brandenburgischer
Architekturpreis 1999
1998 Gestaltungspreis der
Wüstenrot Stiftung

Bauten

2008–11 Michaelkirche
(1851–61, August Soller) in
Berlin-Mitte
2008–09 Sporthalle der
Grundschule am
Teutoburger Platz in
Berlin-Prenzlauer Berg
2004–07 Gemeindezentrum
Großziethen
2005 Tanzhalle Prenzlauer
Berg in Berlin
2002–03 MACHmit!Museum
für Kinder in Berlin-
Prenzlauer Berg
1991–2011 St. Elisabeth
(1835, K. F. Schinkel) in
Berlin-Mitte, Kirche und
Konzertsaal
1996–2002 Heilig-Geist-
Kirche, Insel Werder (1856,
F. A. Stüler)

Beiträge für Ausstellungen

2010
Realstadt – Wünsche als
Wirklichkeit: Beiträge in der
Ausstellung im ehemaligen
Kraftwerk Mitte, Berlin
2009
8. Architekturbiennale in
São Paulo, Pavilhão Da
Bienal, Parque do Ibirapuera
2009
Stadt bauen. Stadt leben.
Nationaler Preis für inte-
grierte Stadtentwicklung
und Baukultur, Essen u.a.
BDA Landesverband
Berlin Galerie, Ausstellung
Öffentlichkeit Bauen: Orte
2008
ZukunftsWerkstattWohn-
bauen der Wüstenrot
Stiftung, DAM, Frankfurt
am Main, Ausstellung der
Entwürfe
2007
RAUM und RELIGION –
Positionen im Sakralbau,
Universitätsmuseum
Marburg
Deutsches Architektur-
museum: Bauen in den
neuen Bundesländern
– eine erste Bilanz;
Projekt Müncheberg und
Gemeindezentrum Nauen
2006
10. Internationale
Architektur-Biennale Venedig

Wettbewerbe

2011
Eweiterung Schillerbiblio-
thek, Berlin-Mitte, 2. Preis
2010
„Erweiterung der Gedenk-
stätte Maison d'Izieu",
Izieu/Frankreich mit Roland
Poppensieker Architekt BDA
Paulus Berlin-Tempelhof,
2. Preis
2009
Gemeindezentrum
Eberswalde, 2. Preis

Anne Boissel

Raumbezogene Installationen

Space-related installations

Installation „Autostazione Zeppieri", Olevano Romano 2008

Installation „Galerie Zeppieri", Olevano Romano 2010

Anne Boissel
Altonaer Straße 7
10557 Berlin
Tel.: 030.780 95 107
info@anneboissel.de
www.anneboissel.de

Anne Boissel
1972 geboren in München
1993–2000
Architekturstudium
Hochschule der Künste
Berlin und Pratt Institut New
York, Diplom und Master of
Architecture
2001–05 freie Mitarbeit im
studio dinnebier Berlin
2001–11 wissenschaftliche
Mitarbeit und Lehraufträge
an der TU Berlin und TU
Braunschweig
Seit 2005 Anne Boissel, Licht
und Raumgestaltung, Berlin

Arbeitsschwerpunkte
Arbeiten im Bereich
zwischen Architektur,
Kunst und Licht

**Preise/Auszeichnungen
(Auswahl)**
2010 Hans-Schäfers-Preis,
BDA Berlin
2009 Stipendium Akademie
der Künste Berlin in Olevano
Romano, Villa Serpentara
2008 2. Preis Wettbewerb
„Stadtlicht Winterthur
Kulturachse" (mit Monika
Goetz)
2007 Stipendium Deutsche
Akademie Rom Casa Baldi in
Olevano Romano
2001 Auszeichnung Hans-
Schaefers-Preis, BDA Berlin
1997 Fulbright Stipendium

Referenzen (Auswahl)
2012 Lichtgestaltung
Sandbostel
2011 Lichtgestaltung Brand
Space Deutsche Bank Berlin
2010 Installation „Galerie
Zeppieri" im ehemaligen
Busbahnhof von Olevano
Romano

2009 Lichtgestaltung
Ausstellung „Konflikt
Varusschlacht" in Kalkriese
2008 Installation „Zeppieri"
am ehemaligen Busbahnhof
von Olevano Romano, Italien
2007 Lichtgestaltung
Ausstellung „Konstantin der
Große" in Trier
2007 Lichtstele
Rathenauplatz, Frankfurt am
Main in Zusammenarbeit mit
studio dinnebier
2004 Lichthof der
Technischen Universität
Berlin in Zusammenarbeit
mit studio dinnebier

**Ausstellungen/
Publikationen (Auswahl)**
2011 *Deutsche Akademie
Rom Villa Massimo 1910–
2010*, S. 120-127; Rom und
Köln 2010
2008 Academy Architecs at
the Aquario, Rom

BRENNE Gesellschaft von Architekten mbH

Die Wahrung und Sichtbarmachung vorhandener Gestaltqualitäten bei
Umbau und Sanierung denkmalgeschützter Bausubstanz erfordert intel-
ligente und innovative Gebäudekonzepte und eröffnet gleichzeitig neue
Spielräume für die Architektur.

Preserving and using pre-existing architectural qualities, particularly as applied
to the renovation of historical landmarks, demands intelligent and innovative
concepts and can open up new fields for architectural design.

Umbau des ehemaligen Reichstagspräsidentenpalais, Friedrich-Ebert-Platz 2, Glasdach und Lichtinstallation, 2010

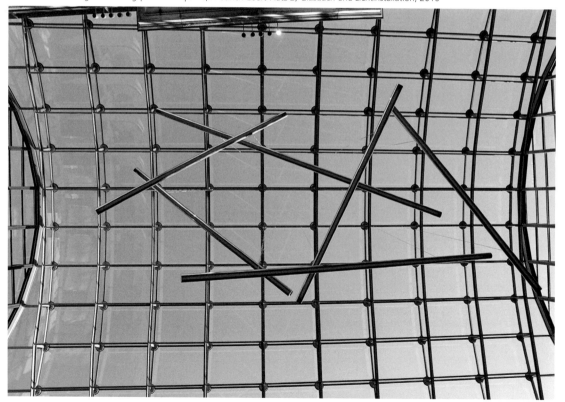

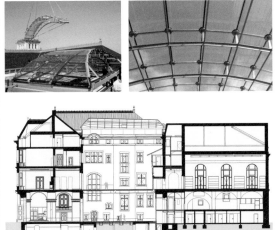

Innenhof Sockelgeschoss

oben: Montage Glasdach und Detail
unten: Schnitt Glasdach und Innenhof mit Empore 1.OG

Innenhof 1. OG Empore/Foyer
und Glasdach

**BRENNE Gesellschaft von
Architekten mbH**
Rheinstraße 45
12161 Berlin
Tel.: 030.859 07 90
Fax: 030.859 07 95 5;
030.859 40 63
mail@brenne-architekten.de
www.brenne-architekten.de

Winfried Brenne
Dipl.-Ing. Architekt BDA/
DWB
1942 geboren, Studium der
Architektur in Wuppertal
und TU Berlin
1978–90 Bürogemeinschaft
in Berlin als Architektur-
werkstatt Pitz-Brenne
1990–92 Lehrauftrag an der
TFH Berlin (Architektur)
Seit 1990 eigenes Büro
Seit 2006 Mitglied
Akademie der Künste
Seit 2002 Brenne
Gesellschaft von Architekten
mbH mit Franz Jaschke,
Dipl.-Ing. Architekt DWB

Arbeitsschwerpunkte
Ökologisches Bauen, Bauen
im Bestand, Umgang
mit denkmalgeschützten
Gebäuden, Revitalisierung
von Konversionsflächen,
Ausstellungsgestaltung

Referenzen (Auswahl)
Umbau des ehemaligen
Reichstagspräsidentenpalais,
Friedrich-Ebert-Platz,
Berlin-Mitte, Innenhof mit
Glasdach und eingefügter
Ebene im 1. OG, 7800 m²,
2010; BRENNE Gesellschaft
von Architekten mbH mit
Franz Jaschke; Lichtplanung
Studio Dinnebier, Berlin;
Glasdachkonstruktion/
Zulassung im Einzelfall
TU Dresden, Prof. Weller

Akademie der Künste,
Hanseatenweg, Berlin-
Tiergarten, 12.274 m² BGF,
seit 2009
ehem. ADGB Bundesschule,
Bernau, 6715 m² BGF,
2002–08
Zeughaus/Deutsches
Historisches Museum, Berlin-
Mitte, 22.330 m² BGF,
1998–2003
Thalia-Grundschule, Berlin-
Friedrichshain,
4467/893 m² BGF,
1998/2008
Meisterhaus Muche-
Schlemmer, Dessau,
928 m² BGF, 1998–2002
Ökologisches Modellprojekt
Heinrich-Böll-Siedlung,
Berlin-Pankow,
20.340 m² BGF, 1994–97

**Wettbewerbserfolge/
Preise (Auswahl)**
2008
Umbau der ehemaligen
Bundesschule des ADGB,
World Monument Fund/
Knoll Modernism Prize; BDA
Preis Brandenburg

2004
„Das neue Terrassenhaus",
Berlin, Rummelsburger
Bucht, 1. Preis

2003
Gartenstadt Falkenberg,
Berlin-Treptow, 2003,
Bauherrenpreis; BHU Preis
Denkmalpflege

1998
Zeughaus/DHM,
Berlin-Mitte,
Realisierungswettbewerb,
1. Preis

David Chipperfield Architects

Wenn alles möglich ist, wenn keine formalen oder technischen Grenzen für unsere Ideen mehr bestehen, dann müssen wir uns diese Grenzen selbst setzen. Denn ohne eine bewusste konzeptionelle und formale Eingrenzung können wir nicht darauf hoffen, eine aussagekräftige Architektur zu finden.

When everything is possible, when there are no formal or technical restrictions to our imagination then we must impose these limits ourselves. Without these limits, without the concept of intellectual as well as physical restraint, we cannot hope to find an architecture that has meaning.

Neues Eingangsgebäude – James Simon-Galerie, Museumsinsel, Berlin

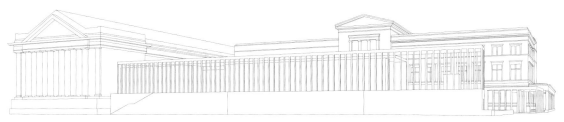

Neues Eingangsgebäude – James Simon-Galerie, Museumsinsel, Berlin

David Chipperfield Architects Gesellschaft von Architekten mbH
Joachimstraße 11
10119 Berlin
Tel.: 030.280 17 00
Fax: 030.280 17 015
info@davidchipperfield.de
www.davidchipperfield.com

Geschäftsführende Gesellschafter
David Chipperfield
Christoph Felger
Harald Müller
Mark Randel
Martin Reichert
Eva Schad
Alexander Schwarz

Mark Randel
Dipl.-Ing. Architekt BDA

1987–94 Architektur-studium, Hochschule der Künste Berlin
1990–91 Architektur-studium, Politecnico di Milano, Italien
1995–98 David Chipperfield Architects, London
1998 Gründung David Chipperfield Architects, Berlin zusammen mit Harald Müller und Eva Schad
Seit 1998 Geschäfts-führender Direktor David Chipperfield Architects, Berlin
Mitglied Architektenkammer Berlin
Seit 2005 Chief Representative, Repräsentanz Shanghai
Seit 2011 Geschäfts-führender Gesellschafter David Chipperfield Architects, Berlin

Harald Müller
Dipl.-Ing. Architekt BDA

1984–86 Architektur-studium, Technische Universität Braunschweig
1986–90 Architektur-studium, Technische Universität Berlin
Seit 1994 Mitglied Architektenkammer Berlin
1998 Gründung David Chipperfield Architects, Berlin zusammen mit Mark Randel und Eva Schad
Seit 1998 Geschäfts-führender Direktor David Chipperfield Architects, Berlin
Seit 2011 Geschäfts-führender Gesellschafter David Chipperfield Architects, Berlin

Referenzen (Auswahl)
2006–10 Rockbund Art Museum, Shanghai, BGF 2300 m²
2007–10 Kaufhaus Tyrol, Innsbruck, BGF 58.000 m²
2007–09 Museum Folkwang, Essen, BGF 24.800 m²
1997–2009 Wiederaufbau Neues Museum, Berlin, BGF 20.500 m²
2004–08 Ninetree Village, Hangzhou, China, BGF 23.500 m²
2003–07 Galeriehaus Am Kupfergraben 10, Berlin, 2000 m²
2002–07 Empire Riverside Hotel, Hamburg, 26.500 m²
2003–07 Liangzhu Museum, Liangzhu Cultural Village, China, 9500 m²
2002–06 Literaturmuseum der Moderne, Marbach am Neckar, 3800 m²

Clarke und Kuhn freie Architekten BDA

Die Grundlage unserer Arbeit ist die Entwicklung und Umsetzung hochwertiger Architektur und Baukunst auf einem verständlichen Niveau und in enger Zusammenarbeit mit den Bauherren.

The basis of our work lies in the design and construction of good architecture, offering a comprehensible and close dialogue with our clients.

Aufbau Haus am Moritzplatz, Berlin, 2011

Bürogebäude PROKON, Itzehoe, 2011   Haus L2, privates Wohnhaus, Berlin, 2010

Clarke und Kuhn freie
Architekten BDA
Schlesische Straße 29/30
10997 Berlin
Tel.: 030.694 89 76
Fax: 030.692 86 69
mail@clarkeundkuhn.de
www.clarkeundkuhn.de

Büroinhaber
Prof. Maria Clarke
Freie Architektin
Dipl.-Ing. Roland Kuhn
Freier Architekt BDA

Roland Kuhn
1964 geboren in Lübeck
1986–92 Architekturstudium
an der TU Berlin
1992–95 freie Mitarbeit in
Berliner Architekturbüros
Seit 1994 Mitglied in der
Architektenkammer Berlin
1996 Gründung des
Architekturbüros Clarke und
Kuhn freie Architekten
1995–2001
Wissenschaftliche Mitarbeit
und Lehrauftrag am
Lehrstuhl Städtebau und
Entwerfen, TU Cottbus
2010 Berufung in den BDA,
Landesverband Berlin

Arbeitsschwerpunkte
Wohngebäude, Büro-
und Geschäftsgebäude,
Gewerbe- und
Industriegebäude

Referenzen (Auswahl)
2009–11 Aufbau Haus am
Moritzplatz, Berlin,
22.000 m² BGF,
2008–11 Bürogebäude
PROKON, Itzehoe,
1850 m² BGF,
2009/10 Haus L2, Berlin,
591 m² BGF
2009/10 Haus B_R, Berlin,
250 m² BGF,
2007–09 Haus 21, Berlin,
4790 m² BGF
2006–08 Haus AST, Berlin,
950 m² BGF
2002–06 Werkhalle mit
Büros PROKON, Itzehoe,
1370 m² BGF
2000/01 Bürohaus PROKON,
Itzehoe, 1350 m² BGF

Wettbewerbe (Auswahl)
2011
Wohnbebauung
Möckernkiez, Berlin,
Engere Wahl

2010
Gemeindezentrum,
Berlin-Rudow, Engere Wahl
Kinder- und Familien-
zentrum, Berlin-Tempelhof,
3. Preis

2009
Campingplatz am Bärwalder
See, Boxberg, 3. Preis

CNAM Claus Nieländer Architekten BDA

Nur gegen den Strom ist die Quelle erreichbar.
Einfachheit und Klarheit sind ein ständiger Anspruch und Ansporn.

Swimming against the current is never the easiest course of action.
Simplicity helps us to maintain clarity of mind and purpose.

Umbau Landhaus Wendisch Rietz mit Blanc, Scheidel und Kollegen Landschaftsarchitekten

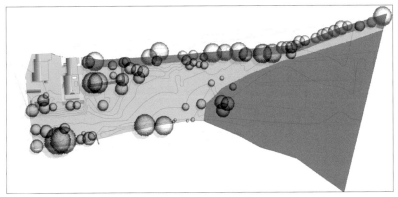

CNAM Claus Nieländer Architekten BDA

Bayerische Straße 33
10707 Berlin
Tel.: 030.818 25 96 0
Fax: 030.818 25 98 7
claus.nielaender@googlemail.com

1983–90 Architekturstudium TU Berlin und MIT Massachusetts Institute of Technology, Cambridge/Ma., USA
1990 Gruppenausstellung Aedes Galerie am Savignyplatz
1991 Master of Architecture, University of California Los Angeles, USA
1986–93 freie Mitarbeit u.a. bei Prof. J. P. Kleihues, Berlin; Prof. O. M. Ungers, Köln
1993–99 Assistent am Lehrstuhl Entwerfen, Wohn- und Sozialbauten, Prof. B. Huckriede, BTU Cottbus
1999–2010 Gesellschafter bei ZHN Architekten
Seit 2004 Mitglied BDA Berlin
Seit 2010 CNAM Claus Nieländer Architekten BDA
Vorträge, Jurys und Lehrtätigkeit: Columbia University und Pratt Institute New York, Kopenhagen Universität, FH Erfurt, BTU Cottbus

Arbeitsschwerpunkte

Wohnungsbau, Öffentlicher Hochbau, Kulturbauten, Bauen im Bestand

Referenzen

Umbau Landhaus in Wendisch Rietz
Umbau Mehrfamilienhaus Schlüterstraße, Berlin
Umbau Wohnhaus Bayerische Straße, Berlin
Sommerhaus Dänemark

CollignonArchitektur

Die Menschheit muss nicht den Planeten retten, sondern sich selbst und ihr eigenes System. So heißt Nachhaltigkeit neben Schonung der Umwelt: Kultur wahren und entwickeln, Austausch und Kreativität fördern, Schönheit, Freude und Lebensqualität schaffen. Visionen dafür sind die Seele unserer Arbeit.

Humankind does not have to save the planet; it must save itself and its own system. Apart from protecting the environment, sustainability therefore means: preserving and developing culture, encouraging exchange and creativity, creating beauty, joy and quality of life. Visions such as these are the soul of our work.

Mehrzweckgebäude „Sports Facilities Building", Longtou Temple Park, China, Neubau, 2009–11

Hotel „H'Otello Berlin Savignyplatz", Neubau, 2007–11

Büro- und Wohnhaus Otto-Braun-Straße, Berlin, Neubau in Planung

CollignonArchitektur
Wielandstraße 17
10629 Berlin
Tel.: 030.315 18 10
Fax.: 030.315 18 110
mail@collignonarchitektur.com
www.collignonarchitektur.com

Oliver Collignon
Dipl.-Ing., Architekt BDA
1957 geboren in München
1977–84 Studium der
Architektur und der
Philosophie in Berlin
(TU), Stuttgart, Chicago
(IIT) (Studienstiftung des
deutschen Volkes, DAAD
Stipendium)
1984 Diplom und Mitarbeit
Steidle und Partner,
München
1985–88
Geschäftsführender
Gesellschafter Dorcas
System, London
1989–92 freier Architekt
und Projektleiter bei Richard
Rogers Partnership in
London

1993–94 Technischer Leiter
der Projektentwicklung,
Phidias GmbH, Berlin
1994 Partner Collignon
Fischötter Architekten GbR
2008 CollignonArchitektur

Arbeitsschwerpunkte
Masterplanstrategien,
Multifunktionale Citybauten,
Bürobauten, Wohnbauten,
Verkehrsbauten,
Innenarchitektur,
Revitalisierungen, nachhal-
tiges Bauen mit angemesse-
nen Technologien

Ausgewähltes in Planung
Office-Villas, „Minhang
Creative Hub", Shanghai,
China, Neubau, seit 2011
Büro- und Wohnhaus
Otto-Braun-Straße, Berlin,
Neubau, seit 2010
„OfficePark", Berlin-
Schönefeld am BBI,
Masterplan, 2010/11

„Wohnen als
Kiezerweiterung", Berlin-
Schöneberg, Strategie und
Masterplan, 2010/11
U-Bahnhof Berliner Rathaus,
Berlin, Neubau 1999;
2008/11

Ausgewählte Bauten
2009–11
Büro- und Konferenz-
gebäude „Entrance
Building", Longtou Temple
Park, China, Neubau
Mehrzweckgebäude
„Sports Facilities Building",
Longtou Temple Park,
China, Neubau

2007–11
Wohnhäuser „Choriner
Höfe", Haus 8 und 9
mit Tiefgarage und
Hauptzugang,
Berlin, Neubau
Hotel „H'Otello"
Savignyplatz, Berlin, Neubau

2006–08
Bürohaus Feldbergstraße
35, Frankfurt am Main,
Revitalisierung

2003–07
Bürohaus Vogelsanger
Weg 80, Düsseldorf,
Revitalisierung

2000–03
Bürohochhäuser.
Lennéstraße 3 und 5, Berlin,
Neubau
Büro- und Geschäftshaus
"City Light House",
Kantstraße 162, Berlin,
Neubau

1995–97
Mehrfamilienvilla, Am
Priesterberg 10, Berlin,
Neubau

dmsw

Bürogemeinschaft für Architektur und Landschaft

Wohnen am Weißensee, Berlin-Weißensee 2010

Wohnhaus Kleinzschachwitzer Ufer,
Dresden 2009

Städtebaulicher Entwurf Breite Straße,
Berlin-Mitte 2009

Wohnen am Weißensee,
Berlin-Weißensee 2010

**dmsw Bürogemeinschaft
für Architektur und
Landschaft**
Mariannenplatz 23
10997 Berlin
Tel.: 030.616 58 061
Fax: 030.616 58 062
mail@dmsw.net
www.dmsw.net

Julia Dahlhaus
Architektin BDA
1969 geboren in Berlin
1997 Diplom der Architektur
an der HdK Berlin
Bis 2004 Mitarbeit u.a. bei
Volker Staab; Max Dudler
2004–06 Wissenschaftliche
Mitarbeiterin an der
Bauhaus Universität Weimar
2004 Gründung dmsw
Seit 2006 Mitglied im BDA

Philipp Wehage
Architekt BDA
1967 geboren in Berlin
1994 Diplom der Architektur
HdK Berlin
Bis 2003 Mitarbeit u.a. bei
Assmann Salomon und
Scheidt; Heinrich Rother,
Alfred Grazioli

Seit 2003 Wissenschaftlicher
Mitarbeiter TU Berlin
2004 Gründung dmsw
Seit 2006 Mitglied BDA

Weitere Mitglieder dmsw:
Michael Müller
Architekt
1965 geboren in
Bergneustadt
1996 Diplom der Architektur
an der RWTH Aachen
Bis 2003 Mitarbeit u.a.
bei Collignon + Fischötter;
Assmann Salomon und
Scheidt
2004 Gründung dmsw

Maria Simons
Landschaftsarchitektur
1970 geboren in Krefeld
Diplom in Design (Köln)
und Landschaftsarchitektur
(Berlin)
Mitarbeit u.a. bei
Assmann Salomon; bgmr
Landschaftsarchitekten;
Weidinger
Landschaftsarchitekten
2004 Gründung dmsw

Claudia Kruschel
Architektin
1972 geboren in Chur, CH
1999 Diplom ETH Zürich
Mitarbeit u.a. Büro Gmür
und Lüscher, Zürich, Ortner
& Ortner Baukunst, Berlin,
Max Dudler, Berlin/Zürich
2002 Kruschel Arch.
Trimmis, CH
2010 Mitglied in dmsw

Arbeitsschwerpunkte
Städtebau, Wohnungsbau
und Landschaftsarchitektur

Mitglied im Netzwerk
Berliner Baugruppen
Architekten

Referenzen (Auswahl)
Breite Straße, städtebau-
licher Entwurf für die
Senatsverwaltung für
Stadtentwicklung und
Umweltschutz, Berlin 2009
Wohnhaus Dennewitzstraße,
Berlin 2009–12
Wohnhaus Görschstraße,
Berlin 2010–12

Wohnhaus Hohe Leite,
Dresden 2009–11
Wohnen am Weißensee,
Berlin 2009–10
Wohnhaus Meyerbeerstraße,
Berlin 2007–09
Wohnhäuser Gounodstraße,
Berlin 2008–09
Wohnhaus
Kleinzschachwitzer Ufer,
Dresden (Umbau) 2007–09
Wohnhäuser Mahlerstraße,
Berlin 2006–08
Privatgärten in Berlin,
Krefeld, Bleckede 2001–08
Apartmentanlage Baabe,
Rügen 2006
Doppelhäuser
Albertinenstraße,
Berlin 2003–04

DODK [doldelka]

Jedes Projekt mit seinen spezifischen Anforderungen gibt uns die Möglichkeit, Architektur neu zu begreifen und eine präzise, stimmige Architektursprache zum Leben zu erwecken.

With every project, a new and specific set of challenges presents us with an opportunity to reinterpret architecture and create a precise and coherent architectural language.

Studienservice Center TU Braunschweig, 2009

Studienservice Center TU Braunschweig, 2009

DODK [doldelka]
Oderberger Straße 60
10435 Berlin
Tel.: 030.440 58 122
Fax: 030.440 58 122
contact@dodk.net
www.dodk.net

Denise Dih
1987–94 Architekturstudium
TU Braunschweig, UdK
Berlin, TU Berlin
1995–97 Stipendium DAAD,
Cornell University, Master of
Architecture
1998–2002
Projektarchitektin bei
Sauerbruch Hutton
Architekten, Berlin
2001–08
Universitätsassistentin TU
Braunschweig
2003 freie Architektin, Berlin
2005 Bürogründung DODK
2010 Professorin an der
Hochschule Rosenheim,
Fakultät Innenarchitektur

Ole Klingemann
1991–97 Studium der
Visuellen Kommunikation,
UdK Berlin
1997–99 Studium der
Semiotik, TU Berlin
1997–2000
Universitätsassistent TU
Berlin
2000–05 Art Director Kabel
New Media, Icon Medialab,
Sinner Schrader, BBDO
Interone
2005 Bürogründung DODK

Profil
DODK entwickelt umfassende Gestaltungsansätze in der Architektur mit komplexen Verbindungen zu Interior-, Möbel- und Grafikdesign.

Referenzen
2011
Café Städtisches Museum
Braunschweig
Messeauftritt LG Hi-Macs,
München

2010
Möbelsystem MARU
Projektstudie Studentisches
Wohnen Green Dorms,
Potsdam
Dachgeschoss, Hamburg

2009
Studienservice Center TU
Braunschweig
Umbau Reihenhaus,
Hamburg

2007
Umbau Villa, Hamburg

2006
Hamish Morrison Galerie,
Berlin

Wettbewerbserfolge
2005
Studienservice Center TU
Braunschweig, 1. Preis

2004
pro Stadt – contra Lücke,
5. Preis

Auszeichnungen
2010
Nominierung Große Nike
Nominierung
Architekturpreis Farbe –
Oberfläche – Struktur

2009
Peter Joseph Krahe Preis der
Stadt Braunschweig
BDA Preis Niedersachsen

dr. julius | ap – Neue Konkrete + Architektur

dr. julius | ap vermittelt zwischen Kunst und Architektur. Seit 2008 zeigt die Galerie in Ausstellungen und Projekten ausschließlich Neue Konkrete, Nicht-Gegenständliche, Geometrisch-Konstruktive Kunst sowie Architektur und Architektur-Fotografie. Ziel ist es, die künstlerischen und geistigen Schnittmengen der Disziplinen herauszuarbeiten.

dr. julius | ap mediates between art and architecture. Since 2008, the gallery has exclusively shown New Concrete, Non-Objective and Geometric-Constructive Art as well as architecture and architectural photography. The aim is to show the artistic and intellectual intersections of these disciplines.

Wolfgang Berndt [DE], *1955: o.T. [1103.031], 2011 [Detail]. Generative Grafik, Größe variabel

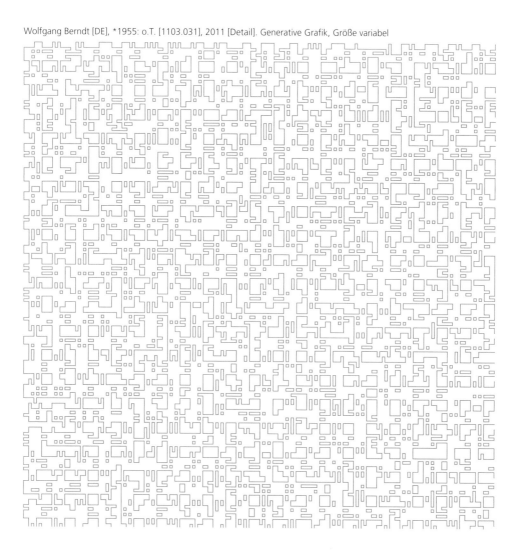

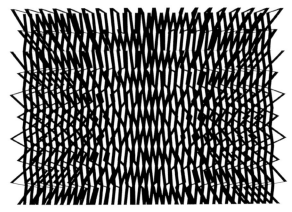

Stephan Ehrenhofer [AT], *1964: K27 5xD, 1994.
Tusche auf Papier, 70 x 50 cm

Pierre Juillerat [CH], *1967: B_09.11, 2009/10.
Lack auf Leinwand, 40 x 30 cm

dr. julius | ap
Matthias Seidel
Dipl.-Ing. BDA
Leberstraße 60
10829 Berlin
Tel.: 030.24 37 43 49
info@dr-julius.de
www.dr-julius.de

Matthias Seidel
1966 geboren in
Ludwigsburg
Dipl.-Ing. Arch., Galerist,
Ausstellungsmacher, Kurator
Seit 2009 a.O. Mitglied des
BDA Berlin
2008–2010 Produzent der
BDA Galerie
Seit 2007 Initiator und
Betreiber von dr. julius | ap,
Internationale Galerie für
Neue Konkrete + Architektur
Seit 2002 Assoziierter
Partner von Laufwerk B –
Architektur Kommunikation
Seit 1999 Lehrtätigkeit an
der Universität der Künste
Berlin: Seit 2007 Lehrauftrag
für Architektur/Urbanistik
in der Fakultät Bildende
Kunst; 2001–2006 letzter

Assistent von Jonas Geist [†]
im Fachgebiet Geschichte,
Theorie und Kritik der
Architektur; 1999–2001
Lehrauftrag Soziale
Grundlagen des Bauens
1995–2001 Freier
Mitarbeiter in Berliner
Architekturbüros
1994 Diplom +
Architekturpreis der TU Berlin

Ausstellungen [Auswahl]
Seit 2008 durchgehendes
Ausstellungsprogramm
in der Galerie mit den
Künstlern Ingrid Cerny [AT],
Michaela Hofmann-
Göttlicher [AT], Riki Mijling
[NL], Melitta Nemeth [HU],
John Aslanidis [AUS],
Horst Bartnig [DE],
Wolfgang Berndt [DE],
Edgar Diehl [DE],
Stephan Ehrenhofer [AT],
Gilbert Hsiao [US],
Pierre Juillerat [CH],
László Ottó [HU] sowie
den Fotografen Gerhard R.
Braun [DE], Javier Callejas
[ES] und Rainer Gollmer [DE]

2010 GRÜNDERZEIT.
Fassaden-Montagen Berliner
Mietshäuser der Jahre 1871
bis 1914. Ausstellung im
Roten Rathaus, Berlin-Mitte

Projekte [Auswahl]
Kunstmessen:
2010+2011 Art Amsterdam
2009 Art.Fair 21, Köln
2009+2010 tease artfair
Köln
2008 05. berliner kunstsalon

Ausstellungen als
Werkleistung:
2009 Fehling+Gogel.
Ausstellung im Max-
Planck-Institut für
Bildungsforschung, Berlin
2008 urban living / abitare
in città / stadtwohnen.
Produktion für den
BDA Berlin auf dem UIA
Kongress, Lingotto, Turin

Architekturvermittlung:
2008+2009 Stadtteil-
Rundgänge zu Geschichte,
Gegenwart und Zukunft der
Roten Insel Schöneberg

Publikationen [Auswahl]
Matthias Seidel [Hg.]:
dr. julius | ap.
NEUE KONKRETE +
ARCHITEKTUR.
Surface Book,
Darmstadt 2011
Klaus Kürvers und Matthias
Seidel [Hg.]:
Bibliografie Johann Friedrich
(Jonas) Geist 1965–2005.
Universität der Künste
Berlin, 2011
Peter Gruss, Gunnar Klack,
Matthias Seidel [Hg.]:
Fehling+Gogel. Die Max-
Planck-Gesellschaft als
Bauherr der Architekten
Hermann Fehling und Daniel
Gogel. jovis Verlag,
Berlin 2009
Jonas Geist + Matthias
Seidel: *Geschichte*
der Fassade – Lübeck.
Universität der Künste
Berlin, 2006, 112 Seiten
Jonas Geist + Matthias
Seidel: *Hundert Jahre*
Hauptgebäude der
Universität der Künste
Berlin. Ebd. 2005

Christine Edmaier

Architektur und Städtebau. Wie geht das zusammen? Städtebau muss Haltung zeigen, ohne einzuengen. Architektur muss eigenständig sein, ohne gegen ihre Umgebung zu arbeiten. Regelwerke müssen durch Vernunft legitimiert sein, geschmacklicher Konsens ist obsolet.

How do architecture and urban design fit together? Urban design must position itself without imposing constraints. Architecture has to be independent without working against its environs. Rules must be legitimised by reason; taste-based consensus is obsolete.

Neckarvorstadt Heilbronn, 2009

Einfamilienhaus Stahnsdorf, 2010

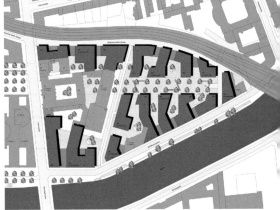

Luisenblock Ost in Berlin-Mitte, 2009

Christine Edmaier

Büro für Architektur und
Städtebau
Emser Straße 40
10719 Berlin
Tel.: 030.279 16 55
Fax: 030.279 02 05
Christine.Edmaier@t-online.de
www.christine-edmaier.de

Christine Edmaier
Dipl.-Ing. Architektin BDA
1961 geboren in Stuttgart
1986/87 DAAD Stipendium
Venedig
1987 Diplom HDK Berlin
1987–91 Partnerschaft
C + C Kennerknecht
Seit 1992 eigenes Büro
1996–97 Gastprofessur
Kunsthochschule Berlin-
Weißensee
2003–09 Vorsitzende BDA
Landesverband
Seit 2009 Vizepräsidentin
Architektenkammer

Arbeitsschwerpunkte

Städtebau, Wohnungsbau,
Einfamilienhäuser, öffentliche Bauten und Räume,
innovative und ökolo-
gische Wohnformen,
Wettbewerbe,
Umgestaltung von Bauten
der Nachkriegszeit und
Plattenbauten

Referenzen (Auswahl)

Einfamilienhaus in
Stahnsdorf

Studie Blockkonzept Breite
Straße, Berlin

Mehrfamilienhaus am
Wildpfad, Berlin-Grunewald

Uferpromenade und neue
Brücke, Anbindung des
Ringcenter Nordhorn

Studie Mauerstreifen
Bernauer Straße, Berlin

Einfamilienhaus-Villa in
Berlin-Grunewald

Workshop Potsdamer Mitte

Mehrfamilienhaus am Alten
Messplatz, Freiburg

Einfamilienhaus
Rotkehlchensteig,
Schönwalde

Städtebaulicher Rahmenplan
NINO-Areal Nordhorn

Umbau eines denkmalge-
schütztes Einfamilienhauses
im Hansaviertel, Berlin

Umbau und Sanierung
von 640 Wohnungen im
Heckert-Viertel, Chemnitz

Ökumenisches
Gemeindezentrum
„Festeburg" in Hamburg-
Neuallermöhe

Wettbewerbe (Auswahl)

2010 Masterplan Campus
Berlin-Buch, Engere Wahl

2010 VOF Verfahren
„Nooröffnung"
Eckernförde, 2. Platz

2009 Luisenblock Ost in
Berlin-Mitte, Ankauf

2009 Neckarvorstadt
Heilbronn, 4. Preis

2006 Werkstatt für
behinderte Menschen in
Berlin-Zehlendorf, 3. Preis

2005 Anbindung Ringcenter
Nordhorn, 1. Preis

2003 Regierungsstandort
Potsdam, 2. Preis

2002 Konversionsfläche
NINO-Areal Nordhorn,
1. Preis

2001 Fachhochschulcampus
Wolfsburg, 2. Preis

1997 „Das städtische Haus
für Berlin", 2. Preis

1996 Gemeindezentrum
in Hamburg-Neuallermöhe
West, 1. Preis

Wolf R. Eisentraut

Der Ort gibt den Rahmen, die Idee das Bild.
Der Plan macht das Haus.

The location provides the frame, the idea creates the image.
The plan establishes the building.

Umbau und Erweiterung Haus Continental, Cuxhaven

Umbau und Sanierung Plattenbau Bärenstraße, Plauen

oben: Steg zum Moor im Nationalpark Harz
Mitte: Promenade und Kolonnaden, Schierke
unten: Wohnhaus aus demontierten Platten, Plauen

**Prof. Dr.
Wolf R. Eisentraut
Architekt BDA**
Krumme Straße 75
10585 Berlin
Tel.: 030.264 16 28
Fax: 030.257 93 747
www.wolfeisentraut-archprof.de

1943 in Chemnitz geboren
1968 Diplom TU Dresden,
Architektur nebst Pädagogik
1986 Promotion und Hono-
rarprofessor TU Dresden
1988 Habilitation und
Professor für Gebäudelehre
und Entwerfen TU Dresden

1968 Mitarbeit bei Hermann
Henselmann in Berlin, später
Bauakademie
1973 Mitarbeit bei
Heinz Graffunder in
Entwurfsgruppe Palast der
Republik, Berlin; später einer
der bauteilverantwortlichen
Architekten
1976 Leitender Architekt
eines Entwurfsbüros im
Baukombinat IHB Berlin

1991 Gründung eines freien
Architekturbüros in Berlin
und Plauen

1990 Erster freigewählter
Vorsitzender des Bundes der
Architekten/DDR
1991 Berufung in den Bund
Deutscher Architekten BDA
Berlin

Arbeitsschwerpunkte
Öffentliche Bauten,
Kulturbauten,
Wohnungsbau
Gaststätten und Innen-
ausbau
Sanierung und Umnutzung,
Bauen im Bestand sowie
Denkmalschutz
Umgestaltung Platten- und
Fertigteilbauten
Stadtentwicklungskonzepte
und -planungen
Farb- und Gestaltungs-
konzepte

Preisrichter-, Vortrags- und
Moderationstätigkeit sowie
Publikationen

Planungen und
ausgeführte Bauten
(Auswahl)
2011 Ortsentwicklungs-
konzept und Skigebiet
Werfenweng/Österreich
2010 Mehrgenerationen-
haus in Oelsnitz
2010 Ortsentwicklungs-
konzept Schierke sowie
Landschaftsentwicklung
Winterberg und Skigebiet
2009 Umbau und
Umnutzung mehrerer
Wohngebäude sowie
altersgerechtes Wohnen
in Cuxhaven
2006 Umbau und
Teilabtrag von bewohnten
Plattenbauten in Plauen,
Saßnitz, Hartha, Rochlitz
2006 Einfamilienhaus
aus demontierten Platten
in Plauen, weitere
Einfamilienhäuser
2005 Umbau und
Sanierung Typenwohnhaus
Bärenstraße in Plauen
2005 Entwicklungs- und
Rahmenplanung Stadtteile
Lehfeld sowie Dobben in
Cuxhaven

2004 Entwicklungs-
planungen für Marzahn in
Berlin sowie für Saßnitz,
Plauen, Wittenberg,
Wolgast, Rochlitz.
2000 Brockenhaus in
Schierke, Museums- und
Ausstellungsgebäude
1989 Rathaus Berlin-
Marzahn, Denkmalschutz
seit 2008

Beiträge in Ausstellungen
Zwei Deutsche
Architekturen 1949–1980,
Wanderausstellung Institut
für Auslandsbeziehungen
2004
Architektur der Stadt,
Berlin 1900–2000, Berlin
Neues Museum 2000
Architekturbiennale Sofia
1988

Christiane Fath | architektur : kommunikation

framework: Wir kommunizieren Gebautes, Geplantes und Gedachtes, Farb-
und Materialkonzepte, neue Ideen und unkonventionelle Denkansätze.
Wir entdecken Talente. Wir schaffen Öffentlichkeit, aktivieren den entspre-
chenden Rahmen, sensibilisieren unser Netzwerk, um Aufmerksamkeit für
Architektur und Architekten zu gewinnen.

framework: we communicate built, planned and thought ideas, colour and
material concepts, new and unconventional approaches. We discover talent.
We create publicity, activate the appropriate framework, sensitise our net-
work, to direct attention to architecture and architects.

Galerie archcouture, Halle | Fortlaufend – Irrtümer und Modelle: stiefel kramer Architekten wien | zürich, 2009

a:p architektur:positionen I jovis Verlag, Berlin: *Friederike Tebbe Color Spaces*, 2010 [Hg. Christiane Fath]

1. Berliner Kunstsalon I framework, Berlin I 62 meters: Friederike Tebbe Berlin, 2004

CHRISTIANE FATH
architektur : kommunikation
Maybachufer 23
12047 Berlin
Tel.: +49 (0)179.143 04 74
mail@christianefath.de
www.christianefath.de

Christiane Fath
1969 geboren in Sindelfingen
1991–98 Architekturstudium
TU Berlin, Politecnico
Mailand, Bauhaus Universität
Weimar, Diplom
1997 Stipendium University
Aleppo, Syrien
2001 Kulturmanagement,
bbw Akademie Berlin, Diplom
2002 Gründung framework
Berlin: Ausstellungsplattform
2002 Innovationspreis der
Stadt Berlin: Konzept
framework
2004 Eröffnung Dependance
framework Wien:
Ausstellungsplattform
2004 Architektur Biennale,
Venedig

Mitglied im Kuratorium
Deutscher Pavillon
Seit 2006 Büro
Christiane Fath :
Architekturkommunikation
in Berlin

Arbeitsschwerpunkte
Strategische Medienarbeit
Management im Kunstmarkt
Kuratorische Tätigkeit
Redaktion: Buch- und
Editorialkonzepte
Corporate Cultural
Responsibility
CP-Print

Referenzen (Auswahl)
AIP Preis, Berlin
Art Today Association I
Center for Contemporary
Art, Plovdiv
Baunetz online medien,
Berlin
Bauwelt, Berlin
bhss Architekten, Leipzig
Birkhäuser Verlag, Basel
Max Taut Preis UdK, Berlin

DAZ Deutsches Architektur
Zentrum, Berlin
EXPO, Sevilla
Galerie archcouture, Halle
jovis Verlag, Berlin
KSV Krüger Schuberth
Vandreike Architekten,
Berlin
Kunstfest, Weimar
Schelling Architekturstiftung,
Karlsruhe
Schleebrügge.Editor, Wien
Studio Friederike Tebbe,
Berlin
Topotek1 Landschafts-
architekten, Berlin

Ausstellungen (Auswahl)
AFF Architekten. Berlin
Andreas Brandolini,
Saarbrücken
après-nous, Berlin
Beyer Schubert Architekten,
Berlin
Caramel, Wien
Superreal, Wien
Clarke und Kuhn
Architekten, Berlin
Complizen, Halle

Deadline, Berlin
Die Baupiloten, Berlin
feld 72, Wien
formade, Berlin
Imke Woelk, Berlin
Fritz Balthaus, Berlin
Gerd Kaiser Architecte, Paris
Gunda Förster, Berlin
ifau und Jesko Fezer, Berlin
Kyong Park, New York
Markus Miessen, London
Oda Pälmke, Berlin
peanutz Architekten, Berlin
purpur Architektur, Wien
Stephan Höhne, Berlin
Stephanie Kiwitt, Leipzig
stiefel kramer Architekten,
wien I zürich
the next ENTERprise, Wien
Werner Huthmacher, Berlin
Wilmar Koenig, Berlin
XTH-Architekten, Berlin und
Duncun Lewis, London

Florian Fischötter Architekt GmbH

Jedes Gebäude ist immer auch ein Teil Stadtkultur, ein Teil Stadtgeschichte und wir sind uns der Verantwortung, die wir als Architekten in diesem Zusammenhang tragen, bewusst.

A building is always part of urban culture, a part of urban history and we are aware of the responsibility that we as architects bear within that context.

Stadtvilla im Diplomatenpark, Berlin

Kontorhaus „Alstertor",
Hamburg

Metropolis Haus, Hamburg

Quartier am Auswärtigen Amt, Berlin

**Florian Fischötter
Architekt GmbH**
Poststraße 51
20354 Hamburg
Tel.: 040.309 97 780
Fax: 040.309 97 78 10
f.fischoetter@ff-a.net
www.ff-a.net

Florian Fischötter
Dipl.-Ing. Architekt BDA arb
1959 geboren in Hamburg
1978–85 Studium der
Architektur in Berlin,
Stuttgart, London (DAAD)
1986–94 Richard Rogers
Partnership in London
1994 Partner Collignon
Fischötter Architekten
1996 Berufung in den BDA
1999–2000 Lehrauftrag
HTWK Leipzig
2000 Collignon Fischötter
Gesellschaft von Architekten
und Ingenieuren mbH
2006 Collignon Fischötter
Architekten Hamburg GmbH
2007 Florian Fischötter
Architekt GmbH

Arbeitsschwerpunkte
Büro- und Geschäftsgebäude
Neubau und Revitalisierung
Wohnbauten

Referenzen (Auswahl)
2009–12
Büro- und Geschäftshaus
Opern-Plaza, Hamburg,
24.000 m² BGF

2008–11
Büro- und Geschäftshaus
Metropolis Haus, Hamburg,
26.000 m² BGF

2007–11
Stadtvilla im Diplomatenpark,
Berlin, 2770 m² BGF

2006–09
Kontorhaus Alstertor,
Hamburg, 5270 m² BGF

2005–08
Bürogebäude Quartier am
Auswärtigen Amt, Berlin,
2635 m² BGF

2000–03
Bürogebäude Lennéstraße
3+5, Berlin, 9730 m² BGF

1999–2003
Bürogebäude City Light
House, Berlin,
11.570 m² BGF

Wettbewerbe (Auswahl)
2011
Bürogebäude am
Humboldthafen, Berlin,
30.000 m² BGF, 4. Preis

2009
Büro- und Geschäftshaus
Gerhofstraße, Hamburg,
6000 m² BGF, 2. Preis

2005
Büro- und Geschäftshaus
Quartier Am Auswärtigen
Amt, Berlin, 2635 m² BGF,
1. Preis

1999
Bürogebäude Lennéstraße 5,
Berlin, 5080 m² BGF, 1. Preis

1999
Bibliothek des
21.Jahrhunderts, Stuttgart,
32.000 m² BGF, Ankauf

1998
Deutscher Pavillon Expo
2000, Hannover,
18.000 m² BGF, 4. Preis

Gerhards & Glücker

Im Zeitalter der Globalisierung sind wir auf der Suche nach den Wurzeln der Identität eines Ortes.
Nur wenn sich Orte signifikant von anderen Orten unterscheiden, sind sie attraktiv für den Menschen.

In the era of globalisation we are looking for the roots of a locality's identity.
Only when localities are meaningfully distinguished from each other, do they become attractive for human beings.

Händel-Haus Halle, 2009

Stadtmuseum Simeonstift Trier, 2007

Albrechtsburg Meißen, 2010

**Gerhards & Glücker
Architekten und Designer**
Leuschnerdamm 13
10999 Berlin
Tel.: 030.247 23 817
Fax: 030.247 23 819
office@gerhardsgluecker.com
www.gerhardsgluecker.com

Prof. Carsten Gerhards
1966 geboren in Bonn
Studium der Architektur an
der RWTH Aachen, Bartlett
School of Architecture
London, Kunstakademie
Düsseldorf und Hochschule
der Künste Berlin
Projektarchitekt Joachim
Schürmann Architekten
(Köln) und Ingenhoven
Architekten (Düsseldorf)
Projektleiter David
Chipperfield Architects
(London / Berlin)
Seit 2001 Gerhards
& Glücker. Seit 2010
Professor an der Hochschule
Darmstadt

Andreas Glücker
1966 geboren in Stuttgart
Studium der Architektur
an der Fachhochschule
Biberach und der Hoch-
schule der Künste Berlin
Studium der Urbanistik an
der Bauhaus Universität
Weimar
Projektarchitekt Augustin
und Frank Architekten
(Berlin), Rolf Heide Tim
Heide Architekten
(Hamburg / Berlin),
heide von beckerath alberts
architekten (Berlin) und hg
merz architekten (Berlin)
Seit 2001 Gerhards &
Glücker

Arbeitsschwerpunkte
Bauen im denkmal-
geschützten Kontext
Ausstellungen
Museen
Gedenkstätten und
Markenarchitektur

Referenzen
2010–12
Gedenkstätte
Leistikowstraße Potsdam

2010–13
Heinrich-König-Platz
Gelsenkirchen

2011
NS-Dokumentationszentrum
Forum Vogelsang

2009–12
Goethe-Institute weltweit,
Bauliches Corporate Design

2008–11
Albrechtsburg Meißen

2009
Historisches Museum
Frankfurt

2009
Stadtmuseum
Wilhelmspalais Stuttgart

2007–09
Händel-Haus Halle

2005–07
Stadtmuseum Simeonstift
Trier

2002–05
Deutsches Hygiene-Museum
Dresden

Auszeichnungen
D&AD Professional Awards
2011 (Shortlist)
iF communication design
award 2011, 2010
contractworld.award 2011,
2008, 2006
Gute Gestaltung 11 (2x)
best architects 11 (2x)
Bauwelt Preis 2007
Compasso d'Oro,
Nominierung 2004
Elle Decoration Design
Award 2003
ar+d Award 2001

Ausstellungen
Einzel- und
Gruppenausstellungen
u.a. in Basel, Beirut,
Berlin, Jerusalem, Kairo,
Kopenhagen, London,
Mailand und Shanghai

GKK₊Architekten

Architektur ist für uns die präzise Umsetzung der richtigen Idee für einen Ort. Jenseits formaler Festlegungen interessiert uns der Weg zum Ergebnis und das Überraschende der Lösung, deren einmal gefundenes Wesen sich in allen Details erkennen lässt.

Architecture is the precise realisation of the right idea for a certain location. Beyond formal commitments we are interested in the path that leads to results and in the surprise of a solution, which, once discovered, can be enjoyed in all its detail.

Hauptverwaltung Süddeutscher Verlag, München

Deutschlandzentrale IBM, Ehningen

Hotel Novotel München Airport, München

**GKK₊Architekten
Gesellschaft von
Architekten mbH**
Prof. Swantje Kühn,
Oliver Kühn
Pariser Straße 1
10719 Berlin
Tel.: 030.283 08 20
Fax: 030.283 08 253
info@gkk-architekten.de
www.gkk-architekten.de

Swantje Kühn
Prof. Dipl.-Ing.
Architektin BDA
1964 geboren in München
1983 Bachelor of Arts an
der Wesleyan Univ., Ill. USA
1986 Projekte für die GtZ,
Malawi, Afrika
1989 Diplom der Architektur
an der TU München
1989–91 Architektin bei
Richard Rogers Partnership,
London
1991 Gründung des eigenen
Architekturbüros in Berlin
1995 Berufung in den BDA
1998 DEUBAU-Preis

2002 Boardmember of
Myongji University, Seoul,
Korea
2003 Professur für
Architekturtheorie und
Entwurf an der Detmolder
Schule für Architektur und
Innenarchitektur
2006 Prodekanin
für Architektur und
Innenarchitektur
2006 Boardmember Firma
Microsolar
2011 Mitglied der
Stadtgestaltungskommission
der Stadt Bielefeld

Oliver Kühn
Dipl.-Ing. Architekt BDA
1962 geboren in
Regensburg
1988 Diplom der Architektur
an der TU München
1989 Werkplanung MUC II,
Büro Weissenfeld, München
1989–91 Architekt bei
Richard Rogers Partnership,
London

1991 Gründung des eigenen
Architekturbüros in Berlin
1995 Berufung in den BDA
1998 DEUBAU-Preis
1999 Management-
Studium und Diplom an
der Universität St. Gallen,
Schweiz
2003 Cimmit Award 2003
2007 Vortragsreise Korea
2008 Vortragsreise China
2010 LEED-Gold für den
Süddeutschen Verlag in
München
2011 Gastprofessur CCPIT
(China Professional Design
Committee), Peking

Arbeitsschwerpunkte
Büro
Hotel
Industrie
Wohnen
Kultur

Referenzen
2014
GWM – Great Wall Motor
Headquarters, Baoding/
China

2012
GAEI – Automotive
Technology Research &
Development Centre,
Guangzhou/China

2011
BAIC – Headquarters Beijing
Automotive R&D Centre,
Peking/China

2008
Hauptverwaltung
Süddeutscher Verlag,
München

2003
Maximilianhöfe am
Marstallplatz, München

Wettbewerbe
2010
„Jean Monnet 2" –
Verwaltungsgebäude für die
Europäische Kommission,
Luxembourg, 3. Preis

2008
BAIC – Beijing Automotive
R&D Centre, Peking/China,
1. Preis

Glass Kramer Löbbert Architekten

Jedes Programm fordert eine eigene Ordnung des Raums, jeder Ort tritt in den Dialog mit der neuen Figur. Der Umgang mit den Themen Raumgefüge und räumlicher Figur bildet die Konstante unserer Arbeit an Gebäuden, Einrichtungen und Rahmenplanungen.

Each project brief demands an individual spatial approach, each plot enters into a particular dialogue with the added figure. Our work evolves around the necessitiy to engage in spatial confluence and figural impact of buildings, interiors and urban schemes.

MRT Forschungsgebäude Berlin – der Baukörper in der Dämmerung

MRT Forschungsgebäude Berlin – die Fassadenelemente

Fachbereich Design der FH Münster – Ausstellungsfoyer mit Haupttreppe

Glass Kramer Löbbert Architekten BDA

Schlesische Straße 27
10997 Berlin
Tel.: 030.600 31 69 - 0
Fax: 030.600 31 69 - 19
Info@glasskramerloebbert.de
www.glasskramerloebbert.de

Johannes Löbbert
Dipl.-Ing. Architekt BDA
1973 geboren in Bonn
1995–2001 Bauhaus
Universität Weimar
2004–06 Architekturbüro
Staab Architekten Berlin
Seit 2006 Glass Kramer
Löbbert Architekten Berlin
Seit 2007 Mitglied des BDA
Berlin
2009–10 Dozent an der
Beuth-Hochschule Berlin

Johan Kramer
Dipl.-Ing. Architekt BDA
1976 geboren in Berlin
1996–2000 Technische
Universität Karlsruhe
2000–02 Universität der
Künste Berlin
2003–05 Architekturbüro
Staab Architekten Berlin

Seit 2006 Glass Kramer
Löbbert Architekten Berlin
Seit 2007 Mitglied des BDA
Berlin

Arbeitsschwerpunkte

Bauten für Bildung und
Forschung
Kulturbauten
Wohnbauten

Referenzen (Auswahl)

2009–10
Neubau :envihab,
Forschungsgebäude DLR
Köln-Porz, mit Uta Graff,
Berlin

2009–11
Neubau
Infrastrukturzentrum MDC-
Campus Berlin

2009–10
Neubau „Wohnen mit
Kindern in der Stadt",
Lübeck, mit Uta Graff, Berlin

2008–11
Neubau Sporthalle
Französisch-Buchholz/Berlin

Neubau privates Wohnhaus
auf Elba, Italien, mit Patric
Eckstein

2007–10
Neubau MRT-Gebäude, Max-
Delbrück-Centrum für mole-
kulare Medizin, Berlin-Buch

2006–09
Neubau Fachbereich Design
auf dem Leonardocampus
der Fachhochschule Münster

2003–05
Neubau privates Wohnhaus
in Messini, Griechenland, mit
Jakob Meves

Wettbewerbe (Auswahl)

2010
Wettbewerb
Besucherinfrastruktur
Residenz Würzburg, 1. Preis

Realisierungswettbewerb
Erweiterung Universität
Hildesheim, 2. Preis

2009
Realisierungswettbewerb
Infrastrukturzentrum MDC-

Campus Berlin, 1. Preis
Realisierungswettbewerb
Hörsaalzentrum Aachen,
3. Preis

2008
Städtebaulicher Wettbwerb
Masterplan RWTH-Campus
Kernbereich, Aachen,
2. Preis

Realisierungswettbewerb
Jüdisches Museum Franken,
Fürth, 2. Preis

Ideenwettbewerb „Wohnen
mit Kindern in der Stadt",
Lübeck, mit Uta Graff,
Berlin, 1. Preis

2007
Realisierungswettbewerb
:envihab, DLR Köln-Porz, mit
Uta Graff, Berlin, 1. Preis

Realisierungswettbewerb
MRT-Gebäude, Berlin-Buch,
1. Preis

2005
Realisierungswettbewerb
Fachbereich Design der FH
Münster, 1. Preis

Gruber + Popp Architekten BDA

Die Auseinandersetzung mit den Wünschen unserer Bauherren ist zentraler Impulsgeber unserer Arbeit. Wir steuern den Kommunikationsprozess mit Bauherren und Nutzern mittels einer eigens dafür entwickelten digitalen Kommunikationsplattform, der „matrix".

Addressing the desires of our clients is the main impulse behind our work. We steer communication processes between clients and users through our specially developed communication platform, the "matrix."

Theresen-Grundschule – Generalsanierung der bestehenden Schule, 2010–12

Lernlandschaften – Erweiterung der Klassenräume in den
bestehenden Fluren

Vitrinenfenster – Jedes Klassenzimmer erhält
ein Fenster als Ausstellungsvitrine

**Gruber + Popp
Architekten BDA**
Am Spreebord 5
10589 Berlin
Tel.: 030.688 09 665
Fax: 030.688 09 666
office@gruberpopp.de
www.gruberpopp.de

Doris Gruber
1963 geboren
1992 Diplom München
1995 Architekturförderpreis
der Stadt München
2003–06 Vorstandsmitglied
BDA, LV Berlin
Seit 2004 Präsidiumsmitglied
des BDA Bund
Seit 2007 Vizepräsidentin
des BDA Bund

Bernhard Popp
1961 geboren
1991 Diplom München
1995 Architekturförderpreis
der Stadt München
1998 Forschung „Energie
Stadt"

Seit 2003 Gründung
und Vorsitz Institut für
Nachhaltigkeit e.V. Berlin
Seit 1992 gemeinsames
Büro in Berlin und München

Arbeitsschwerpunkte
Industriebau
Verwaltungsbau
Schulbau
Sportstätten
Wohnungsbau

Referenzen (Auswahl)
2010–12
Theresen-Grundschule
Germering, General-
sanierung und energetische
Sanierung, 6500 m² BGF

Heizkraftwerk Reuter, Berlin,
Umbau Büroflächen, 3400
m² BGF

2009–12
Heizkraftwerk Reuter West,
Berlin, Besucherzentrum,
Kasino, Konferenz,
1200 m² BGF

2011
Ernst Reuter Stadion,
Berlin, Neubau
Tribünenüberdachung

2008
Kerschensteiner
Schule, energetische
Fassadensanierung,
Germering, 11.500 m² BGF

2006–08
Data Display GmbH, Neubau
Firmensitz, Germering,
5500 m² BGF

2005–08
Wittelsbacher Schule
Germering, Erweiterung,
3200 m² BGF

2004–06
Haus Jauch, Neubau und
Bestandsumbau einer Villa,
München

2002–10
Rathaus Unterpfaffenhofen,
Umnutzung und energeti-
sche Sanierung,
Germering, 2400 m² BGF

**Preise und
Auszeichnungen
(Auswahl)**
2009
Ernst Reuter Stadion, Tribü-
nendach, Berlin, 1. Preis

2007
Haus Jauch, Häuser-Award
„Haus des Jahres", 2. Preis

2006
Haus Jauch, Deutscher
Metallfassadenpreis, 2. Preis

Ausstellungen (Auswahl)
2011
Architektur Galerie Berlin,
„matrix"

2010
Architekturbiennale
Venedig, „Sehnsucht"

2008
LA Fürstenfeldbruck,
„Energiebewusst Innovativ
Nachhaltig"

2002
Galerie suitcase architecture,
Berlin „Ausschnitte"

HAAS | Architekten BDA

Eine Bauaufgabe beinhaltet die ganzheitliche Betreuung in allen Leistungsphasen. In der Entwicklung stehen der Ort, die Überprüfung von gestalterischen Aspekten, Funktionalität und Wirtschaftlichkeit im Vordergrund. Material und Gestaltung wird in jeder Aufgabe neu und vielseitig experimentiert.

A building task comprises integrated support during all phases of a project. The location, control of design aspects, functionality and economy occupy the foreground of the development. Material and design are subject to experimentation in every new task.

Komplettsanierung Großes Tropenhaus im Botanischen Garten Berlin, 2009

Diplomatenpark, Stadtvilla in Berlin-Tiergarten, 2010

Privates Wohnhaus, Berlin-Zehlendorf, 2009

HAAS | Architekten BDA

Silke Gehner-Haas
Friedhelm Haas
Busseallee 18
14163 Berlin
Tel.: 030.83 22 98 20
Fax: 030.83 22 98 24
info@haas-architekten.de
www.haas-architekten.de

Silke Gehner-Haas
1965 geboren in Osnabrück
1987–93 Architektur-
studium, FH Münster
1993 Diplom an der
Polytechnischen Universität
Krakau
1991–93 Mitarbeit im Büro
Bolles+Wilson, Münster
1993 Bürogründung mit
Friedhelm Haas
2006 Berufung in den BDA
Landesverband Berlin
Jurymitglied in verschiedenen Wettbewerben

Friedhelm Haas
1957 geboren in
Weingarten/Baden
1981–88 TU Karlsruhe
1984–85 DAAD Stipendiat

in London, Bartlett
University
1985–93 Mitarbeit bei
Bolles+Wilson in London
und Münster
1988–93 Lehrauftrag für
Baukonstruktion in Münster
1993 Bürogründung mit
Silke Gehner-Haas
2001 Berufung in den
BDA Berlin, seit 2003
Vorstandsmitglied
2009 Wahl in die
Vertreterversammlung der
AK Berlin, 2. Vorsitzender
im LWA

Arbeitsschwerpunkte

Wohnungsbau
Glashäuser
Soziale Einrichtungen
Öffentliche Bauten
Altbausanierungen
In allen Leistungsphasen der
HOAI, Projektsteuerungs-
leistungen, Termin-
und Ablaufplanung,
Kostenplanung,
Generalplanung

Referenzen (Auswahl)

2005–09 Komplettsanierung
Großes Tropenhaus im
Botanischen Garten Berlin,
EU VOF-Verfahren,
Generalplaner
2010 energetische
Sanierung der Sporthalle
Fläminggrundschule
2010 energetische
Sanierung der Anzuchts-
gewächshäuser im
Botanischen Garten
2010 Neubau Mehrfamilien-
wohnhaus Lychener Straße,
Berlin-Prenzlauer Berg
2011 Neubau Mehrfamilien-
haus im Diplomatenpark
Berlin-Tiergarten
2011 Neubau Mehrfamilien-
wohnhaus Choriner Höfe,
Haus 6 und 7, Berlin-Mitte
2011 energetische
Sanierung der Erdgewächs-
häuser im Neuen Park
Potsdam
2010–13 Komplettsanierung
Alfred-Brehm-Haus im
Tierpark Berlin,
EU VOF-Verfahren

Wettbewerbserfolge (Auswahl)

2009 Städtebaulicher
Realisierungswettbewerb,
Winkelhausenkasernen,
2. Preis
nach Überarbeitung 1. Preis
2004 Oberstufenzentrum
Berlin-Weißensee, Ankauf
Neugestaltung des
Bahnhofsareals Wuppertal-
Döppersberg, 3. Preis
2003 Museum für
Medizintechnik, Kunst und
Kultur in Erlangen, 2. Preis
nach Überarbeitung 1. Preis
2001 Justizzentrum in
Rosenheim, 3. Preis
Boulevard Karree
Neubrandenburg, 2. Preis

HEINLE, WISCHER UND PARTNER
FREIE ARCHITEKTEN

Gemeinsam ist unserer Arbeit die Haltung, mit der wir uns den Aufgaben stellen: der Respekt vor der Geschichte und Kultur des Ortes, das Erkennen der Bedürfnisse derer, für die gebaut wird und das Entwickeln zukunftsfähiger Visionen – das Streben nach der besten Architektur. Das Ganze soll mehr sein als die Summe seiner Teile!

The common thread of our work is the specific posture we bring to new tasks: respect for the history and culture of the place, recognising the needs of those for whom we build and the development of visions for the future - the pursuit of the best in architecture. The whole is to be more than the sum of its parts!

Neubau des Dokumentations- und Besucherzentrums Topographie des Terrors

Stiftung Tierärztliche Hochschule Hannover, Neubau des Klinikums am Bünteweg

Heinle, Wischer und Partner Freie Architekten
Alt-Moabit 63
10555 Berlin
Tel.: 030.399 920-0
Fax: 030.393 5000
berlin@heinlewischerpartner.de
www.heinlewischerpartner.de

Christian Pelzeter
Dipl.-Ing. Architekt BDA
1960 geboren in Freiburg
1988 Diplom Technische
Universität Berlin
Vorstandsmitglied
Arbeitskreis
Krankenhausbau und
Gesundheitswesen
Gesellschafter seit 1995

Ursula Wilms
Dipl.-Ing. Architektin BDA
1963 geboren in Erlekenz
1992 Diplom Technische
Universität Berlin
Gesellschafterin seit 1999

Weitere Partner
Till Behnke
Hanno Chef Hendriks
Thomas Heinle
Markus Kill
Edzard Schultz

Referenzen (Auswahl)
2006–09
Dokumentations- und
Besucherzentrum
Topographie des Terrors,
Berlin
Neubau und Gestaltung des
historischen Geländes
Projekt in Arbeitsgemein-
schaft mit Prof. Hallmann
Landschaftsarchitekt BDLA

2006–10
Stiftung Tierärztliche
Hochschule Hannover,
Neubau des Klinikums am
Bünteweg

2004–14
Deutsches Krebsforschungs-
zentrum Heidelberg,
Neukonzeption, Sanierung
und Neubau

2003–09
Bundeswehrkrankenhaus
Berlin, Umbau und
Sanierung Haus 1.3

2000–11
Universitätsklinikum
Düsseldorf, Neubau Zentrum
für Operative Medizin II

2006–08
Fraunhofer-Institut
für Zelltherapie und
Immunologie IZI, Neubau,
Leipzig

Wettbewerbe
2010
Max-Planck-Institut für
Psycholinguistik, Nijmegen,
Niederlande, 1. Preis

2010
Evangelische Elisabeth
Klinik, Neubau Seniorenstift,
Ärztehaus und Hospiz,
Berlin, 1. Preis

Herwarth + Holz
Planung und Architektur

Mit dem Erfolg unserer Büros verbunden ist das individuelle Eingehen auf die spezifischen Rahmenbedingungen eines Projektes, auf das inspirierende Umfeld der jeweiligen Planungs- und Bauaufgabe, das Schaffen von Mehrwert.

The success of our practice lies in individually addressing the specific parameters of a project, as well as the inspiring surroundings of a specific planning and building task; to create added value.

Druck- und Medienzentrum „Druckzone Cottbus"

Spreebalkon Brommystraße, Berlin-Kreuzberg

Straßenbahnhaltestellen Cottbus

Herwarth + Holz
Planung und Architektur
Schlesische Straße 27
10997 Berlin
Tel.: 030.616 54 78 - 0
Fax: 030.616 54 78 - 28
kontakt@herwarth-holz.eu
www.herwarth-holz.eu

Carl Herwarth von Bittenfeld
Dipl.-Ing. Stadtplaner BDA
1955 geboren in Regina,
Saskatchewan/Kanada
1983 Diplom TU Berlin
Seit 1995 Büro Herwarth +
Holz, Berlin/Cottbus
2009 Berufung in den BDA

Brigitte Holz
Dipl.-Ing. Architektin/
Stadtplanerin BDA
1954 geboren in Straelen
1980 Diplom TH Darmstadt
Seit 1981 Freischlad + Holz,
Darmstadt
1988 Berufung in den BDA
Seit 1995 Büro Herwarth +
Holz, Berlin/Cottbus
Seit 2001 Mitglied des
Fördervereins Bundesstiftung
Baukultur
2008 Berufung in die DASL

Arbeitsschwerpunkte
Architektur – Wohnungsbau
Gewerbebau
Kommunale Bauten
Stadtplanung
Städtebau
Bauleitplanung
Freiraumplanung
Verfahrenssteuerung
Öffentlichkeitsarbeit
Wettbewerbsmanagement
Moderation

Referenzen (Auswahl)
2011–12
Landschaftsplanung May-
Ayim-Ufer, Berlin-Kreuzberg

2007–11
Projektsteuerung
Denkmalgerechte
Erneuerung / Nachnutzung
Doppelkaianlage May-Ayim-
Ufer, Berlin-Kreuzberg

2009–10
Stadtteilentwicklungs-
konzept Aktionsraum*plus*
Kreuzberg-Nordost, Berlin

Städtebaulicher Rahmenplan
„Luisenstadt"
Berlin, Mitte/Friedrichshain-
Kreuzberg

Stadtentwicklungsplan
Klima (mit TU Berlin)

2007
Spreebalkon Brommystraße,
Berlin-Kreuzberg

2004–07
Straßenbahnhaltestellen
Stadthalle/Stadtpromenade,
Cottbus

2004
Bahnhofsplatz, Busterminal
Lübben

2001–02
Schulhöfe 3. Gesamtschule
und 5. Grundschule
Fürstenwalde Nord

2000–01
Wasserlagenentwicklungs-
plan Berlin

2000
Druck- und Medienzentrum
Druckzone Cottbus

Wettbewerbe/
Auszeichnungen
(Auswahl)
2009
Deutscher Verzinkerpreis
Feuerverzinken
Spreebalkon Brommystraße
Berlin
Anerkennung

2002
Vorbildliche
Gewerbebauten, Druck- und
Medienzentrum Druckzone
Cottbus
2. Preis der WestHyp-
Stiftung

STEPHAN HÖHNE ARCHITEKTEN

Die Architekturauffassung des Büros bezieht sich, losgelöst von gängigen Moden, auf den essenziellen Bereich der Architektur. Dabei stehen ein starkes Konzept und ein hoher Anspruch an Klarheit und Materialqualität im Vordergrund.
Jede Bauaufgabe ist ein spezifischer Fall. Es geht uns um das Herausarbeiten von individuellen architektonischen Charakteren.

The office's view of architecture is unhampered by current fashions and focuses on the essentials. Its priorities include a strong basic concept and the demand for clarity and high-quality materials.
Every project is a special case. The important thing is to accentuate architectural characters.

Parkpalais am Volkspark Friedrichshain, Berlin-Friedrichshain 2010

Townhouse
Caroline-von-Humboldt-Weg,
Berlin-Mitte 2009

Townhouse Kleine Jägerstraße,
Berlin-Mitte 2009

Stadthausquartier Prenzlauer Gärten, Berlin-Prenzlauer Berg 2008

STEPHAN HÖHNE
ARCHITEKTEN
Caroline-von-Humboldt-
Weg 38
10117 Berlin
Tel.: 030.887 23 920
Fax: 030.887 23 901
mail@stephan-hoehne-archi-
tekten.de
www.stephan-hoehne-archi-
tekten.de

Stephan Höhne
Dipl.-Ing. Architekt BDA
1961 geboren in Lübeck
1982–90 Architekturstudium
an der TU Braunschweig
und an der TU Berlin
1988–92 Mitarbeit im Büro
Kollhoff in Berlin
1992 Bürogründung in
Berlin
1996 Hans-Schaefers-Preis
des BDA
2000 Anerkennungspreis
des BDA für die Kindertagesstätte in Berlin-Karow

2001–02 Gastprofessor für
Städtebauliches Entwerfen
an der Kunsthochschule
Berlin-Weißensee
2002 Contractworld.award
für das Office Loft INFOGEN
in Berlin-Mitte
2007 Deutscher Bauherren-
preis für die Wohnanlage
Villa St. Gertraudt
in Berlin-Kreuzberg

Arbeitsschwerpunkte
Das Büro ist in den
verschiedensten
Planungsbereichen wie
Wohnungsbauten,
Büro- und Gewerbebauten,
öffentliche Bauten,
Krankenhausbauten,
Hotelbauten,
Innenausbauten,
Altbausanierungen,
städtebaulichen Studien und
Masterplänen tätig.

Realisierte Projekte
(Auswahl)
2011 Stadtgärten im
Winsviertel, 41 Wohnungen,
Berlin-Prenzlauer Berg
2011 Ludwigkirch-Palais,
Wohnhaus mit
17 Wohnungen,
Berlin-Wilmersdorf
2010 Parkpalais am
Volkspark Friedrichshain,
17 Wohnungen,
Berlin-Friedrichshain
2009 Wohnquartier
Galenuspark, 88
Wohnungen und 22 Reihen-
häuser, Berlin-Pankow
2009 Brauhofgarten
im Viktoria Quartier,
Erweiterung einer denkmalgeschützten Brauerei mit
125 Wohnungen, Berlin-
Kreuzberg
2009 zwei Townhouses in
Berlin-Friedrichswerder

2008 Metropol Living Am
Karlsbad, Umnutzung
zweier denkmalgeschütz-
ter Bürohäuser zu einer
Wohnanlage, Berlin-Mitte
2008 Stadthausquartier
Prenzlauer Gärten,
61 Townhouses und
46 Wohnungen,
Berlin-Prenzlauer Berg
2007 Villa St. Gertraudt,
Umnutzung eines denkmal-
geschützten Krankenhauses
zu einer Wohnanlage,
Berlin-Kreuzberg
2006 Zentrales
Krankenhaus der Berliner
Vollzugsanstalten, Berlin-
Plötzensee
2002 Erweiterung des
Vivantes Klinikums
in Berlin-Friedrichshain
2000 Bürohaus
Georgenstraße 23,
Berlin-Mitte
1998 Kindertagesstätte,
Berlin-Karow

HSH Hoyer Schindele Hirschmüller
BDA Architektur

Der Ort und die an ihn gebundenen Informationen, die Aufgabe und der Anspruch des Nutzers bilden den Ausgangspunkt unserer Projekte. Unsere Architektur knüpft an das Vorgefundene an und erzählt eine eigene Geschichte auf Grundlage des Vorhandenen. Unsere Strategie folgt der „kommunikativen Rekonstruktion", Neues fügt sich selbstbewusst an Altes.

The basis of our projects is formed by the place and the information connected with it, the task and the desires of its users. Our architecture ties in with pre-existing conditions and tells its own story based on what is already there. Our strategy is based on "communicative reconstruction." New elements self-confidently integrate with old ones.

Café Moskau nach dem Umbau, Ansicht von der Karl-Marx-Allee

Café Moskau mit neuem Eingang mit anthrazitfarbener Glaswand

Villa M, Gartenansicht (im Bau)

HSH Hoyer Schindele Hirschmüller BDA Architektur
Wolliner Straße 18–19
10435 Berlin
Tel.: 030.44 35 88 55
Fax: 030.44 35 88 57
office@hsharchitektur.de
www.hsharchitektur.de

Florian Hoyer
1962 geboren in Krefeld
1986–94 Studium der Architektur an der TU Braunschweig, der Polytecnica Barcelona und der TU Berlin
1997 gemeinsame Bürogründung mit Harald Schindele

Harald Schindele
1966 geboren in Bad Homburg
1988–96 Studium der Architektur an der TU Braunschweig und der Architectural Association, London
1997 gemeinsame Bürogründung mit Florian Hoyer

Markus Hirschmüller
1967 geboren in Stuttgart
1988–95 Studium der Architektur an der TU Braunschweig und der Universität Stuttgart
1996–98 Masterstudium am Southern Californian Institute of Architecture in Los Angeles als DAAD-Stipendiat
Seit 2003 Büropartner: Hoyer Schindele Hirschmüller

Seit 2005 sind alle drei Büropartner Mitglied des BDA Berlin.

Arbeitsschwerpunkte
Sanierung und Erweiterung denkmalgeschützter Bauten, Neubau, Versammlungsstätten, hochwertiger Wohnungsbau, Sonderbauten

Referenzen (Auswahl)
2008–14
Berlin Metropolitan School BMS
Sanierung, Umbau und Erweiterung einer Schule

2008–11
Villa M, Berlin
Neubau einer Villa im Grunewald

2007–09
Café Moskau, Berlin
Umwandlung eines denkmalgeschützten Restaurants zum Konferenzzentrum, mit Nachtclub
ausgezeichnet mit einem Sonderpreis im Rahmen des Bundespreises für Handwerk in der Denkmalpflege

2007–09
Stadthaus Gormannstraße, Berlin
Neubau von drei im städtischen Kontext zu einer Einheit zusammen-gefügten Wohn- und Geschäftshäusern

2001–06
E-Werk, Berlin
Umbau eines denkmal-geschützten Abspannwerks zum Konferenzzentrum

1999–2001
Stadthaus Auguststraße, Berlin
Neubau eines Wohn- und Geschäftshauses

huber staudt architekten bda

Die Neubauten für ein Hortgebäude in Berlin und eine Psychiatrie in Friedrichshafen zeigen beispielhaft Themen, die wir aus dem besonderen Ort heraus entwickelten: das „schützende Dach" im städtischem Kontext und das „Fenster zum Bodensee" an einem landschaftlich geprägten Ort.

A new after-school-daycare building in Berlin and a psychiatric hospital in Friedrichshafen are good examples of buildings which have been developed in response to the site: the "protective roof" within an urban context and the "window towards Lake Constance" in a rural setting.

Hortgebäude Birken-Grundschule und Schule am Grüngürtel, Berlin

Zentrum für Psychiatrie Friedrichshafen

huber staudt architekten bda
Kurfürstendamm 11
10719 Berlin
Tel.: 030.880 01 080
Fax: 030.880 01 099
info@huberstaudtarchitekten.de
www.huberstaudtarchitekten.de

1994 Bürogründung
2001 Mitgliedschaft BDA
2001 Mitgliedschaft
AKG (Architekten für
Krankenhausbau und
Gesundheitswesen im BDA)

Christian Huber
1963 geboren in Straubing
1990 Diplom TU München
1987–88 DAAD-Stipendium
University of the Southbank,
London
1985–86 Forschung,
Prof. Gruben,
Baugeschichte, TU München
1988–90 Foster and
Partners, London
1994–98 Wissenschaftlicher
Mitarbeiter TU Berlin

Joachim Staudt
1962 geboren in Limburg/
Lahn
1990 Diplom Universität
Stuttgart
1987–88 DAAD-Stipendium
University of the Southbank,
London
1985–86 Forschung,
Prof. Frei Otto, Institut für
leichte Flächentragwerke,
Stuttgart
1988–90 David Chipperfield
and Partners, Foster and
Partners, London
1992–97 Wissenschaftlicher
Mitarbeiter TU Berlin

Arbeitsschwerpunkte
Krankenhaus-, Labor-,
Schul- und Hochschulbau
Bauten für Gastronomie und
Verwaltung
Umbau von denkmalge-
schützter Bausubstanz

Referenzen (Auswahl)
2009–11
Erweiterung Friedrich-
Engels-Gymnasium Berlin

2009–10
„Puhlmannscher Hof"
Berlin-Pankow, städtebauli-
ches Gutachten

2008–11
Neubau Zentrum für
Psychiatrie Friedrichshafen
(1. Preis Wettbewerb)

Physikalisch-Technische
Bundesanstalt (PTB) Berlin,
Umbau Oberservatorium,
Neubau MRT-Labor
(1. Preis Wettbewerb)

Abgeordnetenhaus von
Berlin, Erweiterung der
Büroflächen für
die Fraktionen

Freie Universität Berlin,
Institut für Tierernährung,
Umbau Laborgebäude

2007–11
Oberstufenzentrum Kfz-
Technik Berlin, energetische
Sanierung

2006–09
Neubau Hortgebäude
Birken-Grundschule Berlin

2006–08
Bernhard-Rose-Schule Berlin,
Blumen-Grundschule, ener-
getische Fassadensanierung

Wettbewerbe (Auswahl)
2010
Deutsch-sorbischer Schul-
komplex Schleife, 1. Preis

Kanzleigebäude Deutsche
Botschaft Nikosia/Zypern,
1. Preis

2009
Deutsches Generalkonsulat
Jekaterinburg/Russland,
2. Preis

Auszeichnungen
2009
Anerkennung,
BDA Preis 2009, Blumen-
Grundschule, Berlin

Anerkennung,
BDA Preis 2009, Kranken-
haus Hedwigshöhe, Berlin

kaden klingbeil architekten

Holz war in der Architektur-Moderne niemals Avantgarde, es galt eher als
sentimental, langsam, traditionell.
Erkennen wir das Substantielle des Holzes, konstruieren wir mit diesem
nachwachsenden Material und stellen es in einen kontextuellen Bezug zu
kulturellen, sozialen, technischen und ökonomischen Feldern.

Timber was never considered to be avant-garde within architectural modernism; it was rather seen to be sentimental, slow, traditional. We acknowledge
the substance of timber; we build with this sustainable material and put it
into contextual relation with cultural, social, technical and economic fields.

Sport- und Mehrzweckhalle, Petkus, 573 m² BGF, 2010, perspektivischer Anschnitt Nord-Ost

C_13, Visualisierung (im Bau)
Bildungs-, Gesundheits- und Familienzentrum, Berlin

k_8, Visualisierung
Gemeinschaftliches Wohnen in Flensburg

**Kaden Klingbeil
Architekten**
Esmarchstraße 3
10407 Berlin
Tel.: 030.486 24 662
Fax: 030.486 24 661
info@kaden-klingbeil.de
www.kaden-klingbeil.de

Tom Kaden, Architekt BDA
1961 geboren in Karl-Marx-
Stadt
1982–85 Studium FH
für Angewandte Kunst,
Schneeberg
1986–91 KHB Berlin-
Weißensee
Seit 1996 freiberuflich

Tom Klingbeil, Architekt
BDA
1964 geboren in Lübz
1987–92 TU Dresden
Seit 2002 Kaden Klingbeil
Architekten

Arbeitsschwerpunkte
Mehrgeschossige
Holzbauweise für Wohn-
und Geschäftsgebäude
Öffentliche Gebäude

Referenzen (Auswahl)
2011–12
C_13, Bildungs-,
Gesundheits- und
Familienzentrum, Berlin,
3681, 65 m² BGF

2011
B_12, fünfgeschossiges
Wohnhaus in Holzbauweise,
Berlin, 862 m² BGF

2010
Sport- und Mehrzweckhalle,
Petkus, 573 m² BGF

2008–09
E_3, 1. siebengeschossiges
Wohnhaus in Holzbauweise,
Berlin, 1270 m² BGF

2001
Energieautarkes Passivhaus
mit klimaaktiver Fassade,
Breslack, 192 m² BGF

Pavillon Bundesgartenschau,
Potsdam, 120 m² BGF

Jugendzentrum,
Fürstenwalde/Brandenburg,
443 m² BGF

Wettbewerbe (Auswahl)
2011
Möckernkiez, Berlin,
20.000 m², letzte Runde

IBA Hamburg, 930 m²,
wird realisiert

2009
DPF- Wettbewerb:
Wohnhaus in Holzbauweise,
Berlin, 1000 m² BGF,
2. Preis

2009
Bundessieger Effizienzhaus

2009
BDA Preis Berlin

2009/10
Deutscher Bauherrenpreis

2009
Deutscher Holzbaupreis

Kersten + Kopp Architekten

Architektur muss bewegen.

Architecture must move.

Haus der Jugend Kirchdorf, Hamburg, 2010

Außensportfeld

Clubraum

**Kersten + Kopp
Architekten**
Skalitzer Straße 80
10997 Berlin
Tel.: 030.610 76 436
Fax: 030.610 76 437
mail@kersten-kopp.de
www.kersten-kopp.de

Minka Kersten,
Architektin BDA
1969 geboren in
Braunschweig
1988–95 Architekturstudium
in Braunschweig, Graz und
Barcelona
1996–97 Stephan Braunfels
Architekten, Berlin
1997–98 Multhaup+Niebuhr
Architekten, Berlin
1998–2004 wissenschaftliche
Mitarbeit TU Cottbus

Andreas Kopp,
Architekt BDA
1964 geboren in München
1986–94 Architekturstudium
in Darmstadt und Graz
1994–96 Ackermann +
Partner, München
1996–99 Stephan Braunfels
Architekten, Berlin
1999–2005 wissenschaftliche
Mitarbeit TU Braunschweig,
Prof. Helmut C. Schulitz

Seit 2000 Architekturbüro
Kersten + Kopp

Arbeitsschwerpunkte
Schul- und Bildungsbauten
Kultur- und Freizeitbauten
Forschungs- und
Laborbauten
Generalplanung

Referenzen (Auswahl)
2009–11
Neubau der Mensa und
Sanierung der denkmal-
geschützten Aula des
Paulsengymnasiums, Berlin

2008–10
Neubau Maria Montessori
Schule Tempelhof, Berlin

2009–10
Umbau Büroflächen
Flughafen Tempelhof, Berlin

2005–10
Neubau Haus der Jugend
Kirchdorf, Hamburg,
Wettbewerb 1. Preis

2007–09
Sportlergebäude
Landesgartenschau Hemer,
Wettbewerb 1. Preis

2007–08
Neubau HALO-
Flugzeughangar des DLR,
Oberpfaffenhofen

**Wettbewerbe und Preise
(Auswahl)**
2011
Architekturpreis Beton,
Haus der Jugend Kirchdorf,
Anerkennung

Deutscher Holzbaupreis,
Sportlergebäude Hemer,
engere Wahl

2010
Neubau Familienzentrum
Paulus-Gemeinde, Berlin,
1. Preis

2009
Kompetenzzentrum
Mobilität Fachhochschule
Aachen,
3. Preis

2007
Feriensiedlung Insel
Görmitz, 1. Preis

2005
Kultur- und Kongresshaus
Garmisch-Partenkirchen,
Sonderpreis

2004
Olympisches Dorf Leipzig
2012, 4. Preis

2003
Thermalbad Bad Aibling,
3. Preis

Jan Kleihues

Das Ziel ist, für jede Bauaufgabe einen adäquaten Ausdruck zu finden, der über das Notwendige hinausgeht. Die so konzipierten Gebäude sind auf Dauer angelegt - Funktionsbezug und Alterungsfähigkeit sind Grundvoraussetzungen für einen ökonomischen wie ökologischen Umgang mit vorhandenen Ressourcen.

Our aim is to find adequate expression for every building task, exceeding nominal expectations. Buildings conceived in this manner are made to last. Functional relevance and the ability to age are basic prerequisites for both an economical and ecological approach to existing resources.

Fassadendetail Neubauteil

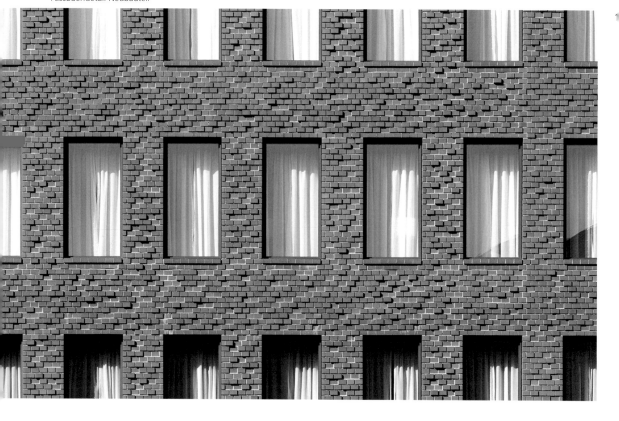

Haupteingang Hotel   Ansicht Joachimstaler Straße

**Kleihues + Kleihues
Gesellschaft von
Architekten mbH**
Helmholtzstraße 42
10587 Berlin
Tel.: 030.399 77 90
Fax: 030.399 77 977
berlin@kleihues.com

Holsterbrink 12
48249 Dülmen-Rorup
Tel.: 02548.930 30
Fax: 02548.930 377
rorup@kleihues.com
www.kleihues.com

Jan Kleihues
1962 geboren
1984–89 Architektur-
studium, Hochschule der
Künste, Berlin (Diplom)
1988 Project architect im
Büro Peter Eisenman,
New York
1989–92 Mitarbeit in den
Büros Daniel Libeskind,
Berlin und Rafael Moneo,
Madrid
1992 Gründung des Büros
„Jan Kleihues", Berlin

1993–98 Kontaktarchitekt
für Rafael Moneo, Madrid
1996 Berufung in den Bund
Deutscher Architekten (BDA)
1996 Gründung des
Büros Kleihues + Kleihues
Gesellschaft von Architekten
mbH, zusammen mit
Josef P. Kleihues und
Norbert Hensel
1999–2001 Mitglied des
Bundespräsidiums des BDA
2001 Berufung in den
Deutschen Werkbund
2002–05 Sprecher des
AKJAA des BDA
Seit 2006 Mitglied
der Kommission für
Stadtgestaltung der
Landeshauptstadt München
2006–10 Gastprofessuren
an der TFH Berlin und an der
Universität Bologna, Facoltà
di Architettura „Aldo Rossi",
Cesena

Arbeitsschwerpunkte
Planung und Bauleitung von
Hochbauten, Innenräumen
und Freianlagen, Objekt-
gestaltung, Generalplanung

**Referenzen und
Wettbewerbserfolge
(Auswahl)**
Neubau Beratungs- und
Bildungszentrum der
Arbeitnehmerkammer,
Bremerhaven,
4676 m² BGF, 2011,
1. Preis (Preisgruppe)

Nationalmuseum für Kunst,
Architektur und Design,
Oslo, Norwegen,
Jan Kleihues und Klaus
Schuwerk, 2010, 1. Preis,
Realisierung 2011–17,
53.000 m² BGF

Europaviertel, Freiburg,
47.700 m², 2010, 1. Preis,
Hochhaus mit Büro, Hotel
und Wohnen

Neubau der Zentrale des
Bundesnachrichtendienstes,
Berlin, 2004, 1. Preis,
Realisierung 2006–14,
260.000 m² BGF

Hotel H10, Berlin,
Realisierung 2008–2010,
16.470 m² BGF

House of Finance, Campus
Westend, Frankfurt/ Main,
Jan Kleihues und Norbert
Hensel, 2004, 1. Preis,
Realisierung 2006–08,
12.325 m² BGF

Hotel Concorde, Berlin,
Realisierung 2002–05,
45.000 m² BGF

Christian Koch

„Sind zu viele am Bau, so wird das Haus schief." (Chinesisches Sprichwort)
In den Häuserschluchten der Großstadt überlebt der freischaffende Architekt als Generalist. Qualifizierte Dichte, Umbau von Denkmälern, Fassadengestaltung, kurz: die Weiterentwicklung der großen Stadt verlangt Beweglichkeit und persönliche Verantwortung.

"Too many builders make a crooked house." (Chinese proverb)
To survive in the urban jungle of a big city, freelance architects have to be generalists. Qualified density, renovating landmarks, facade renewal… in short: being a part of a large city's development requires mobility and personal responsibility.

Fasanenstraße 49B, Berlin-Wilmersdorf, Neubau eines Wohngebäudes

Emser Straße 50, Berlin–Wilmersdorf, Erweiterung der Johann-Peter-Hebel-Grundschule

Christian Koch
Dipl.-Ing. Architekt BDA
Belziger Straße 44
10823 Berlin
Tel.: 030.313 60 13
Fax: 030.854 34 91
christian.koch@berlin.de
www.christian-koch-plus.de

Lebenslauf und
Arbeitsschwerpunkte
1953 geboren in Ebingen/
Württemberg
Seit 1959 in Berlin,
verheiratet, 3 Kinder

Seit 2000 verstärkt
Projektentwicklung
in Berlin, Umbau von
Baudenkmälern, Schul- und
Hotelbauten, Vorbereitung
des Internationalen
Architekturkongresses UIA
2002 Berlin (Zukunft euro-
päischer Großsiedlungen),
Rekonstruktionsplanungen

1990–99
Zunehmende
Neubautätigkeit,
Umgestaltung von
Großsiedlungen,
Erhaltungssatzung
Spandauer Vorstadt
in Berlin-Mitte,
Gestaltelementekatalog
Prenzlauer Berg, Berufung
in den BDA, Wahl in den
Landesvorstand

1980–89
Praktische Tätigkeit als
Architekt in Hamburg,
Projektbearbeitung
für die IBA 1984/87
in Berlin, Mitarbeit an
der Denkmaltopografie
Berlin, Spezialisierung
der Bürotätigkeit auf den
Entwurf an Baudenkmälern

Bis 1979
Diplom an der TU Berlin,
Studium der Philosophie
an der FU Berlin,
Gründung eines eigenen
Planungsbüros

Referenzen (Auswahl)
Baudenkmale
Berlin:
Uhlandstraße 172/174
Denkmalpflegerisches
Konzept und
Fassadenrekonstruktion

Potsdam:
Am Kanal 4/5
Modernisierung und
Dachausbau

Umbauten
Aufstockung:
Lützowufer 1/Genthiner
Straße 2, Berlin-Tiergarten

Aufstockung:
Savignyplatz 9/10,
Berlin-Charlottenburg

Fassadengestaltung:
Knesebeckstraße 32,
Berlin-Charlottenburg
Fassadengestaltung und
Dachausbau

Neubauten
Berlin:
Wilhelmsaue 12A
Neubau eines Wohn- und
Geschäftshauses

Potsdam:
Stephenson-/Anhaltstraße
Neubau eines Wohn- und
Geschäftshauses

Berlin:
Littenstraße 105,
Waisenstraße 3
Neubau eines Wohn- und
Geschäftshauses

Großsiedlungen
Berlin:
Köpenick
Neubau eines
Einkaufszentrums und
Fassadengestaltung der
Allende-Siedlung

Berlin:
Frankfurter Allee 172/4
Anbau eines
Verwaltungsgebäudes an
ein Wohnhochhaus

Brigitte Kochta

Vertrautem neu und Neuem mit Vertrauen begegnen

New things to be familiar, familiarity to be new

Straßenbrücke Kaulsdorf

Bahnhofsplatz Giesing

Brigitte Kochta
Dipl.-Ing. Architektin BDA
Prinzessinnenstraße 1
10969 Berlin
Tel.: 030.61 40 14 01
Fax: 030.61 59 24 8
mail@kochta.com
www.kochta.com

Dipl.-Ing. Brigitte Kochta
Architektin BDA
1980–85 Studium an der
Akademie der Bildenden
Künste Wien
1985–87 TU Berlin und
Hochschule der Künste
Berlin
1988–89 DAAD/EASDE
Zürich
Mitarbeit Büro O.M.A
Rotterdam, Calatrava Valls
Zürich
1990–96 Büropartnerschaft
mit H. Kochta, München
1997 Bürogründung Berlin

Arbeitsschwerpunkte
Projekte zur Synthese von
Funktion und Eleganz
Seit 2009 Vorstandsmitglied
BDA

Referenzen (Auswahl)
2010 low energy
Wohnungsbau, Berlin

2008 Straßenbrücke,
Kaulsdorf

2004–10 Busbahnhof,
Giesing

2003 Zentralverband des
Deutschen Handwerks

2002 Albrecht Thaer Brücke,
Berlin

2001 Karl Branner Brücke,
Kassel

2000 Restrukturierung
Alter Schlachthof Berlin

**Internationale
Wettbewerbserfolge
(Auswahl)**
2010
IBA Brücken Hamburg
2. Preis

2009
Mühlenbrücke Königs
Wusterhausen
2. Preis

2008
Mountain Ressort Raischach
3. Preis

2004
Bahnhofsplatz Giesing
1. Platz

**Auszeichnungen
(Auswahl)**
2002
Deutscher Städtebaupreis,
Sonderpreis

2001
Deutscher
Ingenieurbaupreis,
engere Wahl

2001
Vorbildliche Bauten Hessen,
besondere Anerkennung

2000
Renault Traffic Design
Award, Sonderpreis

Kusus + Kusus Architekten

Die Freude an der Architektur bestimmt unsere Arbeit.

„Wenn Du ein Schiff bauen willst, fange nicht an Holz zusammenzutragen,
Bretter zu schneiden und Arbeit zu verteilen, sondern wecke in den Männern
die Sehnsucht nach dem großen, weiten Meer."
(Antoine de Saint-Exupéry, Die Stadt in der Wüste)

Enjoyment of architecture defines our work.

"If you want to build a ship, don't start collecting wood, cutting boards and
distributing tasks; instead awaken in the men a longing for the vast, wide
ocean." (Antoine de Saint-Exupéry, The Wisdom of the Sands)

BBI-Infotower – Aussichtsturm und Wahrzeichen der Flughafenbaustelle Berlin Brandenburg International, Realisierung 2006–07

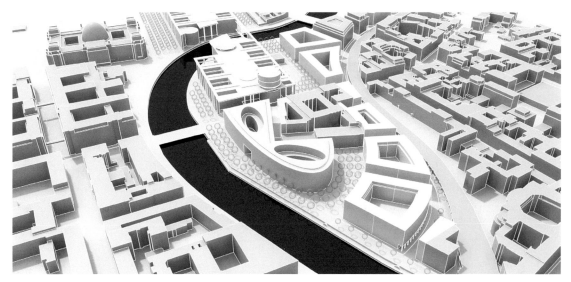

Luisenblock Ost – Abschluss für das Band des Bundes im Spreebogen, Berlin, Städtebaulicher Ideenwettbewerb 2009, 1. Preis

**Kusus + Kusus
Architekten**
Rudi-Dutschke-Straße 26
10969 Berlin
Tel.: 030.253 760-40
Fax: 030.253 760-50
post@kusus-architekten.de
www.kusus-architekten.de

Karin Kusus
Dipl.-Ing. Architektin BDA
1969 geboren in München
1988–94 TU München
1995–2006 Stephan
Braunfels Architekten in
München und Berlin

Ramsi Kusus
Dipl.-Ing. Architekt BDA
1970 geboren in München
1990–96 Bauhaus-
Universität Weimar
1993–94 Erasmus-
Stipendium am Instituto
Universitario di Architettura
Venezia
Seit 1997 Stephan Braunfels
Architekten in Berlin

Seit 2009 Mitglied im
Ausschuss Stadtentwicklung
der Architektenkammer
Berlin

2006 Bürogründung
Kusus + Kusus Architekten

Arbeitsschwerpunkte
Architektur und Städtebau
Innenarchitektur
Kultur-, Verwaltungs- und
Wohnungsbau
Wettbewerbe
Objektplanung aller
Leistungsphasen
Generalplanung

Referenzen (Auswahl)
2010
Workshop Kulturforum –
Ideen zur Umgestaltung der
Piazzetta
Senatsverwaltung für
Stadtentwicklung, Berlin

2009
Tribünenüberdachung
Ernst-Reuter-Sportfeld,
Berlin-Zehlendorf
Gutachten Senatsverwaltung
für Stadtentwicklung, Berlin

2006–07
BBI-Infotower, Flughafen
Berlin Brandenburg
International, Schönefeld

Seit 2006
Um- und Ausbauten von
Villen und Wohnungen

**Wettbewerbserfolge
(Auswahl)**
2009
Luisenblock Ost, Berlin-Mitte
Städtebaulicher
Ideenwettbewerb
1. Preis

2009
NS-Dokumentations-
zentrum, München
Realisierungswettbewerb
3. Preis

2006
Topographie des Terrors,
Berlin
Internationaler
Realisierungswettbewerb
2. Preis

Ausstellungen (Auswahl)
2010
Biennale Venedig –
12. Mostra Internazionale
di Architettura
Deutscher Pavillon

2009
da! Architektur in und
aus Berlin

2009
Neue Neue.
BDA-Berufungen 2008/09

Anne Lampen Architekten BDA

Architektur ist die ästhetische Durchdringung der Funktion des umbauten und des ausgegrenzten Raumes, Sichtachsen des Innenraumes bestimmen die Ansicht von außen. Vor Einblicken geschützt, öffnen sich großzügig private Sphären unter Nutzung natürlicher Energien und Einsatz biologisch unbedenklicher Baustoffe.

Architecture is the aesthetic permeation of the function of enclosed and excluded space; lines of sight through interior spaces define the elevation from outside. Protected from view, generous private spheres open up with the use of natural energies and the application of biologically harmless building materials.

Baugruppenprojekt, Berkaer Straße, Berlin-Schmargendorf, 2011

Naturhaus, Neuenhagen bei Berlin, 2006

Anne Lampen Architekten BDA

Schlesische Straße 31
10997 Berlin
Tel.: 030.616 51 66
Fax: 030.616 51 67 0
office@anne-lampen.de
www.anne-lampen.de

Anne Lampen
Dipl.-Ing. Architektin BDA
1954 geboren in Warendorf
1973–79 Studium der
Architektur, TU Berlin
1980–82 Architekturbüro
Oefelein + Freund
1983–88 Juniorpartnerin
Architekturbüro WSP
1989–94
Arbeitsgemeinschaft
Kleimeier & Lampen
Seit 1994 Anne Lampen
Architekten
Seit 2000 amp Architekten
und Ingenieure, Gesellschaft
von Architekten mbH

Arbeitsschwerpunkte

Nachhaltiger Wohnungsbau,
Bauen im Bestand und
Denkmalpflege, hoch-
wertige Serienhäuser,
soziale Projekte,
Verwaltungsbau,
Baugruppen

Referenzen (Auswahl)

2011, Baugruppenprojekt,
Berlin-Schmargendorf
2011, Energetische
Sanierung eines
Verwaltungsgebäudes des
Deutschen Bundestags,
Berlin-Mitte
2010, Sanierung und
Umbau einer denkmalge-
schützten Brauereianlage zu
24 Wohneinheiten, Werder
(Havel)
2010, Um-und Neubau
eines ehemaligen
Vierseithofs zu hochwerti-
gem Wohnen, Oberbarnim
2008, Townhouse Bernauer
Straße, Berlin-Mitte

2006, „gelbe Villa" Umbau
einer ehemaligen Klinik
zu einem Kreativ-und
Bildungszentrum für Kinder
und Jugendliche, Berlin-
Kreuzberg
2006–11, NATURhäuser/
VARIOhäuser, Entwicklung
und bundesweite
Realisierung von hoch-
wertigen ökologischen
Serienhäusern

Auszeichnungen

2010, Wettbewerb
Bismarckhöhe,
Werder, mit Lützow 7
(Landschaftsarchitekten),
3. Preis
2008, NATURhaus, BDA
Preis „Architektur in
Brandenburg"
2008, NATURhaus, Häuser
Award Anerkennung
2008, NATURhaus, Schöner
Wohnen Preis, „das
schönste Fertighaus"

2004, Oranienburger
Straße16, Anerkennung
Deutschlands schönste
Altbausanierung
2001, Reihenhausanlage
Weberplatz,
Potsdam-Babelsberg,
Brandenburgischer
Bauherrenpreis
1997, Große Straße 18
in Strausberg,
Brandenburgischer
Architekturpreis „Bauen im
Bestand"

Veröffentlichungen (Auswahl)

2011, *Bungalow am See*,
Veröffentlicht in: *Die besten
Einfamilienhäuser – Häuser
Award*, Callwey Verlag
2010, *VARIOhaus*,
Veröffentlicht in: *Die besten
Einfamilienhäuser – Häuser
Award 2010*, Callwey-
Verlag

Lehrecke Gesellschaft von Architekten mbH

Nachhaltigkeit und Ökologie bilden die zentralen Themen des Bauens im 21. Jahrhundert. Unsere Architektur setzt sich zum Ziel, beide Aspekte mit denen der Funktion, der Form, des Materials sowie des Ortes zu einem ganzheitlichen und ästhetischen Einklang zu bringen.

Sustainability and ecology are the leitmotifs for building in the twenty-first century. Our architecture strives to integrate both components into a holistic aesthetic harmony that respects function, form, material and local context.

Gläserne Molkerei, Münchehofe

Evangelische Hochschule, Berlin

Gläserne Molkerei, Foyer

**Lehrecke
Gesellschaft von
Architekten mbH**
Lärchenweg 33
14055 Berlin
Tel.: 030.302 53 53
Fax: 030.302 92 91
office@lehrecke.com
www.lehrecke.com

Jakob Lehrecke
Dipl.-Ing. Architekt BDA
1959 geboren in Berlin
1977–78 Studium Fine Arts
Rollins College, Orlando
USA
1978–85 Studium der
Architektur TU Berlin,
Diplom
1985–87 Agrest und
Gandelsonas, New York,
Bernard Tschumi, New York
1988–2010 Bürogemein-
schaft mit Prof. Peter
Lehrecke
1989 AKB Berlin
1989–94 wissenschaftlicher
Mitarbeiter TU Berlin
1995 BDA Berlin

Büroleitung: Robert
Witschurke, Dipl.-Ing. Architekt

Arbeitsschwerpunkte
Kirchenbau
Schul- und Hochschulbau
Gewerbe- und Industriebau
Umbau und Sanierung
Wohnungsbau
Innenausbau
Denkmalschutz

Referenzen (Auswahl)
2012
Vogelhaus, Zoo Berlin

2011
Gläserne Meierei Dechow,
Mecklenburg-Vorpommern

Gymnasium Steglitz,
Berlin-Steglitz, Mensa

2010
Gläserne Molkerei
Münchehofe, Brandenburg

2008
Evangelische Hochschule,
Berlin-Zehlendorf, Umbau
und Erweiterung

2007
Evangelisches
Gemeindezentrum,
Fichtenwalde, Brandenburg

2006
Fernsehmuseum Sony
Center, Berlin, Innenausbau
(Entwurf Hans Dieter Schaal)

2005
Gemeindehaus
der Evangelischen
Friedenskirche,
Berlin-Charlottenburg

Äthiopische Botschaft,
Berlin-Steglitz, Erweiterung

2004–08
Umbau und Sanierung
denkmalgeschützter
Industriebauten der Knorr
Bremse AG, Berlin-Marzahn

2002
Sporthalle Erich-Kästner-
Schule, Berlin-Zehlendorf

2001
Filmhaus Sony Center,
Berlin, Innenausbau

2000
Wohn- und Geschäftshaus,
Berlin-Mitte

1998
Erich-Kästner-Schule,
Berlin-Zehlendorf,
Erweiterung

**Wettbewerbserfolge
(Auswahl)**
2010
Mosaik Behinderten
Werkstätten Berlin, 2. Preis

2009
Neubau Vogelhaus,
Zoo Berlin, 1. Preis

2007
Gläserne Molkerei, 1. Preis

Dienstleistungszentrum
Knorr Bremse AG,
Berlin-Marzahn, 1. Preis

2003
Erweiterungsbau
Friedenskirche,
Berlin-Charlottenburg,
1. Preis

Stefan Ludes Architekten

Selbstverständliche Architektur, die dem Wesentlichen der Aufgabe und des Ortes Gestalt gibt.

Natural architecture giving shape to the fundamentals of the task and the space at hand.

Neubau eines Zentrums für Psychiatrie und Neurologie, Universität Rostock

Landesuntersuchungsanstalt Chemnitz

Stefan Ludes Architekten
Kurfürstendamm 177
10707 Berlin
Tel.: 030.700 18 20
Fax: 030.700 18 21 80

Kaulbachstraße 62
80539 München
Tel.: 089.386 66 180
Fax: 089.386 66 18 10
info@ludes-architekten.de
www.ludes-architekten.de

Stefan Ludes
Dipl.-Ing. Architekt BDA
1962 geboren in Dorsten/
NRW
1988 Diplom RWTH
Aachen nach Studium der
Architektur und Bildhauerei
1992 Freischaffender
Architekt in Berlin
2009 Gründung des Büros
in München

Arbeitsschwerpunkte
Bauten im
Gesundheitswesen
Bauten der Wissenschaft
und Forschung
Büro und Geschäftshäuser
Wohnungsbau

Referenzen (Auswahl)
Zentrum für Tumor- und
Immunbiologie der
Universität Marburg,
Klinikum Schwabing,
München,
Forschungszentrum
Universität Leipzig
2010 Landesuntersuchungs-
anstalt Sachsen, Chemnitz
2009 Ärztehaus Klinikum
Ingolstadt
2009 Parkviertel Dahlem,
Berlin
2009 Villa am Waldsee,
Berlin
2009 IST Frauenhofer-
Gesellschaft Braunschweig

2008 Sana Ohre-Klinikum,
Haldensleben
2005 Carl-von-Basedow-
Klinikum, Merseburg
2004 Zentrum für
Psychiatrie und Neurologie
Universität Rostock
2003 Bürogebäude
Charitéstraße, Berlin
2003 Zentrum für
Neurologie, Neurochirurgie
und Neuroradiologie Univ.
Klinikum, Kiel
2003 Klinik für
Frührehabilitation des allg.
Krankenhauses St.Georg,
Hamburg
2003 Humaine Klinikum,
Bad Saarow
2003 Augen-, Frauen-,
HNO-Klinik der Johannes-
Gutenberg-Universität,
Mainz
1998 Wohn- und
Geschäftshaus Luisen-
Carree, Berlin

Wettbewerbe (Auswahl)
2011 Neubau und Umbau
Hörsäle-Bibliothek-Mensa,
Ernst-Moritz-Arndt-
Universität Greifswald
2010 Neubau eines
Zentrums für Systembiologie
(BRICS), TU-Braunschweig
2010 Neubau
Forschungsgebäude für
Systembiologie, OvGU
Magdeburg
2009 Neubau
eines Gebäudes für
Demenzforschung CDM,
München
2009 HTWK Neubau
Institus- und Laborgebäude
für Maschinen- und
Energietechnik, Leipzig
2009 Physikalisch
Technische Bundesanstalt,
Berlin
2008 Vorklinik und
Forschungszentrum Charité-
Universitätsmedizin Berlin
2007 Jugendvollzugs- und
Arrestanstalt Arnstadt

ludloff+ludloff Architekten BDA

Die Bauten für Forschung, Bildung, Verwaltung und Wohnen des deutsch-österreichischen Büros kennzeichnet ein integrativer Planungsansatz und der bewusste Umgang mit Form und Farbe. Die Präzision der Konstruktion in Verbindung mit einer energetisch optimierten Technik führt zu einem sinnlichen Ereignis.

Buildings for research, education, management and housing by the German-Austrian office feature an integrated planning approach and the conscious use of form and colour. The accuracy of construction coupled with optimized energy technology makes for delicately sensuous events.

Forschungs- und Entwicklungszentrum der Sedus Stoll AG, Dogern

Mensa auf dem Tempelhofer Feld, Berlin

Haus FL, Berlin

ludloff+ludloff
Architekten BDA
Bernauer Straße 5D
10115 Berlin
Tel.: 030.779 08 094
mail@ludloffludloff.de
www.ludloffludloff.de

Jens Ludloff
Dipl.-Ing. Architekt BDA
1964 geb. Haan/Rheinland
1987–94 Studium FH
Münster, Hochschule
für Künste Bremen und
Polytechnische Universität,
Krakau
1994 Diplom an der
Polytechnischen Universität,
Krakau
1995–98 Projektarchitekt
Büro Sauerbruch Hutton
1999–2007 Partner
Büro Sauerbruch Hutton
2004–07 Geschäftsführer
Sauerbruch Hutton Gpg
2007 Bürogründung
ludloff+ludloff Architekten

Partner:
Laura Fogarasi-Ludloff
Dipl.-Ing. Architektin

Arbeitsschwerpunkte
Neubauten und Sanierungen
für Büro, Forschung,
Sport und Bildung,
Hotel und Wohnen mit
Niedrigenergiekonzept

Referenzen (Auswahl)
2012
Hotel Sloterdijk, Amsterdam
AOK-Geschäftsstelle, Teltow
Haus B, Düsseldorf

2011
Turnhalle Schulenburgring,
Berlin
Hotel Sissi, Wien

2010
Forschungs- und
Entwicklungszentrum der
Sedus Stoll AG, Dogern
Landhaus R, Berlin

2009
Mensa auf dem
Tempelhofer Feld, Berlin

2008
Haus FL, Berlin
HäuserAward 2010, 1. Preis

Wettbewerbe (Auswahl)
Hotel Alexander Parkside,
Berlin, 2010, 1. Preis

Sparkasse Leer, 2010,
Mehrfachbeauftragung

Stadtentwässerung
Mannheim,
2010, Anerkennung

Häuser Award 2010, 1. Preis

ÖBB-Konzernzentrale, Wien,
2009, 5. Platz

Veröffentlichungen
(Auswahl)
db 8/2011
In zweiter Reihe
im Detail:
„Arbeitswelten"
edition Detail, 2011

ARCH+ 201/202, 2011

Bauwelt 46/2010
Werksbesichtigung

DBZ 12/2010
Ingenieursbauten

„What Architects desire",
Deutscher Pavillon Biennale
Venedig, 2010

db 8/2010 Wohnlabor Berlin

Die besten
Einfamilienhäuser
des 21. Jahrhunderts,
Callwey, 2010

architektur aktuell 6/2010

Bauwelt 7/8, 2010

architektur aktuell 1/2010

der architekt 6/2009

werk, bauen und wohnen
11/2009

Bauwelt 30/2009

NÄGELIARCHITEKTEN Gudrun Sack Walter Nägeli

Das hier vorgestellte Hybridhaus ist ein Werkzeug zur „Verbesserung des Lebens" (nach A.N. Whitehead), ein Gebäude, dessen Gestalt sich weitgehend aus der genauen Erfüllung wirtschaftlicher, gesellschaftlicher und gebäudeplanerischer Bedingungen ergibt – unter der Ägide eines umfassenden Verständnisses von Nachhaltigkeit.

The hybrid building shown here is a "life improvement tool" (according to A. N. Whitehead), whose design largely grew from the precise fulfilment of economical, societal and building design specifications—under the aegis of a comprehensive understanding of sustainability.

Hybridhaus im DGNB-Gold Status
Eingangsgebäude der Internationalen Gartenschau Hamburg-Wilhelmsburg

Das Podium für igs und IBA Hamburg-Wilhelmsburg – Ausstellungs- und Präsentationsfläche

NÄGELIARCHITEKTEN
Lychener Straße 43
10437 Berlin
Tel.: 030.616 09 712
Fax: 030.616 09 714
buero@naegeliarchitekten.de
www.naegeliarchitekten.de

Prof. Dipl.-Arch. (ETH), BDA
Walter Nägeli
Seit 1997 Büro
NÄGELIARCHITEKTEN
Partnerschaft mit Dipl.-Ing.
Architektin Gudrun Sack
1972–78 Studium an der
ETH Zürich
1978 Biskra, Algerien,
Planung eines Dorfes als
„Villages Socialistes"
1979–87 Mitarbeit im Büro
von James Stirling, Michael
Wilford and Associates,
London
1987–92 Büropartnerschaft
mit James Stirling und
Michael Wilford
Seit 1993 Büro in Berlin

Lehrtätigkeiten
Seit 1994 Ordentlicher
Professor für Bauplanung
und Entwerfen, Universität

Karlsruhe (KIT), Visiting
Professor an der Graduate
School of Design, Harvard
University (1992 und 1994),
Cambridge University,
Cambridge, Architectural
Association School of
Architecture, London

Arbeitsschwerpunkte
Gebäudeplanung, Projekt-
entwicklung, städte-
bauliche Planungen,
Ausstellungsdesign,
Nachhaltiges Bauen mit
angemessenen Mitteln

Referenzen (Auswahl)
2011 Hybridgebäude der
IBA Hamburg-Wilhelmsburg
im DGNB Gold-Status
2011 Wohn- und
Geschäftshaus am
Hausvogteiplatz, Berlin
2010 „FLEZ", Hybrid-Möbel
für den öffentlichen Raum,
FEZ, Berlin
2010 „Lindgren Bühne"
Landesmusikakademie,
Berlin
2009 Wohn- und
Geschäftshaus in Berlin-

Schmargendorf; Waldvillen
in Frohnau
2008 Büro- und
Geschäftshaus Marktplatz
Wellingsbüttel, Hamburg
2008 Giebelhäuser
Berlin-Frohnau; Passivhaus
Eichkamp, Berlin
2006 Haus Reinhardt,
Mannheim; Haus Geister
Brandenburg
2005 Ausstellungsdesign
„Egon Eiermann",
Karlsruhe, Berlin, Nürnberg,
2004 Waldhäuser,
Berlin-Frohnau
2003 Garteneinbauten
Villa Delphin, Stufenweg,
Teehaus, Pergola, Zürich
2001 Wohn- und
Geschäftshaus „Ly 43" (mit
Sascha Zander), Berlin
1987–93 Fabrik für
B.Braun AG (mit James
Stirling, Michael Wilford),
Melsungen

Wettbewerbserfolge
2010
Revitalisierung eines Spei-
chergebäudes, Hamburg-
Harburg, Sonderpreis

2009
Eingangsgebäude für die
IBA Hamburg Wilhelmsburg,
1. Preis

2007
Wohn- und Geschäftshaus
Hausvogteiplatz, Berlin,
1. Preis

2006
Seniorengerechtes Wohnen
HafenCity, Hamburg,
ein 1. Preis

2002
Möbelhaus Krieger,
Erweiterung, Berlin,
2. Preis

1997
Krankenhaus in Bremen,
2. Preis

1995
Bundesarbeitsgericht Erfurt,
5. Preis und Überarbeitung

Deutsche Bank Standort
Eschborn,
ein 1. Preis

Ingrid Hentschel – Prof. Axel Oestreich
Architekten BDA

Die greifbare physische Präsenz des Gebauten ist Gegenstand unserer Arbeit. Uns faszinieren Material, Konstruktion und der „Reichtum des Handwerklichen".

The tangible, physical presence of what we build is the focus of our work. What fascinates us are materials, the construction and "the richness of craftsmanship".

STELEN01–16 Installation in der Brandenburgischen Technischen Universität Cottbus, 2008

U-Bahnhof Brandenburger Tor, Berlin-Mitte 2009

Ingrid Hentschel –
Prof. Axel Oestreich
Architekten BDA
Rheinstraße 45
12161 Berlin
Tel.: 030.859 95 63
Fax: 030.859 956 56
info@hentschel-oestreich.de
www.hentschel-oestreich.de

Axel Oestreich
1954 geboren in München
1972–73 Studium Kunst an
der GHS Kassel
1973–79 Studium
Architektur an der TU Berlin
Seit 1979 Architekturbüro
in Berlin
Seit 1992 Professur
„Entwerfen" an der BTU
Cottbus
Seit 1993 Büropartnerschaft
mit Ingrid Hentschel

Arbeitsschwerpunkte
Bauen im Bestand
Denkmalpflege
Bauten für Bildung,
Sport und Verkehr
Bauen von der
Konzeptfindung bis zur
detailgenauen Realisierung

Referenzen (Auswahl)
2011
Kommode (ehemalige
Königliche Bibliothek)
Berlin-Mitte

2011
Spandauer Damm Brücke
Berlin-Charlottenburg

2009
Altes Palais (ehemaliges
Palais Kaiser Wilhelms I.)
Berlin-Mitte

2008
Oberstufenzentrum
Sozialwesen
Berlin-Friedrichshain

2004
Fernbahnhof
Berlin-Gesundbrunnen

1995–2008
Div. Talbrücken im Zuge der
BAB A73
Suhl-Eisfeld

2002
Doppelsporthalle
Sredzkistraße
Berlin-Prenzlauer Berg

2005
Badstraßen-Brücke
Berlin-Wedding

2004
Behmstraßen-Brücke
Berlin-Wedding

2002
Perleberger Brücke
Berlin-Tiergarten

2000
Schwedter Steg
Berlin-Prenzlauer Berg

Wettbewerbe (Auswahl)
2011
Tesla-Schule
Berlin, 1. Preis

2009
Brücke Heidingsfeld,
Würzburg, 2. Preis

2006
Gestaltung
Ingenieurbauwerke City-
Tunnel, Leipzig, 2. Preis

2001
Saalequerung Salzmünde,
Halle, 2. Preis

2000
Ortsmitte Oker,
Goslar, 2. Preis

2000
Fußgängerbrücke
Ackermannstraße,
München, 2. Preis

[phase **eins**].
Projektmanagement für Architektur und Städtebau

Aufgaben im Bereich der Stadtplanung und des Bauwesens erfordern heute mehr denn je innovative Lösungsvorschläge und einen intelligenten Prozess. Wettbewerbe schaffen einen formalen, terminlich definierten Rahmen und führen zur Optimierung der Entscheidung.

Tasks in the fields of urban and architectural design require more than ever innovative solutions and an intelligent process. Competitions create a formal, defined scheduling framework and help in the finding of the best possible solution.

Moderation von Preisgerichtssitzungen, hier Fes/Marokko, 2011

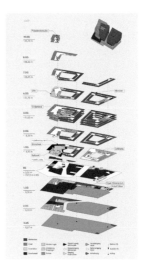

Lageplan, Umgebungsmodell und Vorprüfanalyse von Projekten in Amman, Berlin und Stuttgart

[phase eins].
Projektmanagement
für Architektur und
Städtebau
Cuxhavener Straße 12–13
10555 Berlin
Tel.: 030.31 59 31-0
Fax: 030.31 21 00
office@phase1.de
www.phase1.de

Benjamin Hossbach
Dipl.-Ing. Architekt BDA
1966 geboren in Darmstadt
1984–88 Zimmermann
1995 Diplom Architektur
TU Berlin
Seit 1995 selbstständiger
Architekt
1998 Gründungspartner von
[phase eins].
Seit 2010 Mitglied im AK
Internationales des BDA
Deutschland
Seit 2011 Mitglied im LWA
Berlin

Christian Lehmhaus
Dipl.-Ing. Architekt VBI
1963 geboren in Bielefeld
1993 Diplom Architektur
TU Berlin

1993–96 Angestellter
Architekt
1996–2001
Projektentwickler und
Projektsteurer
Seit 2001 Partner in
[phase eins].
2008–10 Professur an der
Hochschule Bochum

Christine Eichelmann
Dipl.-Ing. Architektin
1959 geboren in Werneck
1986 Diplom Architektur
TU Berlin
Seit 1986 Vorprüferin in
über 100 Wettbewerbs-
verfahren
Ab 1987 Projektmanagerin
u.a. bei ELW, BJSS,
Karen van Lengen, OMA,
Daniel Libeskind
1994–97 eigenes
Architekturbüro
Seit 2008 General-
bevollmächtigte bei
[phase eins].

Arbeitsschwerpunkte
[phase eins]. ist ein Team
aus Architekten und
weiteren Fachleuten, das

sich seit 1998 auf das
Management in der „phase
eins" von Projekten im
Bereich Architektur und
Städtebau spezialisiert
hat. Das Leistungsprofil
beinhaltet insbeson-
dere die Koordination
von Wettbewerben und
Vergabeprozessen sowie
darin Teilleistungen wie
Machbarkeitsstudien,
Programming und
Öffentlichkeitsarbeit. Die
Spezialisierung erlaubt eine
besondere Konzentration
auf diese Tätigkeiten
und motiviert zu größter
Qualität.

Referenzen (Auswahl)
Betreuung von über 100
Wettbewerbsverfahren für
öffentliche und private
Auftraggeber; u.a.
Regierungen von
Libyen, Marokko, der
Schweiz, Ukraine und
Vietnam sowie das
Bundesamt für Bauwesen
und Raumordnung,
Bundesländer Baden-

Württemberg, Berlin,
Brandenburg, Hessen,
Niedersachsen sowie
zahlreiche Städte und
Kommunen, Universitäten
und Institutionen.
Private Bauherren im
In- und Ausland: u.a.
adidas Salomon, Bayer
Schering Pharma, BMW,
Daimler, Deutsche Bahn,
Gläserne Molkerei, Holcim
Foundation, Jabal Omar/
Khandama Development
Companies, ThyssenKrupp,
Sonae Immobilaria, Sorouh,
Spier Holdings, Street One.

Veröffentlichungen
2009 *Die Architektur von*
Wettbewerben 2006–2008,
DOM Publishers Berlin
2006 *Die Architektur von*
Wettbewerben 1998–2005,
DOM Publishers Berlin

Ausstellungen
2009 *Haus F*
Ergebnisse eines
Wettbewerbs für ein
Familienhaus in Berlin
BDA Galerie Berlin

Mara Pinardi Architekten

Bauen bedeutet immer Auseinandersetzung mit bestimmten Orten, Bauten, Quartieren, Städten. Es geht um die Auseinandersetzung mit dem Vorhandenen, um das Weiterbauen. Dabei sind Geschichte, Analyse und Interpretation des Bestandes wesentliche Voraussetzungen für das Neue.

Building always means addressing particular places, buildings, districts, cities. It is a matter of engaging with what is there; of building further. Within that context, the history, analysis and interpretation of what is there are essential prerequisites for what is to come.

Cranachhof Markt 4, Hofanlage

Cranachhof Markt 4, Detail Renaissance-Säule

Stadtarchiv Aschersleben mit Stadtbefestigungsanlage

Museumshöfe Berlin, Haus 20b

Mara Pinardi Architekten

Pariser Straße 63
10719 Berlin
Tel.: 030.883 53 24
Fax: 030.885 40 53
pinardi@pinardi-architekten.de
www.pinardi-architekten.de

Mara Pinardi
Prof. Dipl.-Ing. Architektin
BDA
1956 geboren in Bologna
1975–83 Università degli
Studi di Firenze
Seit 2000 BDA Berlin
1987–93 Wissenschaftliche
Mitarbeiterin an der
Hochschule der Künste
Berlin
1992–98 Pinardi Mai +
Partner Architekten
Seit 1999 Mara Pinardi
Architekten
Seit 2000 Professur an
der Beuth Hochschule für
Technik Berlin
2001–05 Gestaltungsbeirat
der Stadt Halle/Saale
Seit 2010 Gestaltungsrat der
Stadt Potsdam

Arbeitsschwerpunkte

Bauen im Bestand,
Umnutzung, Sanierung,
Denkmalpflege.
Kulturbauten,
Schulbauten, Bibliotheken,
Theaterbauten, Büro- und
Verwaltungsbauten,
Wohnbauten.

Referenzen (Auswahl)

Ab 2010 Theater an der
Parkaue Berlin
2008–09 Wörlitzer Park,
Insel Stein
2004–08 Museumshöfe
Berlin, Haus 20b
2003–07 Cranachhof Markt
4, Lutherstadt Wittenberg,
2. BA
2005–06 Gartencafé
Lutherhaus
2000–03 Stadtarchiv
und Gefängnismuseum
Aschersleben
2002–05 Bürgerhaus,
Altstadt Wittenberg
2000–01 Rathaus
Wittenberg,
Ausstellungshallen

1998–2000 Theater
Freiheit 15, Berlin-Köpenick
2000 Public Design
Wittenberg
1993–98 Cranachhof Markt
4, Lutherstadt Wittenberg,
1. BA
1993–97 Kindertagesstätte
Berlin-Karow Nord

Wettbewerbe/ Auszeichnungen (Auswahl)

2009
Mut zur Lücke, Altstadt
Naumburg, 1. Preis

Mut zur Lücke, Altstadt
Haldensleben, 2. Preis

2002
Bund Heimat und Umwelt,
Bundeswettbewerb
„Neues Leben unter alten
Dächern", Preis
2001
Architekturpreis Sachsen-
Anhalt, Anerkennung

2000
Bundesdeutscher
Architekturpreis Putz,
Anerkennung

1999
Bauherrenpreis
Modernisierung

Preisrichtertätigkeit (Auswahl)

2010 Mansfeld,
Museumsquartier Luthers
Elternhaus
2009 Lutherstadt Eisleben,
Museumsquartier Luthers
Sterbehaus
2009 Wriezen,
Wiederherstellung
Stadtpfarrkirche St. Marien
2006 Bildungszentrum
Bestehornpark Aschersleben
2004 Stadt Dessau,
Bauhausstraße /
Seminarplatz
2004 Stiftung Moritzburg,
Halle

Roland Poppensieker

„… immer nach draußen sehen, versuchen nach innen zu sehen, versuchen,
etwas Wahres zu sagen. Aber vielleicht ist nichts wirklich wahr. Außer dem,
was draußen ist. Und, was draußen ist, verändert sich ständig."
Fotograf Robert Frank in seinem Video „Home Improvements" von 1985

"… always looking outside, trying to look inside, trying to say something that is
true. But maybe nothing is really true. Except what's out there. And what's out
there is constantly changing."
Photographer Robert Frank in his 1985 video „Home Improvements"

la última casa – Grabmal F.C. Gundlach, An den Mausoleen, Friedhof Ohlsdorf, Hamburg

Vechtesee-Oorde, Nordhorn
Bebauung entlang eines der Verbindungskanäle gegenüber dem Biotop

Roland Poppensieker
Architekt BDA
Schulenburgring 130
12101 Berlin
Tel.: 030.293 50 789
Fax: 030.667 63 289
mail@rolandpoppensieker.de
www.rolandpoppensieker.de

1961 geboren in Düsseldorf
1981–90 Architekturstudium
TU Braunschweig und TU
Berlin, Diplom
1987–97 Mitarbeit in
Architekturbüros in Berlin
und New York
Seit 1994 selbständige Büro-
und Wettbewerbstätigkeit,
Projektpartnerschaften u.a.
mit Louis Finsterer und Nils
Ballhausen
1997–2009 Lehrtätigkeit
TU Berlin (WM), Institut für
Architektur
2002–06 Poppensieker &
Schulze Icking Gesellschaft
von Architekten mbH (P&SI)
2003–04 wissenschaftlicher
Beirat Interreg IIIB-Projekt

„Flächenmanagement am
Finowkanal unter beson-
derer Berücksichtigung alt-
industrieller Brachflächen"
Seit 2009 Lexia Study
Abroad, Lexia in Berlin
Architecture Program
Director
2009 Berufung zum
Mitglied der Deutschen
Fotografischen Akademie
DFA
2010 Universidad
Technológica Equinoccial,
Quito Ecuador, Profesor
Invitado (DAAD Förderung)
2011 Northeastern
University School of
Architecture, Berlin Program
Instructor

Referenzen (Auswahl)
2011 Eyes on Paris,
Ausstellungsarchitektur,
Haus der Photographie,
Hamburg

2011 Vechtesee-
Oorde, Städtebaulicher
Rahmenplan, mit LA Ute
Hertling, Nordhorn

2009 contre-jour,
Skulpturaler
Projektionsraum,
Deichtorhallen Hamburg

2008 la última casa,
Grabmal F.C. Gundlach,
Parkfriedhof Ohlsdorf,
Hamburg, Lph. 1–8

2004 Südliche Metzer
Straße, Städtebauliche
Studie im Auftrag des
Stadtplanungsamtes
Saarbrücken, P&SI

2004 Architekturpreis
des Bundes Deutscher
Architekten BDA Saar

2004 Neugestaltung der
Gedenkstätte Gestapolager
Neue Bremm, Saarbrücken,
P&SI, Lph. 1–5 und Künstl.
Oberleitung

**Wettbewerbserfolge
(Auswahl)**
„Vechtesee-Oorde",
Nordhorn, mit Ute Hertling

(LA), Städtebaulich-
landschaftsplanerischer
Wettbewerb, 1. Preis

„Erweiterung der
Gedenkstätte Maison
d'Izieu", Izieu/Frankreich,
mit Klaus Block Architekt
BDA, Konkurrierendes
Verfahren (6 Büros nach
Bewerbung), engere Wahl

„Neugestaltung der
Gedenkstätte Gestapolager
Neue Bremm", Saarbrücken,
mit Ballhausen,
Ideenwettbewerb,
2. Preisgruppe, nach
Überarbeitung 1. Rang

„Rietzschketal,
Stadt Rötha", mit
Finsterer, Eingeladener
Realisierungswettbewerb,
2. Preis, einstimmige
Empfehlung des
Preisgerichts zur
Realisierung des Baugebiets
am See

PYSALL Architekten

LTD_1 Bürohaus in Hamburg

Museum für Luftfahrt in Krakau, Polen

PYSALL Architekten
Zossener Straße 56–58
10961 Berlin
Tel.: 030.69 81 080
Fax: 030.698 10 811
info@pysall.net
www.pysall.net

Justus Pysall
Dipl.-Ing. Architekt BDA
1989 Diplom TU Braun-
schweig
1989–91 Foster Associates,
London
1990–92 Assistent
AA Architectural
Association, London
1992 Jean Nouvel Associés,
Paris
1993 Pysall Ruge
Architekten, Berlin
2006 Dependance Pysall
Ruge Architekten in
Hangzhou, China
2011 Pysall Architekten

Mitgliedschaften:
Architektenkammer Berlin
Nr. 06733
BDA Berlin – Mitglied des
Vorstands
AIV – Mitglied des

Schinkelausschusses
Stiftung Baukultur
DGNB – Deutsche Gesellschaft
für Nachhaltiges Bauen

Arbeitsschwerpunkte
Nachhaltige, räumlich
komplexe Bauvorhaben
Ausstellungsdesign
Aufstellung von Master-
plänen zur Standortentwick-
lung und konzeptionellen
Strategieplanung im Städtebau

Referenzen (Auswahl)
BMA Bürohaus und
Produktion in Kunming,
China, Fertigstellung 2012

BBI Business Park Berlin,
Masterplan
1. Preis 2007
Baubeginn 2011

Sanierung Gründerzeitvilla
Morgensternstraße in Berlin
Fertigstellung 2011

Museum für Luftfahrt und
Aviationpark in Krakau, Polen
1. Preis 2005
Fertigstellung 2010

Wohnhaus Otte in Caputh-
Schwielowsee
Fertigstellung 2010

LTD_1 in Hamburg,
Masterplan und Bürohaus
1. Preis 2003
Fertigstellung 2008
Gütesiegel für nachhaltiges
Bauen, Gold-Zertifizierung
des DGNB 2010

Rose of Mianyang –
Sustainable City in China,
Stadtplanung, 1. Preis 2006
Fertigstellung bis 2020

Ausstellungen (Auswahl)
„Paper Planes – Nicolas
Grospierre" Galerie Phase 2
London 2011

La Biennale di Venezia,
Giardini, Palazzo delle
Esposizioni Venedig 2010

Deutscher Pavillon,
Architektur Biennale
Venedig 2010

Architektursalon Hamburg
2009

Museum Architektury
Wroclaw 2009

DAM Deutsches Architektur-
museum Frankfurt 2008

Museum of Finnish
Architecture Helsinki 2008

Architekturbiennale
São Paulo 2007

**Auszeichnungen
(Auswahl)**
Bogdanowski Award for
Architecture
2010 DGNB Gold-
Zertifizierung
best architects award
office application award
best building gazeta Krakow
2008 BDA Preis Hamburg
Würdigung
2005 RPIC Award-Canada,
Best Practices

Sämtliche Projekte bis 2010
als Pysall . Ruge Architekten

raumzeit – Gesellschaft von Architekten mbH

Uns interessieren die Prozesse der Strukturbildung quer über alle Maßstabs-
ebenen. Wir versuchen bei der Formfindung nicht die Zwänge herauszuar-
beiten, sondern die Freiheitsgrade. Dazu gehört, die zeitlichen Aspekte der
Struktur des gebauten Raums nicht zu unterschlagen. Architektur bedeutet
für uns nicht Objekte zu entwerfen, sondern Kontexte zu entwickeln und
zu transformieren.

We are interested in the process of pattern formation across scales. We try
not to focus on constraints but rather on the degrees of freedom that may
emerge from a given set of boundary conditions. We are committed to take
the temporal condition of built space into account. For us, architecture is not
about designing objects but about transforming contexts.

oben: Hörsaalcampuscenter
unten: Neubau und Umbau Fachbereich ASL
(Außenanlagen: K1 Landschaftsarchitekten)

Universität Kassel Campus Nord

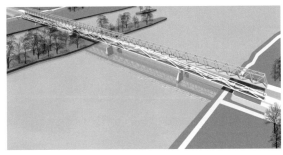
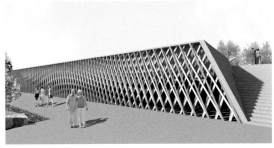

Donausteg, Landesgartenschau Deggendorf 2014
(Tragwerksplanung: Fritsche Ingenieure und Mayr Ludescher Partner)

Parkdeck unter den Deichgärten,
Landesgartenschau Deggendorf 2014
(mit K1 Landschaftsarchitekten, Tragwerksplanung: Nicole Zahner)

**raumzeit
Gesellschaft von
Architekten mbH**
Waldemarstraße 38
10999 Berlin
Tel.: 030.69 20 473-10
Fax: 030.69 20 473-19
studio@raumzeit.org
www.raumzeit.org

Jan Läufer
Dipl.-Ing. Architekt BDA
1971 geboren in Demmin
Architekturstudium an der
TU-Berlin 1990–97
Mitarbeit bei Sauerbruch
Hutton 1997–2002
Wissenschaftlicher
Mitarbeiter Universität
Kassel 2002–07

Gunnar Tausch,
Dipl.-Ing. Architekt BDA
1969 geboren in Karl-Marx-
Stadt
Architekturstudium an der
TU-Berlin 1990–97
Mitarbeit bei Arch+ 1993–96
Fulbright Stipendium in den
USA 1997–98

Master of Science (AAD)
an der Columbia University
1997–98
Wissenschaftlicher
Mitarbeiter an der TU-Graz
1998–99
Mitarbeit bei Sauerbruch
Hutton 1999–2003
Wissenschaftlicher
Mitarbeiter an der TU-Berlin
2003–08

Friedrich Tuczek
Dr.-Ing. Architekt BDA
1970 geboren in Marburg
Architekturstudium an der
TU-Berlin 1990–96
DAAD-Postgraduierten-
stipendium 1996–98
Master of Architecture,
SCI-Arc, Los Angeles 1998
Mitarbeit bei Hascher und
Jehle 1999–2001
Wissenschaftlicher
Mitarbeiter Universität
Kassel 2001–06

Arbeitsschwerpunkte
Hochbau und Städtebau,
Hochschul- und Kulturbau,
Büro- und Geschäftsbauten,
Wohnungsbau

**Referenzen und
Wettbewerbserfolge
(Auswahl)**
Stadtpromenade zum Finow-
kanal, 2010, 3. Preis (mit K1
Landschaftsarchitekten)

Haus der Projekte Hamburg,
2008, 2. Preis (mit Studio
Berlin)

Landesgartenschau
Deggendorf, 2008, 1. Preis
Realisierung Donausteg
und Parkdeck (mit K1
Landschaftsarchitekten)

Erweiterung Kölnisches
Stadtmuseum, 2008, Mehr-
fachbeauftragung, 1. Preis

Archäologische Zone und
Jüdisches Museum Köln,
2008, 3. Preis

Universität Kassel Campus
Nord, 2008,
1. Preis, Wettbewerb (mit
K1-Landschaftsarchitekten)

Projekt Brühl Leipzig, 2007,
2. Preis

Schulauer Hafen Wedel,
2006, 4. Preis (mit K1
Landschaftsarchitekten und
Tausch Architekten)

Fachhochschule
Kaiserslautern, 2006,
3. Preis (mit K1
Landschaftsarchitekten)

Badeanlage im Aktivpark
Schruns-Tschagguns, 2006,
1. Preis (mit AS-IF
Architekten)

Seecampus Niederlausitz,
2005,
1. Preis 2. Rang

Jugendherberge Bremen,
2003,
1. Preis und Realisierung

Neue Bauakademie Berlin,
1995,
Preis (1/10 Preise ex aequo)

Fachhochschule Gießen-
Friedberg, 4. Preis (mit K1
Landschaftsarchitekten)

REALARCHITEKTUR Petra Petersson

Er ist da – um uns herum, in der Gesellschaft, bei den Nutzern, den Eigentümern, in der Stadt, im Gebauten und in den Referenzen zu der Kunst und der Architektur: der Kontext. Ob Neubau, Altbau, Stadtplanung oder Konzept – der Kontext ist die Inspiration. Der Weg zur Architektur, ein Experiment mit vielen Akteuren. Immer wieder neu und spannend.

It is always present – in our surroundings, in our society, with the end-users, the property owners, in the city and in references to art and architecture: the context. Whether new-build, conversion, town planning or concept – the context is the inspiration. The path to architecture is an experiment with many involved. It is always new and exciting.

Wohnhaus Djursholm Stockholm (the book-stair)

Brauerei Berlin

Hägersten Wohnungsbau: 40 Wohneinheiten und eine Vorschule

REALARCHITEKTUR
Petra Petersson
Architektin BDA
Schinkestraße 8-9
12047 Berlin
Tel.: 030.612 09 700
mail@realarchitektur.de
www.realarchitektur.de

Petra Petersson
1966 geboren in Lund,
Schweden
1985–91 Architektur-
studium an der
Technischen Universität
Lund, Schweden und an
der Mackintosh School
of Architecture,Glasgow
School of Art, Schottland
1987–89 Praktika in
Auckland (Neuseeland),
Glasgow und Stockholm
1991–92 Prof. Pontvik
Arkitekter AB Stockholm
1992–2003 Büroleiterin und
Projektleiterin in Berlin
2003 Gründung
REALARCHITEKTUR
2007 Mitglied im BDA
2008 und 2012 Jurymitglied
für den Schwedischen
Holzbaupreis

2009 Jurymitglied Europan
Wettbewerb, Schweden
2010–11 Lehre an der
Fachhochschule Erfurt

**Auszeichnungen
(Auswahl)**
2010 war das Projekt
Wohnhaus
Sammlung Boros in der
Auswahl für die Nike für
die beste atmosphärische
Wirkung

2009 Auszeichnung
Architekturpreis Berlin,
BDA Preis Berlin,
Contractworld Award
3. Preis Kategorie Umbau,
Shortlist für den Mies
van der Rohe Preis

2008 Deutscher
Architekturpreis BETON

2007 nominiert für den
Architekturpreis der
Reiners Stiftung,
nominiert für den
nordischen Architekturpreis
Forum AID award,
ausgezeichnet vom

Wallpaper Magazine als
eine der 101
interessantesten neuen
Architekten

2006 vertreten im
deutschen Pavillon der
Biennale in Venedig

**Referenzen und
Wettbewerbe (Auswahl)**
Aktuell
Wohnungsbauprojekt
Lidingö, Stockholm
7 Häuser an der Ostsee

Wohnungsbauprojekt
Hägersten, Schweden
40 Wohneinheiten und eine
Vorschule

2008–10
Umbau Sudhaus Brauerei
Rollberger, Berlin

2010
Umbau Loft, Berlin

2009
Umbau Volksbühne Berlin,
mit AGP Architekten

2008–09
Umbau Einfamilienhaus
Djursholm, Stockholm

2006–08
Neubau Wohnhaus,
Oldenburg, mit Sören Hanft

2003–08
Um- und Anbau Bunker,
Berlin
Wohnhaus Sammlung Boros

2006
Boalla Wohnungsbau,
Stockholm, Ankauf

2005–06
Umbau Wohnhaus,
Zehlendorf

2005
Kollektives Wohnen
TenstaBo06, Stockholm,
1. Preis

ReimarHerbst.Architekten
Reimar Herbst / Angelika Kunkler

„Im Bibliotheksgebäude der HTW Dresden herrscht eine so gute Lernatmosphäre, dass man jedesmal auf's Neue erschrickt, sobald sich die Fenster automatisch öffnen oder schließen."
Zitat einer Architekturstudentin

"There is such a good study atmosphere in the library building of the HTW Dresden that one is startled everytime a window opens or closes automatically." A female architecture student

Bibliotheksplatz

Bibliothek der HTW Dresden

ReimarHerbst.Architekten
Reimar Herbst / Angelika Kunkler
Oranienstraße 183
10999 Berlin
Tel.: 030.616 56 667
Fax: 030.616 56 669
mail@reimarherbstarchitekten.de
www.reimarherbstarchitekten.de

Dipl.-Ing. Reimar Herbst
Architekt BDA
1959
geboren in Bremerhaven
1981–87
Studium in Hamburg
1993
Bürogründung in Berlin
1993–97
Herbst und Lang Architekten
1996
Berufung in den BDA
Seit 1996
Vorträge und Gastkritiken
Seit 1997
Reimar Herbst.Architekten
Seit 2001
Büropartnerschaft
mit Angelika Kunkler

Referenzen (Auswahl)
2014
Bibliothek Uni/HS, Osnabrück

2014
Grundschule Habichtshorst,
Berlin

2012
Place de la Résistance,
Esch-sur-Alzette, Luxemburg

2012
Technikum HTW,
Saarbrücken

2008
Oberstufenzentrum, Berlin

2007
Stadtverwaltung, Weimar

2006
Bibliothek HTW, Dresden

2002
Umbau Winzerhaus, Kanzem

1999
Schöneberger Kreuz/
Bahnhof Papestraße, Berlin

Wettbewerbserfolge
2010
Bibliothek Uni/HS
Osnabrück, 1. Preis

Forschungszentrum HTW,
Berlin, 2. Preis

Kleist-Museum,
Frankfurt/Oder, 3. Preis

2009
Place de la Résistance,
Esch-sur-Alzette, 1. Preis

Forschungszentrum TU,
Berlin, 2. Preis

Universitätsbibliothek,
Marburg, 3. Preis

2008
Technikum HTW,
Saarbrücken, 1. Preis

Schloss/Humboldt-Forum,
Berlin, Ankauf

2004
Oberstufenzentrum,
Berlin, 1. Preis

2002
Bibliothek HTW,
Dresden, 1. Preis

1999
Erweiterung
Stadtverwaltung,
Weimar, 1. Preis

1998
Grundschule Habichtshorst,
Berlin, 1. Preis

1996
Jugendherberge,
Konstanz, 2. Preis

1995
Paradiessiedlung Biesdorf,
Berlin, 1. Preis

Auszeichnungen
2007
Architekturpreis BDA
Sachsen
Anerkennung

2003
BHU-Bundespreis

Ziegert | Roswag | Seiler Architekten Ingenieure
Roswag Architekten

Eine sich rapide verändernde Welt stellt Etabliertes in Frage, zwingt radikal Neues zu erdenken und bietet Raum zu verantwortlichem Handeln und Zukunft zu gestalten. Interdisziplinäre Arbeit und die Zusammenarbeit verschiedenster Kulturen eröffnen einer neuen Gesellschaft ausgewogene Lösungsansätze.

A quickly changing world challenges established norms, forces radical new conceptions to be thought up and provides room for responsible action and future design. Interdisciplinary work and collaboration between the most diverse cultures opens up a new society of balanced approaches.

Jahili Fort/Mubarak bin London Exhibition/Arkade

Stampflehmhaus Ihlow/Detail Bad

oben: Feuerwehr Neuseddin/Gerätehaus Ansicht Straße
unten: Habitat Initiative Cabo Delgado/Pilotprojekt 25 de Junho/Ansicht West

**Ziegert | Roswag | Seiler
Architekten Ingenieure
Roswag Architekten**
Schlesische Straße 26,
Aufgang A
10997 Berlin
www.zrs-berlin.de

Eike Roswag
Dipl.-Ing. Architekt BDA
geb. 1969 in Gießen
Mitglied DGNB (Auditor)
Energieberater Nichtwohn-
gebäude nach DIN 18599
Seit 2009 alleiniger
Gesellschafter/
Geschäftsführer
von Roswag Architekten
Seit 2003 ZRS Architekten
Ingenieure
2006–09 Roswag &
Jankowski Architekten
2006–07 wissenschaftli-
cher Mitarbeiter TU Berlin,
Lehrstuhl GfT, Prof. Steffan
1994–2006 freie Mitarbeit
bei eins bis neun architekten
ingenieure
1992–2000 TU Berlin,
Architekturstudium

Arbeitsschwerpunkte
Planung und Realisierung
vorrangig von Projekten in
Lehmbauweise und mit
natürlichen Baustoffen

Referenzen (Auswahl)
2010 Habitat Initiative Cabo
Delgado, Mozambique
Bausystem basierend
auf der lokalen Baukultur,
11 Vorschulen/Gemein-
schaftshäuser aus Lehm
und Bambus von lokalen
Handwerkern errichtet

2008 Jahili Fort, Al Ain,
Abu Dhabi
Instandsetzung
und Umnutzung,
Besucherzentrum und
Mubarak bin London
Exhibition

2008 Feuerwehr Neuseddin
Neubau des Gerätehauses
in tragender Holzbauweise,
städtebauliche Neuordnung
des Ortseingangs,
Effizienzhaus, vergleichbar
Passivhaus

2006 Haus Ihlow,
Märkische Schweiz
Wohnhaus in tragender
Stampflehmbauweise
(EG) und Holzbau und
Hanffaserdämmung (OG),
regenerativer Betrieb
über Solarkollektoren,
Stückholzheizung

2005 School handmade in
Bangladesh
Schulneubau als
Massivlehmbau und
Bambuskonstruktion,
Ausführung mit lokalen
Tagelöhnern

Preise (Auswahl)
2007 Aga Khan Award for
Architecture
2007 Hans Schaefers Preis,
BDA Berlin
2007 Brandenburgischer
Architekturpreis,
Anerkennung
2006 AR Emerging
Architecture Awards,
Preisträger

Ausstellungen (Auswahl)
„Small Scale, Big Change:
New Architectures of Social
Engagement", MoMA New
York
„Measure of Man –
Measure of Architecture,
New Responsibility
in Architecture and
Urbanism", Aedes Am
Pfefferberg

Carola Schäfers Architekten BDA

Unsere Architektur reagiert auf Orte und deren Charakter; durch Stellung und Organisation der Baukörper entstehen neue Orte, die mit Haus-Objekten besetzt werden. Charakteristisch für unsere Bauten sind die Textur der Oberflächen und kontrastierenden Materialien sowie die den Entwurf unterstützenden Farbkonzepte.

Our architecture responds to places and their character; the specific position-ing and organisation of the structural shell leads to the emergence of new places which are occupied by house-objects. Our buildings are noted for the texture of their surfaces and contrasting materials as well as the design of supporting colour concepts.

Mehrfamilienhaus Derfflingerstraße, Berlin-Tiergarten

Villa Albrecht-Thaer-Weg, Berlin-Dahlem | Königliche Gartenakademie, Berlin-Dahlem

**Carola Schäfers
Architekten BDA**
Bundesallee 19
10717 Berlin
Tel.: 030.886 77 866
Fax: 030.886 77 868
info@csa-berlin.de
www.csa-berlin.de

Carola Schäfers
Dipl.-Ing., Architektin BDA
1952 geboren in
Cloppenburg
1976 Diplom FH,
Fachhochschule Oldenburg
1980 Diplom an der
Technischen Universität
Hannover
1985–90 Wissenschaftliche
Mitarbeiterin TU Berlin
1984–90 Büropartnerschaft
mit Andreas Wolf
Seit 1990 Carola Schäfers
Architekten BDA
2006 Vorstandsmitglied
BDA LV Berlin
2009 Mitglied im
Gestaltungsbeirat der Stadt
Regensburg

Arbeitsschwerpunkte
Planung und Bauleitung aus
einer Hand,
Neubau, Umbau, Sanierung
und Innenausbau von
öffentlichen Gebäuden
sowie Wohn-, Geschäfts-
und Gewerbebauten
Farb- und Innenraum-
gestaltung

Referenzen (Auswahl)
Sanierung eines denkmal-
geschützten Labor- und
Bürogebäudes, HU Berlin

Umbau Einfamilienhaus im
Schwarzen Grund,
Berlin-Dahlem

Sanierung und Aufstockung
Mehrfamilienhaus
Derfflingerstraße,
Berlin-Tiergarten

Sanierung von denkmalge-
schützten Villen,
Berlin-Dahlem

Forschungskolleg
Theaterwissenschaften der
FU Berlin

Königliche Gartenakademie,
Berlin-Dahlem

Foyer Mensa II, FU Berlin

Seminarzentrum, FU Berlin

Aveda Institute,
Berlin, Kurfürstendamm

Cafeteria FB
Wirtschaftswissenschaften,
FU Berlin

Kindertagesstätte,
Berlin-Marzahn

Grundschule mit
Dreifachsporthalle,
Berlin-Gatow

Mehrfamilienhaus
Pulvermühle

Kindertagesstätte,
Berlin-Karow

Wettbewerbe (Auswahl)
Herbert Hoover Realschule,
Berlin-Wedding, 1. Preis
Deutsches Bibliotheks-
institut, Berlin-Mitte, 2. Preis
Auswärtiges Amt Berlin,
Berlin-Mitte, 4. Preis
Wohnungen für Bundes-
bedienstete, Berlin-
Karlshorst, 2. Preis
Bahnhofsvorplatz Kassel mit
Büro Kiefer, 2. Preis

**Veröffentlichungen
(Auswahl)**
Pure Plastic, Chris van
Uffelen, Verlagshaus Braun,
Berlin 2008
Raumkunst – Neue deutsche
Innenarchitektur,
C. Dörries & A. Platena,
Verlagshaus Braun, Berlin
2004
Monographie Carola
Schäfers, GG Editorial
Gustavo Gilli,
S.A. Barcelona 1999

Scheidt Kasprusch Architekten BDA

Raum geben – Identität stiften
Orientierung bieten – Übergänge schaffen
Beziehungen herstellen – Kommunikation fördern

provide space – bestow identity
offer orientation – create transitions
encourage relationships – support communication

Haus der Essener Geschichte, Fertigstellung 2010

Sportforschungshalle der Humboldt-Universität zu Berlin, Fertigstellung 2010

oben: Depot und Verwaltung Ruhr Museum auf Zollverein, Essen, Fertigstellung 2010
unten: Rheinisches Industriemuseum St. Antony, Oberhausen, Fertigstellung 2010

Scheidt Kasprusch Architekten BDA
Schlesische Straße 29–30
10997 Berlin
Tel.: 030.886 83 2-77
Fax: 030.886 83 2-78
info@SKA-Architekten.de
www.SKA-Architekten.de

Hermann Scheidt
Dipl.-Ing. Architekt BDA
1957 geboren in Duisburg
1988 Diplom TU Hannover
1987–99 Partner ASS
Assmann Salomon Scheidt
2000–04 Partner
ScheidtArchitekten
2003–11 Vorstand BDA
Berlin
2005 Scheidt Kasprusch

Prof. Frank Kasprusch
Dipl.-Ing. Architekt BDA
1965 geboren in Alsfeld
1995 Diplom RWTH Aachen
1993–2001 Büroleiter ASS
2001–04 Partner
ScheidtArchitekten
2005 Scheidt Kasprusch
2008 Professur für
Konstruieren und
Entwerfen, Hochschule Trier

Arbeitsschwerpunkte
Kultur- und Bildungsbauten,
Büro- und Geschäftshäuser,
Hotels, Sport- und
Veranstaltungsbauten,
innovativer Wohnungsbau,
Niedrigenergie-, Nullenergie-
und Passivhäuser,
städtebauliche Entwürfe

Referenzen (Auswahl)
ABLE Group Firmenzentrale,
Gummersbach
Frank Ferchau Immobilien
GmbH, Gummersbach

Sportforschungshalle am
Campus-Nord, Berlin-Mitte,
ZÜBLIN Komplettbau, Berlin,
Humboldt-Universität zu
Berlin

Depot und Verwaltung Ruhr
Museum Zollverein, Essen,
mit Ahlbrecht und Felix,
Essen
Entwicklungsgesellschaft
Zollverein mbH, Essen

Rheinisches Industrie-
museum St. Antony,
Oberhausen, mit Ahlbrecht

und Felix, Essen
Landschaftsverband
Rheinland, Köln

Haus der Essener Geschichte
mit Ahlbrecht und Felix,
Essen
Stadt Essen

Bahnhof Hameln, Umbau
mit Neubau Verteilerhalle,
GWS Stadtwerke Hameln

minimumhouse,
Klausdorf bei Berlin,
minimum einrichten gmbh

Auszeichnungen (Auswahl)
2011
Heinze ArchitektenAWARD,
minimumhouse

2010
Auszeichnung vorbildlicher
Bauten in NRW
Haus der Essener Geschichte

2010
Essener Architekturpreis
Depot und Verwaltung Ruhr
Museum Zollverein, Essen

2010
Essener Architekturpreis,
Anerkennung
Haus der Essener Geschichte

2009
BDA Preis Niedersachsen,
Anerkennung
Bahnhof Hameln

Wettbewerbe (Auswahl)
2009
Sportforschungshalle
Humboldt-Universität,
Bieterverfahren

2008
Rheinisches
Industriemuseum
St. Antony, Oberhausen,
mit Architekt Ahlbrecht,
Essen
1. Preis

2008
Depot RuhrMuseum,
Zollverein Essen mit
Architekt Ahlbrecht,
Essen
1. Preis

KLAUS SCHLOSSER ARCHITEKTEN BDA

„Ich habe mehr von alten Bauten gelernt (…) den alten Bauten mit ihrer schönen, einfachen Zweckbestimmung, ihrer schönen, einfachen Konstruktion, ihren großartigen Linien, ihren wunderbaren Proportionen und ihrer Schlichtheit. Diese alten Bauten sind bis heute eine ständige Inspiration gewesen."
Ludwig Mies van der Rohe

"I have learned more from old buildings (…), from those old buildings with their beautiful, simple purposes, their beautiful, simple structures, their magnificent lines, their wonderful proportions and their plainness. These old buildings have remained a constant inspiration to this day."
Ludwig Mies van der Rohe

Wohn- und Geschäftshaus Elisabethkirchstraße 2, Berlin

Innenansicht Loggia mit Blick auf die Elisabethkirche

Treppenhaus, Wohn- und Geschäftshaus Elisabethkirchstraße 2, Berlin
Straßenansicht

**KLAUS SCHLOSSER
ARCHITEKTEN BDA**
Goethestraße 2–3
10623 Berlin
Tel.: 030.616 579 60
Fax: 030.616 579 89
mail@klausschlosserarchitekten.com
www.klausschlosserarchitekten.com

Dipl.-Ing. Klaus Schlosser
Architekt BDA
Ausbildung:
1975–80 handwerkliche
Grundausbildung
1980 Ingenieurstudium
Holztechnik
Ingenieurbüro Prof. Julius
Natterer, München
Architekturbüro Prof. Sampo
Widmann, München
1985 Studium Architektur
TU München/TH Darmstadt
2005 Weiterbildung
Grundlagen der
Immobilienökonomie; IREBS
Praxis:
1989 Gründung
„Projektbüro" mit Prof.
Uwe Fischer, Designer in
Frankfurt

1992 Mitarbeit bei Willem
Jan Neutelings architectuur
b.v., Rotterdam
1994 Gründung Architekturbüro Klaus Schlosser, Berlin
1995 Gründung Schlosser
Lamborelle Architekten

2007 Gründung Klaus
Schlosser Architekten BDA

Arbeitsschwerpunkte
Schwerpunkt der Leistungen
sind der Entwurf und die
projektspezifische Planung
von Gebäuden. Machbar-
keitsstudien und Preliminary
Design.
Tätigkeitsfelder:
Bauen im Bestand,
Denkmalpflege, Büro- und
Gewerbebauten, Wohn-
und Geschäftshäuser,
Einfamilienhäuser

Referenzen (Auswahl)
vor 2012
Büro- und Gewerbebauten
Greifswalder Straße 212,
Berlin

2011
Wohn- und Geschäftshaus
Knesebeckstraße 99, Berlin

2009
Wohn- und Geschäftshaus
Elisabethkirchstraße 2, Berlin

2005
Gewerbebau Lagerhaus
„self-storage",
Berlin-Reinickendorf*

2004
Villa Am Hämphorn,
in Potsdam-Sacrow*

2003
„Lofthaus"
Schröderstraße 8, Berlin*

2001
Am Neuen Garten, Umbau
und Erweiterung einer
denkmalgeschützten Villa,
Potsdam*

2001
Redaktionsgebäude Medien-
haus Kuno-Fischer Straße,
Berlin*

1998
Wohn- und Geschäftshaus
Brunnenstraße, Berlin*

1996–01
4 Stadthäuser, Erfurt*

1993
Jüdisches Mahnmal
Buchenwald mit Tine Steen,
Künstlerin

1990–92
Vier-Generationenhaus,
Mittelhessen

Ausstellungen (Auswahl)
„pocketslshelves" Galerie
suitcase, Berlin, 2005

„script voisin", Galerie Koch
& Kesslau, Berlin, 2002 mit
Tine Steen

* Projekte mit Jean Lamborelle

Staab Architekten

Die komplexen Bedingungen von Architektur zu einer einfachen, plau-
siblen Gestalt zu verdichten, ist ein wesentliches Anliegen unserer Arbeit.
Dabei spielen kontextuelle, funktionale, wirtschaftliche und technische
Bedingungen eine ebenso wichtige Rolle wie formale Aspekte, die sich aus
der Logik eines Baukörpers entwickeln.

An essential part of our work involves consolidating the complex specifications of
architecture to create simple, plausible form. Contextual, functional, economical
and technical parameters are just as important within that process as are formal
aspects, which develop from the logic of a building volume.

Albertinum Dresden – Sanierung und Neubau Zentraldepot

Erweiterung NYA Nordiska Dannenberg

Universität Heidelberg
– Neubau Bioquant

Staab Architekten
Schlesische Straße 27
10997 Berlin
Tel.: 030.617 91 40
Fax: 030.617 91 411
info@staab-architekten.com
www.staab-architekten.com

Volker Staab
1957 geboren in Heidelberg
1983 Diplom an der ETH
Zürich
1991 Bürogründung
Seit 1996 projektbezogene
Zusammenarbeit mit Alfred
Nieuwenhuizen
Seit 2002 Gastprofessuren
und Lehraufträge u.a.
TU Berlin, FH Münster,
Akademie der Bildenden
Künste Stuttgart
2005 Berufung zum Mitglied
der Akademie der Künste
Seit 2007 Partnerschaft mit
Alfred Nieuwenhuizen
2008 Bundesverdienstkreuz
am Bande
2011 Großer BDA Preis

Partner
Dipl.-Ing. Alfred
Nieuwenhuizen

Arbeitsschwerpunkte
Kultur-und Bildungsbauten,
Instituts- und
Forschungsgebäude,
Verwaltungsbauten

Referenzen (Auswahl)
Westfälisches
Landesmuseum für Kunst
und Kulturgeschichte,
Münster 2005–12
Neue Galerie Kassel
– Sanierung und
Instandsetzung, 2005–11
Neubau Ministeriums-
gebäude, Stuttgart
2008–11
Museum der Wittelsbacher,
Hohenschwangau
2009–11
Universität Potsdam
– Informations-,
Kommunikations- und
Medienzentrum Golm,
2004–11

Albertinum Dresden –
Sanierung und Neubau
Zentraldepot, 2004–10
Erweiterung NYA Nordiska,
Dannenberg, 2008–10
Umnutzung der
Liebfrauenkirche zum
Kolumbarium, Dortmund
2008–10
German International
School, Sydney 2003–08
Museum Gunzenhauser,
Chemnitz 2004–07
Universität Heidelberg –
Neubau Bioquant,
2002–07
Deutsche Botschaft Mexiko
– Kanzleigebäude,
2002–06
Servicezentrum auf der
Theresienwiese, München
2002–04
Museum Georg Schäfer,
Schweinfurt 1997–2000
Neues Museum, Nürnberg
1991–99

Wettbewerbe (Auswahl)
Neubau des Restaurants am
Neuen Palais im Schlosspark
Sanssouci, Potsdam,
1. Preis 2011
Haus der Kirche, Augsburg,
1. Preis 2011
Museum auf der Zitadelle
Spandau, Berlin, 1. Preis
2010
Neugestaltung Richard-
Wagner-Museum, Bayreuth,
1. Preis 2010
Erweiterung Sprengel
Museum, 2. Preis 2010
Deutsche Schule Madrid,
2. Preis 2009
Kunstmuseum Ahrenshoop,
1. Preis 2008
Willy-Brandt-Schule,
Warschau, 1. Preis 2008

Sterf Architekten

Vom Sofa – zum Städtebau:
Städtebau, Architektur und Design sind der zwei- und dreidimensionale Ausdruck funktionaler, konstruktiver und technischer Ideen in Verbindung mit den sozialen und gesellschaftlichen Vorstellungen ihrer Zeit.
Architektur ist Sprache, durch die räumliche und konstruktive Vorstellungen mit Hilfe von Material Ausdruck und sinnliche Gestaltung erlangen können.
Gestalterische Ansprüche stehen im dialogischen Verhältnis zu ihrer Realisierungsmöglichkeit und den Vorstellungen des/der Bauherren.

From designing sofas to urban planning:
Urban planning, architecture and design are two and three dimensional expressions of functional, constructive and technical ideas in conjunction with the social and societal conceptions of their era.
Architecture is a language that can arrive at expression and sensual composition through spatial and constructive ideas using materials.
Design ideas stand in a dialogical relationship to their potential for realisation and the ideas of the client.

Dachgeschoss, Lottumstraße, Berlin 2001

 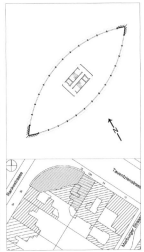 

Entwicklungsstudie, Tauentzienstraße 13, Berlin 2011

Sterf Architekten
Fehrbelliner Straße 31
10119 Berlin
Tel.: 030.280 985 80
Mobil: 0178.5380348
Fax: 030.2827411
sterfarchitekten@arcor.de
www.sterfarchitekten.de

Stefan Sterf
Dipl.-Ing. Architekt BDA
1957 geboren in Darmstadt
1979–85 Studium der
Architektur in Hannover
1984–87 Studium
Germanistik und Philosophie
in Hannover und Wien
1985–87 Büro Schweger &
Partner, Hamburg
1987 Zaha Hadid, London
1988 Stefan Sterf Architekt
1990–95 Assistent TU-Berlin

Arbeitsschwerpunkte
Hochbau Büro und
Geschäftsgebäude
Inneneinrichtungen
städtebauliche Planungen
Bauen im Bestand
Leistungsphasen 1–9

Referenzen
Städtebau
Überarbeitung 4
Schulstandorte,
Einpassung in B-Planung,
Berlin-Adlershof, 2001
Wohnbebauung Garten-
stadt Schönerlinde
Nord, Rahmenplan,
Bebauungsplan, 1993–97

Bauten
Tauentzienstraße 13/13a,
Entwicklungsstudien sowie
Umbau und denkmal-
gerechte Sanierung des
ehemaligen DEFAKA
Warenhauses,
Berlin-Charlottenburg,
2010–12
Boardinghouse
Wilmersdorferstraße
36–37, Umbau Wohn- und
Geschäftsgebäude Berlin-
Charlottenburg, 2010–11
Geschwister-Scholl-
Straße 5, Sanierung und
Modernisierung denkmal-
geschütztes Wohngebäude
mit 33 WEs mit Mitteln des
Landesdenkmalamtes Berlin,
Berlin-Mitte, 2008–09

Haus Killmer, Neubau
einer Einfamilienvilla,
Niederkirchen 1998–2001
Bürohaus Lützowstraße 100,
Um-und Neubau, Berlin
2002–04
Lausitzer Bergbaumuseum,
Austellungsgebäude
Braunkohle und Umwelt,
1995–97

Innenräume + Design
Boardinghouse
Wilmersdorfer Straße
36–37, Einrichtung und
Möbeldesign für ein
Boardinghouse,
Berlin-Charlottenburg,
2010–2011
Inneneinrichtung, „Blue
Planet", Raumgestaltung,
Jackwerth Verlag, Köln,
Berlin 1996
Dachausbau, Sonic Temple,
Berlin, 1990–95

Wettbewerbe
Fehrbelliner Höfe, Berlin-
Mitte, eingeladenes
Gutachten, Orco-Group,
Paris/Berlin, 2005

Gesamtschule Buchholz,
Realisierungwettbewerb mit
Tanja Riccius, Berlin 1995,
1. Preis
Museum Türkenkaserne,
Museum Moderne und
Angewandte Kunst,
München 1992, Ankauf

Veröffentlichungen
Bauwelt, Wettbewerbe
Aktuell, Tagesspiegel,
Parenthese, Architektur &
Wohnen, Skyline, Baukultur,
stern, Architektur +
Wettbewerbe, H.O.M.E.,
EIGENHUIS & interieur, ville
& casali, etc.

Kataloge
roof – design, internationale
Veröffentlichung, loft –
publications, köln, 2007
Zero Zero Level, 1st NAI
Summer Master Class,
Rotterdam, NAI Publishers
1997
Hülle • Schwere • Licht,
Galerie Aedes, Berlin 1995
Junge Architekten in
Berlin, H. M. Nelte Verlag,
Wiesbaden 1995

AndreasThiele.Architekten

Maßschneiderei:
Meisterliches Fügen von hochwertigen und handverlesenen Materialien in
eine feine wie schmeichelhafte Passform.

Made-to-measure:
Masterly assembly of high-class and handpicked materials into a fine and
pleasing form.

Privates Wohnhaus Leipzig Leutzsch, 2010

Alfred Ehrhardt Stiftung Berlin, 2009

AndreasThiele.Architekten
Max-Beer-Straße 17
10119 Berlin
Tel.: 030.24 08 83-72
Fax: 030.24 08 83-77
berlin@thiele-architekten.com
www.thiele-architekten.com

Andreas Thiele
Dipl.-Ing. Architekt BDA
1971 geboren in Leipzig

1991–94
Architekturstudium,
Bauhaus-Universität Weimar
1993–94 Innenarchitektur-
und Möbeldesignstudium,
Hochschule für Kunst und
Design, Burg Giebichenstein,
Halle/Saale
1994–95
Architekturstudium,
Eidgenössische Technische
Hochschule Zürich bei
Prof. Vittorio Magnago
Lampugnani und Prof. Hans
Kollhoff
1995–96
Architekturstudium,
École Nationale Supérieure
d'Architecture de Paris-
Belleville
1995–96
Kunstgeschichtsstudium,
École Nationale Supérieure
des Beaux Arts, Paris
1997 Diplom
1997–2004 Team-
und Projektleiter bei
Kleihues+Kleihues
Gesellschaft von Architekten
mbH, Berlin
1999 Gründung des eigenen
Büros für Architektur,
Städtebau, Design
2000 Eintragung in die
Architektenkammer Berlin
Seit 2003 Partner von Polis
City Consulting
2004–05 Team- und
Projektleiter für die
Generalinstandsetzung und
Ausstellungsgestaltung des
Bode-Museums Berlin für
Heinz Tesar Wien Berlin
Seit 2005 freiberuflich tätig
als Architekt

Seit 2008 Lehrauftrag für
Kunst und Szenografie
im öffentlichen Raum,
Norwegian Theatre
Academy of the Høgskolen i
Østfold, Norwegen
Seit 2008 Lehrauftrag für
Entwerfen und Konstruieren,
Beuth Hochschule für
Technik Berlin
2008 Berufung in den BDA

Arbeitsschwerpunkte
Planung und Bauleitung von
Hochbauten, Innenräumen
und Freianlagen, Objekt-
gestaltung, Generalplanung

Referenzen (Auswahl)
Privates Ferienhaus am
Fleesensee, Göhren-Lebbin;
Neubau 2011
Metropolitan Berlin – Klinik
für Plastische Chirurgie; Um-
und Ausbau, 2010
Skulpturenlager für einen
Bildhauer Berlin-Pankow;
Neubau, 2010

Alfred Ehrhardt Stiftung
Berlin; Um- und Ausbau,
2010
Privates Wohnhaus Leipzig-
Leutzsch; Neubau 2010
Private Villa Potsdam-
Babelsberg; Um- und
Ausbau, 2010
Apartment Berlin-Friedenau;
Um- und Ausbau, 2009
Kopfzentrum Leipzig®;
Konzeption eines
OP-Zentrums für Hals-,
Nasen- und Ohrenheilkunde
sowie Um- und Ausbau von
drei Portalpraxen für HNO
und Logopädie, 2006–08
Privates Ferienhaus am
Schwielowsee, Ferch;
Neubau, 2006–07
Generalinstandsetzung und
Ausstellungsgestaltung
Bode-Museum,
Museumsinsel Berlin;
Projektleitung für
Heinz Tesar Wien Berlin,
2004–05

Ticket B – Stadtführungen von Architekten

„Man sieht nur, was man weiß."
Wir veranstalten seit 1996 Fach-Touren zu aktuellen Architektur- und Städtebauprojekten in Berlin und bieten regelmäßig auch Reisen ins In- und Ausland an. Unsere Zielgruppe sind nicht nur unsere Kollegen, sondern alle an Baukultur interessierten Menschen.

"One only sees what one knows."
Since 1996, we have been offering professional tours of contemporary architecture and urban planning projects in Berlin; we regularly organise trips at home and abroad. Apart from our colleagues, our audience also includes anyone who is interested in building culture.

Architekturstadtplan Berlin

Architekturexkursion New York

Cello unterm Sternenhimmel
Maria Wiesmaier im Krematorium

**Ticket B – Stadtführungen
von Architekten
Krüger Günther
Architekten BDA**
Frankfurter Tor 1
10243 Berlin
Tel.: 030.420 26 96-0
Fax: 030.420 26 96-29
info@ticket-b.de
www.ticket-b.de
www.guiding-architects.net

Thomas M. Krüger
Dipl.-Ing. Architekt BDA
1958 geboren in Mülheim/
Ruhr
1982–89 Studium
Architektur in Braunschweig,
Darmstadt und Berlin
Seit 1991 selbstständiger
Architekt, verschiede-
ne Lehrtätigkeiten an
deutschen und amerika-
nischen Hochschulen

Susanne Günther
Dipl.-Ing. Architektin BDA
1966 geboren in
Gudensberg/Hessen
1995 Diplom an der GHK
Kassel
1995–2006 Mitarbeit in
den Büros Klaus Block und
Krüger Belz Architekten
Seit 2006 Büropartnerschaft
mit T.M. Krüger

**Arbeitsschwerpunkte
Architekturbüro**
Wohnungs-, Laden- und
Hotelbauten

Referenzen (Auswahl)
Gemeindezentrum
Ludwigsfelde, 1. Preis
Wettbewerb 2011
300 m² BGF

Sanierung und Neubau
von 5 Wohnungsbauten in
Neubrandenburg
2500 m² BGF, 2003–10

Wohn- und Geschäftshaus
Landsberger Allee/
Petersburger Straße
30.000 m² BGF, 1994–99
Besondere Anerkennung im
Deutschen Städtebaupreis
2000

Kunst- und Lichtinstallation
„DownLight"
Wohnhaus für
Bundesbedienstete auf dem
Moabiter Werder, 2000

Wiederherstellung des ehemaligen Café Sybille an der
Karl-Marx-Allee

**Arbeitsschwerpunkte
Architektur-
Kommunikation**
Architekturführungen
und Fachexkursionen,
Vorträge, Publikationen,
Ausstellungen, Lehre

**Jüngste
Veröffentlichungen
(Auswahl):**
Architekturstadtpläne Berlin,
München, Köln, Hamburg
und Baukulturplan Ruhr
Die Neuen Architekturführer
Portraits für Jahrbücher der
Architektenkammer Berlin
Mitarbeit/Moderation bei
Medienproduktionen,
diverse Reportagen und
Interviews:
Berlin Audio Guide,
Potsdamer Platz
RBB „Leben in der
Stadt von Morgen" von
Marian Engel, 50 Jahre
Berliner Hansaviertel,
Dokumentarfilm 90 Min.
RBB Heimatjournal,
Diplomatenviertel Tiergarten
Spiegel TV, Bürger rettet
Eure Städte, 20 Jahre
danach – Schicksalsorte der
Einheit, Karl-Marx-Allee

töpfer.bertuleit.architekten

Immer auf der Suche sein.

We like the idea of searching.

Neubau Museum Sander Mathildenhöhe Darmstadt, Internationaler Realisierungswettbewerb 2010, 3. Preis

Park Lasesarre, Barakaldo/Bilbao, 2005

Restaurant Spreegold, Berlin-Mitte, 2011

töpfer.bertuleit.architekten
Am Friedrichshain 2
Tel.: 030.53214780
Fax: 030.53214785
mail@tb-architekten.de
www.tb-architekten.de

Dirk Bertuleit
Dipl.-Ing. Architekt BDA
1970 geboren in Zwickau.
1992–97 Hochschule für
Technik, Wirtschaft und
Kultur, Leipzig
1997–2000 Kunsthochschule
Berlin-Weißensee
Seit 2010 Mitglied des BDA
Seit 2000 Partner von
töpfer.bertuleit.architekten

Partner:
Sandra Töpfer
Dipl.-Ing. Architektin
1974 geboren in Leipzig.
1992–97 Hochschule für
Technik, Wirtschaft und
Kultur, Leipzig
1997–2000 Kunsthochschule
Berlin-Weißensee
Seit 2000 Partner von
töpfer.bertuleit.architekten

Referenzen
Neubau einer Villa in Freital,
2011
Restaurant Spreegold in
Berlin-Mitte, 2011
Universität der Künste
Berlin, Atelierräume, 2010
Neubau Stadtmuseum
Wiesbaden, in Planung,
2008–2011
Universität der Künste
Berlin, Dachgeschossumbau,
2006
Umbau und Sanierung
eines Apartments in
Berlin-Weißensee, 2006
Stadtpark mit integrierter,
dreigeschossiger Tiefgarage
in Barakaldo/Bilbao,
Spanien, 2005

Wettbewerbserfolge
„Galileum Solingen" –
Planetarium in einem
Kugelgasbehälter, Solingen
3. Preis, 2011
Neubau Museum Sander
Mathildenhöhe, Darmstadt
3. Preis, 2010
Neugestaltung und
Erweiterung Museum
Neuruppin
3. Preis, 2009
Neubau Stadtmuseum
Wiesbaden
1. Preis, 2007
„Nordtor" Bühl, städte-
bauliche Neuordnung der
Ortseingangssituation
3. Preis, 2005
Neubau eines Wohn-
und Geschäftshauses in
Höchstadt a.d. Aisch
3. Preis, 2005
Gestaltungskonzept
„Mittlerer Ring Leipzig"
1. Preis, 2003

Veröffentlichungen
„1000 x Landscape
Architecture", Park
Lasesarre in Barakaldo/
Bilbao. Spanien, Verlagshaus
Braun 2008
Man made topography -
The New Park Lasesarre",
Topos, Ausgabe 51
da! 2008 – Architektur
in und aus Berlin, Park
Lasesarre"
da! 2006 – Architektur in
und aus Berlin, „Mittlerer
Ring Leipzig"

wiewiorra hopp
architekten

Die Entwicklung von Architektur im städtebaulichen Kontext in unterschiedlichsten Maßstäben mit Einsatz von neuen Konstruktionen, Materialien und Produkten sind wesentlicher Bestandteil unserer Konzepte. Für gewerbliche und private Kunden werden maßgeschneiderte Konzepte nutzerspezifisch entwickelt.

The development of architecture within an urban planning context in the most multifarious scales using new structures, materials and products, forms an essential part of our concepts. Bespoke, user-specific concepts are developed for commercial and private clients.

Friedrichstadtapotheke – Offizin mit TCM-Bereich

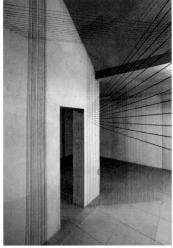

Plattenpalast – das recycelte Haus

Plattenpalast – Kunstinstallation von Maik Teriete

Townhouse – Repräsentativer Wohnraum

**wiewiorra hopp gesell-
schaft von architekten
mbh**
Schiffbauerdamm 13
10117 Berlin
Tel.: 030.400 56 740
Fax: 030.400 56 741
post@wh-arch.de
www.wh-arch.de

Carsten Wiewiorra
Prof. Dipl.-Ing.,
Architekt BDA
1968 geboren in Lippstadt
1987–95 Studium der
Architektur in Aachen,
Düsseldorf und Seattle
1999 Bürogründung, seit
2004 wiewiorra hopp architekten

Partnerin:
Anna Hopp
Dipl.-Ing. Architektin DWB

Arbeitsschwerpunkte
Hochbau – Wohn- und
Gewerbebauten,
Hotel Interior – Läden,
Wohnen, Gewerbe, Kultur
und Freizeit

Referenzen (Auswahl)
HOCHBAU
2011/12 Wohnhaus an der
Kongresshalle, 1300 m²,
Hannover
2011/12 Wohnhaus an der
Leine, 4200 m², Hannover
2008–2011 MATRIX –
Wohnhaus, 9000 m², Berlin
2002–09 Plattenpalast,
Berlin-Mitte, 36 m² BGF
2008–09 Altengerechtes
Wohnen, Berlin-Tempelhof,
2400 m² WF
2008 Lunos, Berlin-Spandau,
1100 m²
2008 Hotel Spittelmarkt,
Berlin, 9000 m²
2008 Voltage, Wohnbauten
in Berlin, 8300 m²

INTERIOR in Berlin
2010 Galenusapotheke,
100 m²
2010 Penthouse Dr. Dr. S.,
200 m²

2010 Friedrichstadtapotheke,
220 m²
2009 NHB Postproduction,
230 m²
2009 Townhouse, 30 m²
2008 Adam Pearl, 85 m²
2006 Baunetz Mediaraum,
25 m²
2001/05 blush I und II –
dessousshops
2001 Vitarium Sportstudio,
2000 m²

Ausstellungen (Auswahl)
„AIT Architektur Salon"
Generation Reissbrett,
München/Köln/Stuttgart
2010–11

„ROOTS" young creative
architectural talents educa-
ted in the euregion meuse-
rhine
SCHUNCK* Heerlen
September 2010

„da!" Architektur in und
aus Berlin 2002, 2004,
2005, 2007, 2009, 2010

„Wiederkehr der
Landschaft", Plattenpalast,
Akademie der Künste, Berlin
April 2010

„Architektur in und aus
Berlin" mit „Voltage", Seoul
Oktober 2009

BDA – Ausstellung
„Wohnen und Gedenken",
Plattenpalast, Berlin
Juli 2009

bautec, 19.–23. Februar
2008 Sonderschau –
Nachhaltiges Planen und
Bauen, wärme aus der
tiefe_wärme umsonst, pape
& wiewiorra

Architekturgalerie AEDES
east, Plattenpalast,
Oktober 2006

Architekturgalerie AEDES
west, September 1999
„Architektur in Bewegung"
Kop van Zuid / Rotterdam,
Werkausstellung junger
Berliner Architekturbüros

Winking · Froh Architekten BDA

Architektur ist immer ein Bündnis mit der Geschichte von Menschen, Städten und deren Bauten. Herauszufinden, was das Wesen einer Aufgabe ist, die Wünsche des Bauherren zu übersetzen, in die Vergangenheit zu blicken, um interpretieren zu können, was in Zukunft entstehen kann, bestimmt unsere Aufgabe.

Architecture always is an alliance between people's history, cities and their buildings. Our work is defined by a quest to discover the essence of a task, to translate the wishes of the client, while meaningfully looking to the past to interpret what can be created in the future.

Loki Schmidt Haus, Museum für Botanik, Hamburg Klein-Flottbek

Ningbo Book City, Ningbo, China   Jugendarrestanstalt, Berlin-Lichtenrade

**Winking · Froh
Architekten BDA**
Sophienstraße 22a
10178 Berlin
Tel.: 030.283 028-0
Fax: 030.283 028-28
berlin@winking-froh.de
www.winking-froh.de

Prof. Bernhard Winking
Dipl.-Ing. Architekt BDA
Geboren in Osnabrück
1961–65 Architekturstudium
an der Hochschule für
bildende Künste Hamburg
Seit 1965 selbständiger
Architekt in Hamburg
Professor für Bauplanung
im Fachbereich Architektur
und Stadtplanung an der
Hochschule für bildende
Künste Hamburg

Martin Froh
Dipl.-Ing. Architekt BDA
1963 geboren in
Kaltenkirchen/Holst.
1983–91 Architekturstudium
an der Hochschule für
Bildende Künste in Hamburg
Seit 1996 Partner im Büro
Winking · Froh Architekten
BDA

Arbeitsschwerpunkte
Bauten der öffentlichen
Hand
Verwaltungsbauten
Wohnungsbau
Büro- und
Geschäftsgebäude
Sanierungen und
Umnutzungen
Städtebauliche Planungen
Sport- und
Versammlungsstätten
Brücken

Referenzen (Auswahl)
2011–13 Hotel
Speicherstadt, Hamburg
2006–11 Ningbo Book City,
Ningbo, China
2006–08 Behördenzentrum
Hamburg-Wandsbek
2005–07 Umbau Deutsche
Rentenversicherung Bund
Hohenzollerndamm, Berlin
2005–06 Museum für
Botanik, Hamburg-Klein
Flottbek
2003–05 Wohnhäuser Tor
zum Park, Kiepenheuerallee,
Potsdam
1995–98 und 2002–03
Alice-Salomon-
Fachhochschule,
Berlin-Hellersdorf
2001 Finanzrechenzentrum
OFD, Cottbus
1996–99 Hypo-Bank CZ am
Platz der Republik, Prag
1996–98 Palais am Pariser
Platz, Berlin

**Wettbewerbserfolge
(Auswahl)**
2011 Brücke über den
Lotsekanal, Hamburg,
1. Preis
2010 Jugendarrestanstalt,
Berlin-Lichtenrade, 1. Preis
2010 Wohnanlage Große
Seestraße, Bad Seegeberg,
1. Preis
2009 Stadthaus, Frankfurt
am Main, 1. Preis
2007 Landesschulen
Parkstraße, Wuppertal,
1. Preis
2007 Erweiterung
Polizeipräsidium
Mittelhessen, Gießen,
1. Preis
2007 Neubau Hauptzollamt,
Hamburg-Stadt, 1. Preis
2006 Brandenburgisches
Landeshauptarchiv,
Potsdam, 1. Preis
2004 Zheda Headquarter,
Hangzhou, China, 1. Preis
2002 Erweiterung der
Davidwache, Hamburg-
St. Pauli, 1. Preis

WURLITZER Architekten GmbH

„Es heißt, die Zeit verändert die Dinge, aber in Wahrheit muss man sie selbst ändern."
Andy Warhol

"They say time changes things, but you actually have to change them yourself."
Andy Warhol

Oberes Albgrün Ettlingen, Wohnungsbau und Gewerbe, Wettbewerb 2010, 1.Preis, Lageplan

Oberes Albgrün Ettlingen, Wohnungsbau und Gewerbe, Wettbewerb 2010, 1.Preis, Perspektive

WURLITZER Architekten GmbH
Neue Grünstraße 18
10179 Berlin
Tel.: 030.285 98 663
berlin@wurlitzerarchitekten.de
www.wurlitzerarchitekten.de

Gudrun Wurlitzer
Dipl.-Ing. Architektin BDA
Studium der Architektur TU Berlin
4 Jahre studentische Mitarbeit im Büro Fehling & Gogel, Berlin
3 Jahre Mitarbeit im Büro Gottfried Böhm, Köln

Arbeitsschwerpunkte
Büro- und Geschäftsgebäude
Kulturbauten
Bauen im Bestand
Wohnbauten
Interior Design
Städtebau

Referenzen (Auswahl)
Kultur und Bürgerforum
Neustadt/Aisch (D)
Veranstaltungshalle, Umbau und Erweiterung

Townhouses Schinkelplatz
Berlin (D)
Projekt

Malcolm McLaren Peep Show Booth
Messepavillon für Art Basel Miami Beach
Miami (USA)

Notariat
Nürnberg (D)
Interior Design

Best Western Hotel
Nürnberg (D)
Rooms Interior Design

Adidas Design Center
Herzogenaurach (D)
Neugestaltung der Fassaden

Stadthaus
Saarbrücken (D)
Privathaus, Neubau und Interior Design

Städtische Kunsthalle
Nürnberg (D)
Umbau

Milchhof
Nürnberg (D)

Haus für Kultur und Kommerz, Neubau
Nürnberg (D)

Haus Kirchlicher Dienste
Neustadt/Aisch (D)
Neubau

Haus am Fluss
Bad Windsheim (D)
Privathaus, Neubau und Interior Design

Vereinigte Steinzeugwerke
Bad Schmiedeberg (D)
Fabrikgebäude, Neubau

Vereinigte Steinzeugwerke
Frechen (D)
Bürogebäude, Umbau und Interior Design

Bundesvereinigung der Deutschen Arbeitgeberverbände
Köln (D)
Umbau und Interior Design

Arbeitgeberverband Gesamtmetall
Köln (D)
Umbau und Interior Design

Wettbewerbe (Auswahl)
EasyCredit Haus
Nürnberg (D)

Städtebaulicher Wettbewerb
Oberes Albgrün Ettlingen
1. Preis
Ettlingen (D)

A Landmark for Aldgate
Monument
London (GB)

Symphonia Varsovia
Warschau (PL)

Luisenblock Ost
2. Phase
Berlin (D)

Lublin Airport
Lublin (PL)

Thyssen Krupp Elevator
Award
Monument
Dubai (VAE)

BDA PREIS BERLIN 2009
2009 BDA BERLIN AWARD

BDA Galerie: Ausstellungsformate im Wandel
BDA Gallery: Changing Exhibition Formats

Die Nachwuchsförderpreise des BDA Berlin 2010
The BDA Berlin's Young Talent Awards 2010

Der BDA Stadtsalon als Ort des Austauschs
The BDA's Urban Lounge as a Place of Exchange

AG Berufsbild: Projektentwicklung durch Architekten
AG Job Description: Project Development by Architects

BDA PREIS BERLIN 2009

Thomas Kaup

Die Auslobung von Architekturpreisen ist ein wichtiges Satzungsziel des Bundes Deutscher Architekten und ein wesentliches Instrument zur Förderung der Qualität des Planens und Bauens in Verantwortung gegenüber Gesellschaft und Umwelt. In seiner grundsätzlichen Ausrichtung auf architektonische Qualität, das Berufungsprinzip unter Kollegen und den offenen fachlichen Diskurs steht der BDA bundesweit als glaubwürdige Instanz für qualitätvolle Architektur. Von dieser Position ausgehend will der BDA PREIS BERLIN einen Querschnitt durch das gesamte Spektrum an kleinen privaten bis überregional bedeutenden öffentlichen Aufgabenstellungen in der Bundeshauptstadt aufzeigen.
Der BDA PREIS BERLIN richtet sich an Architekten und Bauherren gemeinsam und wird alle drei Jahre für beispielgebende, besondere baukünstlerische Leistungen in Berlin verliehen. 2009 wurden 69 Arbeiten eingereicht, deren Vielfalt und Qualität die Beteiligten im Landesverband wie die Jury begeisterten und neben der Prämierung von fünf rundweg überzeugenden Bauten auch die Vergabe von drei Auszeichnungen erlaubten. Darüber hinaus wurden weitere 16 Arbeiten besonders hervorgehoben und gemeinsam mit den Preisen und Auszeichnungen dokumentiert.

1

2

2009 BDA BERLIN AWARD

Thomas Kaup

Conferring architectural awards is an important objective in the mission of the BDA and a major instrument for promoting the quality of planning and construction with responsibility towards society and the environment. In its basic focus on architectural quality, the principle of appeal among colleagues, and open expert discussion, the BDA represents a credible authority for high-quality architecture all over Germany. Starting from this position, the BDA BERLIN AWARD aims to display a cross-section of the entire range of small private objects to nationally important projects in the German capital.

The BDA BERLIN AWARD is aimed at both architects and building contractors and is awarded every three years for exemplary and outstanding architectural projects in Berlin. Sixty-nine works were submitted in 2009. The diversity and quality of the entries delighted those involved in the Berlin office and the jury and led to the awarding of three distinctions in addition to prizes for five thoroughly convincing buildings. Furthermore, sixteen further works received special mention and were documented along with the awards and distinctions.

Ausgezeichnet mit dem BDA PREIS BERLIN 2009 wurden der Bibliotheksneubau für das Jacob und Wilhelm Grimm-Zentrum in Berlin-Mitte (3), Architekt: Max Dudler, Bauherr: Humboldt-Universität zu Berlin, vertreten durch die Senatsverwaltung für Stadtentwicklung, der Wiederaufbau Neues Museum auf der Museumsinsel (5), Architekten: David Chipperfield Architects mit Julian Harrap, Bauherr: Stiftung Preußischer Kulturbesitz, vertreten durch das Bundesamt für Bauwesen und Raumordnung, das Einkaufszentrum LIO in Berlin-Lichterfelde (2), Architekt: Benedict Tonon, Bauherr: Ratus GmbH, der Umbau eines Luftschutzbunkers in Berlin-Mitte zum Wohnhaus und zur Sammlung Boros (1), Architekten: Realarchitektur/Jens Casper, Petra Petersson, Andrew E. Strickland, Bauherr: Christian Boros sowie der Neubau für die Mittelpunktbibliothek in der Altstadt von Berlin-Köpenick (4), Architekten: Bruno Fioretti Marquez Architekten mit Nele Dechmann, Bauherr: Land Berlin, Abteilung Umwelt, Grün und Immobilienwirtschaft.

Eine Auszeichnung erhielten der Neubau für das Wohnhaus e3 in Berlin-Prenzlauer Berg (Architekten: Kaden Klingbeil Architekten, Bauherr: E3-Bau Gbr), das Galerie-Wohnhaus am Kupfergraben 10 in Berlin-Mitte (Architekten: David Chipperfield Architects, Bauherr: Céline und Heiner Bastian) sowie der Neubau für den Spezialmarkt Frische Paradies in Berlin-Friedrichshain (Architekten: ROBERTNEUN TM/Baecker Buschmann Friedrich Architekten Partnerschaft, Bauherr: Frische Paradies Lindenberg GMBH & Co. KG).

Die hochkarätig besetzte auswärtige Jury unter dem Vorsitz von Prof. Ingrid Burgstaller (Architektin, München) würdigte die prämierten Projekte als herausragende Zeugnisse ausdrucksstarker Architektur in Verbindung mit wirtschaftlichem Denken, konstruktiver Innovationskraft, Repräsentationswillen sowie ökologischer und sozialer Verantwortung. Als zukunftsweisend wurde dabei die bemerkenswert große Zahl von Neu-, Um-, und Weiterbauten gewertet, die durch ihre neu ordnende Kraft starke Impulse für den Stadtraum setzten. Daneben beeindruckte bei den Bauten im Bestand vor allem der vielfältige Umgang mit den Zeitschichten des Bestandes und dessen Transformation für neue Aufgaben und Ansprüche.

4

The following projects were awarded the 2009 BDA BERLIN AWARD: the new library building for the Jacob und Wilhelm Grimm-Zentrum in Berlin-Mitte (3), architect: Max Dudler, client: Humboldt-Universität zu Berlin, represented by the Senate Department for Urban Development; the reconstruction of the Neues Museum on Museum Island (5), architects: David Chipperfield Architects with Julian Harrap, client: the Prussian Cultural Heritage Foundation, represented by the Federal Office for Building and Regional Planning; LIO shopping mall in Berlin-Lichterfelde (2), architect: Benedict Tonon, client: Ratus GmbH, the conversion of an air-raid shelter in Berlin-Mitte to a residential house and the Boros Collection (1), architects: Realarchitektur/Jens Casper, Petra Petersson, Andrew E. Strickland, client: Christian Boros; and the new Mittelpunktbibliothek (library) in the old town of Berlin-Köpenick (4), architects: Bruno Fioretti Marquez Architekten with Nele Dechmann, client: Land Berlin, Department of the Environment, Parks and Property.

The new e3 apartment block in Berlin-Prenzlauer Berg (architects: Kaden Klingbeil Architekten, client: E3-Bau Gbr), the Galerie Apartments in Kupfergraben 10 in Berlin-Mitte (architects: David Chipperfield Architects, client: Céline und Heiner Bastian) and the new Frische Paradies market in Berlin-Friedrichshain (architects: ROBERTNEUN TM/Baecker Buschmann Friedrich Architekten Partnerschaft, client: Frische Paradies Lindenberg GMBH & Co. KG) were awarded a distinction.

The external jury of renowned experts, chaired by Professor Ingrid Burgstaller (architect, Munich) praised the award-winning buildings as superb testimonies of the connection made between thinking in terms of budgets and expressing aesthetic values, constructive innovative power, the will to represent social responsibility and ecological objectives. The jury rated the noticeably large number of new buildings, conversions and extensions, which generate strong impulses for the urban space through their new regulative power, as trend-setting. Furthermore, the work on existing buildings was particularly impressive due to its diverse approaches concerning the historical phases of the buildings and their transformation for new tasks and demands.

BDA Galerie: Ausstellungsformate im Wandel

Matthias Seidel

Die 2004 in den Räumen der Geschäftsstelle eröffnete BDA Galerie hat sich in den vergangenen drei Jahren inhaltlich, organisatorisch und auch räumlich stark gewandelt.

2008 folgten die Ausstellungen noch dem Gedanken, dass ein kuratorisches Team aus BDA-Architekten und geladenen Experten zu einem vom Vorstand gesetzten Jahresthema eine Ausstellungsserie formt. Dies wurde durch eine präzise Auswahl von Projekten, die nach einem *call for entries* aus den Reihen der Mitglieder eingereicht worden waren, vom Team durch weitere Recherchen ausgearbeitet und in Ausstellungen umgesetzt. In den drei auf diese Weise realisierten Teilen von „Öffentlichkeit Bauen" wurde dabei durch die Reduktion auf eine kleine Zahl von Arbeiten der Fokus stark auf die Darstellung der Tiefe einzelner Bauten gelegt, um zu den Aspekten „Zeichen", „Räume" sowie „Orte" pointierte Ausstellungen zeigen zu können (1).

2009 jährte sich das für Berlin und seine Stadtentwicklung so bedeutsame Jahr des Mauerfalls zum zwanzigsten Mal. So war es naheliegend, aus Architektensicht zu diesem Jubiläum mit einer spezifischen Ausstellungsreihe beizutragen. Bei deren Ausarbeitung entwickelte sich, aus dem Umfang des Themas abgeleitet, nach und nach eine neue Struktur: Die durch umfangreiche Recherchen und anspruchsvolle Bearbeitung von Teilaspekten des Gesamtzusammenhangs nötige Aufteilung der kuratorischen Arbeit führte zu einer stärkeren Heterogenität der Ausstellungsinhalte. So wurden in „Nach der Mauer. Wohnen _ Gedenken" neben der Darstellung treffender Bauten zum Thema ergänzend zeitgeschichtliche Hintergründe und eigene Impressionen des ausgewählten Orts Bernauer Straße aus der Sicht der Kuratoren gezeigt; „Nach der Mauer. Projekte für eine neue Stadt" stand dem Blick auf die 20 Jahre Gesamtberliner Architekturentwicklung als aus einem intensiven Diskussions- und Auswahlprozess innerhalb des Teams destillierte Essenz gegenüber.

Zu Beginn des Jahres 2010 verstärkten sich, auch durch personelle Veränderungen im kuratorischen Team, Tendenzen, die Arbeitsstruktur der BDA Galerie zu erneuern. Sichtbarster und erster Ausdruck dieser angestrebten Veränderungen war die räumliche Neuorganisation in der Mommsenstraße: Um den Nutzungsanforderungen Galerie, Versammlungsraum und Geschäftsstelle an einem Ort neu zu entsprechen, wurde der straßenseitige Ladenraum abgeteilt, um ausschließlich den Ausstellungen der

BDA Gallery: Changing Exhibition Formats

Matthias Seidel

The BDA Gallery, which opened in 2004 in the headquarters of the BDA, has transformed greatly in terms of content, organisation and space over the last three years.

In 2008 the exhibitions continued to have a curatorial team of BDA architects and invited experts to form a series of exhibitions on an annual theme that was defined by the board of directors. A precise selection of projects was made from projects entered by BDA members in answer to a call for entries; this was elaborated upon by the team through further research and transformed into an exhibition. The focus was placed on an in-depth presentation of a small number of individual buildings within the three "Public Buildings" exhibitions realised so as to be able to create three specific exhibitions titled "Symbols," "Spaces" and "Places" (1).

The following year was the twentieth anniversary of the fall of the Berlin Wall, which was so significant for the city and its urban development. It thus seemed natural from an architectural viewpoint to contribute to that with a specific series of exhibitions. During its development, a new structure gradually evolved, which derived through the work of the curatorial team from the scope of the subject matter. Segmenting the overall context into parts, which was necessary in tackling the comprehensive research and processing, led to much heterogeneity in the exhibition contents. Apart from presenting appropriate buildings on the topic of "After the Wall. Dwelling_ Remembering," additional historical background information and some impressions of the selected location, Bernauer Strasse, from the point of view of the curators, were shown; "After the Wall. Projects for a New City," which took a look at twenty years of architectural development within Berlin as a whole, represented the distilled essence of an intense debate and selection process within the team; it stood in contrast to the former.

In early 2010 a desire to change the working structure of the BDA Gallery began to manifest itself, and was reinforced by changes in the members of the curatorial team. The most visible and first expression of these aspired changes was the reorganisation of the space in Mommsen Strasse: in order to accommodate the functions of gallery, meeting space and headquarters in one place, the shop front towards the space was separated off to exclusively serve the gallery's exhibitions. On top of that, the

3

4

Galerie zu dienen. Zudem setzte sich die zuvor durch die Bearbeitung von Unterthemen begonnene inhaltsbezogene Arbeitsteilung fort, indem das Programm stärker differenziert wurde.

Als Fortführung der Tradition des *call for entries* wurde so das Format „40/40" entwickelt. BDA Architekten und eingeladene Kollegen aus ganz Deutschland waren bei der ersten Ausgabe aufgerufen, in Form einer skizzenhaften Darstellung auf dem „klassischen Serviettenformat 40 mal 40 cm" Vorschläge für den bis heute nicht gelösten Ort des Berliner Kulturforums einzureichen (6). Die so zusammengetragenen und von einer namhaften Jury am Eröffnungsabend erläuterten Entwürfe formten eine inhaltlich anspruchsvolle und nicht zuletzt auch in der Außenwahrnehmung äußerst erfolgreiche Ausstellung. Ingesamt überzeugte das Format vor allem auch durch die Aussicht, auch künftig auf direkte und anschauliche Art mit Kernkompetenzen von Architekten Äußerungen zur Stadt und ihren problematischen wie chancenreichen Orten formulieren zu können. Dies steht sehr nahe an den Zielen und Leitlinien der BDA-Arbeit als solcher.

Daneben wurde mit weiteren Formaten experimentiert, die die Grenzen des bisherigen Galerieprofils zu erweitern suchten: Mit „Time Lags" wurde etwa der Versuch unternommen, Überschneidungen mit dem Bereich der Bildenden Kunst durch eine externe Kuratorin darstellen zu lassen (2), während mit dem Film „Conical Intersect", ebenfalls extern kuratiert, ähnliches für eine Reihe von Screenings zu architektonischen Themen begonnen wurde (3). Als jüngste Entwicklung etablierte schließlich der Vorstand selbst eine eigene und von ihm betreute Reihe mit der Themensetzung „Bezirke", die sich mit der ersten Ausgabe „Treptow-Köpenick" daran macht, den Blick auf die zu Unrecht weniger präsenten äußeren Stadtteile Berlins und ihre architektonischen Potenziale zu lenken (4,5).

Insgesamt wird deutlich, dass das Medium Ausstellung für die BDA-Arbeit hoch geschätzt wird und die Inhalte sowohl in Bewegung sind, als auch in produktiver Konkurrenz zueinander stehen. Man darf gespannt sein, was in der nächsten Ausgabe der Buchreihe *Berliner BDA Architekten* für die kommenden drei Jahre bilanziert werden wird.

5

content-related division of tasks, which began by addressing sub-topics, continued and was reflected in an increasingly differentiated programme.

A 40/40 format was developed in continuation of the call for entries tradition. BDA architects and invited colleagues from the whole of Germany were called upon to submit sketchy ideas for the—as yet unsolved—area of the Kulturforum in Berlin on the "classical 40 x 40 cm serviette format" (6). The designs collected in that format and presented by a jury of acclaimed persons on the opening evening combined to form a high-quality exhibition, which was very well received by the outside world. This format mainly came across so well because it demonstrated how the core competences of architects can be used to express statements on the city and on its problematic and promising spaces in a direct and illustrative way. This is very close to the objectives and guidelines behind the work of the BDA itself.

Further experiments with other formats were also made in an attempt to stretch the boundaries of the gallery profile to date. Time lags were used in an effort to have intersections with fine art depicted through an external curator (2), while a similar approach was taken to a series of screenings on architectural topics (3) beginning with the film "Conical Intersect," also externally curated. In the latest developments, the board of directors has created its own series under the title of "District". The first volume, "Treptow-Köpenick" strives to direct attention towards the unfairly under-represented outer districts of Berlin and their architectural potentials (4,5).

It has generally become apparent that the "exhibition" as a medium is greatly valued in the work of the BDA and that the contents are both in motion and stand in productive competition to one another. One can only look forward to what balance the next issue of the *Berlin BDA Architects* series of books will strike.

Hans-Schaefers-Preis 2010
Daniel-Gössler-Belobigung 2010

DIE NACHWUCHSFÖRDERPREISE DES BDA BERLIN

Petra Vellinga

Junge Architekten sehen sich auf ihrem Weg zum Bauen mit schwierigen Bedingungen konfrontiert. In den vergangenen Jahren wurde ihnen der Zugang zu Aufträgen stetig erschwert – beispielsweise durch strikte Zulassungskriterien vor allem bei öffentlichen Wettbewerben und Bauvorhaben. Einen hohen Stellenwert misst der BDA daher der Förderung des Architektennachwuchses zu, dem der Berliner Landesverband zwei Nachwuchspreise für junge Architektinnen und Architekten aus Berlin widmet: den Hans-Schaefers-Preis für herausragende planerische Leistungen und die Daniel-Gössler-Belobigung für eine herausragende architekturtheoretische Arbeit.

Der mit 5.000 EUR dotierte Hans-Schaefers-Preis wird alle drei Jahre ausgelobt und würdigt beispielgebende realisierte Planungen, die auf besondere Weise der Verantwortung gegenüber Gesellschaft und Umwelt Rechnung tragen. Gestiftet wurde der Preis 1992 von seinem Namensgeber Hans Schaefers, der über lange Jahre erfolgreich als Architekt und engagiertes BDA-Mitglied in seiner Heimatstadt Berlin tätig war. Schirmherrin ist die Senatorin für Stadtentwicklung Ingeborg Junge-Reyer, die der BDA auch dazu gewinnen konnte, als Beitrag des Senats alle prämierten Teilnehmer zu einem Wettbewerbsverfahren einzuladen.

1

Hans Schaefers Prize 2010
Daniel Gössler Commendation 2010

THE BDA BERLIN'S YOUNG TALENT AWARDS

Petra Vellinga

In their endeavours to build, young architects face a number of daunting challenges. Their access to commissions has been made increasingly difficult in recent years, for example by strict admission criteria, particularly in public competitions and construction projects. The BDA therefore places great emphasis on supporting up-and-coming architects, to which the Berlin branch has dedicated two awards for up-and-coming architects from Berlin: the Hans Schaefers Prize for excellent planning and the Daniel Gössler Commendation for excellent work in architectural theory.

The Hans Schaefers Prize, worth 5,000 euros, is awarded every three years, and acknowledges exemplary realised planning, which takes into account its responsibility to society and the environment. The prize was donated in 1992 by its name giver Hans Schaefers, who practiced as a successful architect and as a committed BDA member for years in his home city of Berlin. The Senator for Urban Development Ingeborg Junge-Reyer is patron of the prize; the BDA also managed to convince her to invite all of the awarded participants to a competition as a contribution by the Senate.

The Hans Schaefers Prize was awarded in 2010 for the seventh time. Sixteen young architects had submitted their projects. The prominently staffed jury, led by Prof. Dr. Angelika Schnell from Vienna,

2010 wurde der Hans-Schaefers-Preis zum siebten Mal verliehen. 16 junge Architekten hatten ihre Projekte eingereicht. Die prominent besetzte Jury unter dem Vorsitz von Prof. Dr. Angelika Schnell aus Wien prämierte zu gleichen Teilen Anne Boissel für ihre minimalen Interventionen an dem ehemaligen Busbahnhof „Autostazione Zepperi" im italienischen Olevano Romano (1) sowie Nils Wenk und Jan Wiese für den Umbau eines denkmalgeschützten Pumpwerks von 1925/26 in Berlin-Neukölln zum Atelier- und Wohnhaus mit Galerie (2). Auszeichnungen erhielten Johannes Löbbert und Johan Kramer (Glass Kramer Löbbert Architekten) für das MRT-Forschungsgebäude in Berlin-Buch (4) sowie Tim Bauerfeind und Henning von Wedemeyer (UT Architects) für die Ausbildungswerkstätten RZB E.V. (3). Mit den beiden Preisträgern würdigte die Jury zwei sehr unterschiedliche Projekte im Bestand. Besonders überzeugten hier das Engagement, die Intelligenz und die Sorgfalt, mit der beide Verfasser das Thema „Umgang mit Geschichte" meisterten, ohne dabei dogmatisch oder übertrieben respektvoll gegenüber dem Bestand vorzugehen.

Die Jury betonte dazu, dass sie gerade mit ihrer Entscheidung für das Projekt von Anne Boissel den Nachwuchs dazu auffordern wolle, sich mit mutiger und konzeptioneller Arbeit einzubringen.

Die mit 1250 EUR dotierte Daniel-Gössler-Belobigung für herausragende architekturtheoretische Arbeiten zu relevanten Fragestellungen der aktuellen Architektur- und Städtebaudebatte wurde 2010 zum zweiten Mal ausgelobt, konnte aber nicht vergeben werden, da keine der eingereichten Arbeiten den Teilnahmekriterien entsprach. Der BDA Berlin beabsichtigt, diesen Preis bei der nächsten Auslobung 2013 auf den ganzen deutschen Sprachraum auszuweiten.

3

awarded both Anne Boissel for her minimal interventions at a former bus station "Autostazione Zepperi" in the Italian location of Olevano Romano (1) and Nils Wenk and Jan Wiese for their conversion of a listed pump works building dating back to 1925/26 in Berlin-Neukölln into a studio and residential building with a gallery (2). Accolades were awarded to Johannes Löbbert and Johan Kramer (Glass Kramer Löbbert Architects) for their MRT research building in Berlin-Buch (4) and to Tim Bauerfeind and Henning von Wedemeyer (UT Architects) for their RZB E.V. training centre (3).

In their choice of winners, the jury acknowledged two very different projects within a given context. The commitment, intelligence and accuracy with which both authors mastered the topic, "Dealing with History", without being dogmatic or exaggeratedly bound by the existing structure, was particularly convincing.

The jury emphasised that by choosing the project of Anne Boissel it wanted to encourage up-and-coming architects to apply themselves in a more courageous conceptual manner.

The Daniel Gössler Commendation, worth 1250 euros, is given for outstanding theoretical work on architecture that takes up relevant issues within the current architectural and urban planning debate. Although it was to be conferred for the second time in 2010, it was not awarded, as none of the submitted projects satisfied the participation criteria. The BDA Berlin intends to extend this prize in 2013 to the whole of the German-speaking regions.

4

Der BDA Stadtsalon als Ort des Austauschs

Claus Käpplinger

Die Diskussion steht im Mittelpunkt des besonderen Veranstaltungsformats „BDA Stadtsalon", das mittlerweile auf vier Jahre erfolgreichen Wirkens zurückblicken kann. Gegründet zur interdisziplinären Auseinandersetzung mit der Stadt, Architektur und Gesellschaft, hat es sich etabliert und ist Schauplatz offener, leidenschaftlicher kultureller Debatten. Architekten, Landschaftsarchitekten, Stadtplaner, Baubeamte, Soziologen, Künstler, Architekturtheoretiker sowie -publizisten kommen hier zusammen, um neue Perspektiven und Projekte zu entwickeln und zur Diskussion zu stellen. Als „nomadische" Institution öffnet der „BDA Stadtsalon" dabei auch sehr konkret kaum bekannte Räume. Seine sechs bis sieben Abende pro Jahr finden stets in Wohnungen, Ateliers oder an Orten statt, die zumeist nicht öffentlich zugänglich sind. Ein „Salon" neuer Art ist er, der im halbprivaten Rahmen Gespräche über Fachgrenzen hinweg fördert und ganz nebenbei spezifische berlinische Synergien hervorbringt.

Seit 2007 stand er jedes Jahr unter einem Schwerpunktthema. Nach „Städtebau und Stadtplanung heute" folgten 2008 „Die Grammatik der Stadt", 2009 „Grenzbereiche" und 2010 „Architekturtheorie". 2008 stellte Oliver Frey von der Universität Wien sein Konzept der „Amalgamen Stadt und Creative Class" zur Diskussion, während die neue Senatsbaudirektorin Regula Lüscher im damals geschlossenen Eingangsgebäude des Flughafens Tempelhof ihre Vorstellungen von Stadtplanung in Berlin präsentierte – eine Veranstaltung, die mit ihren 70 Teilnehmern den intim-diskursiven Rahmen des „BDA Stadtsalons" fast verließ. Denn Kontinuität und Partizipation, sprich aktive Teilnahme, sind die Basis dieser Berliner Institution, die nicht den Referenten, sondern den Dialog untereinander in den Mittelpunkt der Abende stellt, welche nicht selten erst nach Mitternacht enden.

So wird zumeist in einem Kreise von 25 bis 36 Teilnehmern über Fragen des Raumes diskutiert; eine Zahl, die noch intensiven Austausch ermöglicht und derzeit aus einer auf 160 Namen angewachsenen Einladungsliste gespeist wird, die sich alle zu einem kontinuierlichen Austausch bereit erklärt haben. Denn nur eine gewisse Kontinuität der Teilnahme schafft jenes Vertrauen, auch einmal kontrovers und leidenschaftlich in einem größeren Kreise umstrittene Positionen zu äußern – wie etwa 2009 zum Moscheenbau in Deutschland mit Christian Welzbacher oder den flüchtigen Raumkonzeptionen des Opern- und Theaterregisseurs Sebastian Baumgarten. Die Heftigkeit der Meinungen bei oftmals geringer Kenntnisse islamischer Raumvorstellungen führte zu einem weiteren Abend zu diesem Bereich, der nun die arabische Stadt und Architektur zum Thema hatte und ausnahmsweise vom Organisator des „BDA Stadtsalons", dem Architekturkritiker Claus Käpplinger, eingeleitet wurde.

Die Grenzen zwischen Kunst und Architektur standen hingegen bei dem Lichtkünstler-Trio Mader Stublic Wiermann zur Debatte, das architektonische Körper und Räume in Europa und den USA sehr subversiv in etwas Neues transformiert. Eine neue Sicht auf die Stadt bot auch Susanne Hauser von der Universität der Künste Berlin an, die das zeitgenössische „Urban Gardening" mit einer weiten historischen Perspektive verband und die Stadt als Garten gleichberechtigt neben der Stadt der Häuser postulierte. Die Architekten Christian und Peter Brückner aus Tirschenreuth/Würzburg verbanden Ratio mit Emotion, als sie die vielen Grenzüberschreitungen in ihrer Biografie und ihrem Werk offenlegten, das sich zwischen Provinz und Zentrum, Industrie und Handwerk, Profan und Sakral, diesseits und jenseits des Eisernen Vorhangs bewegt.

The BDA's Urban Lounge as a Place of Exchange

Claus Käpplinger

Debating forms the focus of the special event format "BDA Urban Lounge," which can now look back on four years of success. Initiated for interdisciplinary discussion on the city, architecture and society, it has established itself and become a showplace of open, passionate cultural debate. Architects, landscape architects, urban planners, construction officials, sociologists, artists, architectural theorists as well as architecture publicists get together here to develop and debate new perspectives and projects. As a "nomadic" institution, the "BDA Urban Lounge" very concretely opens up new practically unknown spaces. Its six or seven evenings a year take place in flats, studios or places which are not usually open to the public. It is a new type of "lounge," which encourages conversations in a semi-private setting that go beyond the boundaries of the profession and in doing so also spawn synergies typical of Berlin.

There has been a specific topic of focus each year since 2007. "Urban Design and Urban Planning Today" was followed by "The Grammar of the City" in 2008, "Border Areas" in 2009 and "Architectural Theory" in 2010. In 2008, Oliver Frey of the University of Vienna put his "Amalgam City and Creative Class" concept up for debate while the new Senate Building Director Regula Lüscher presented her idea of urban planning in Berlin in the closed entrance building of Tempelhof airport—an event that almost departed from the intimate discursive framework of the "BDA Urban Lounge" with more than seventy participants. The sessions often go on until after midnight because continuity and active participation form the basis of this Berlin institution, the focus of which is dialogue rather than its speakers.

Usually, discussions on matters of space take place in a circle of between twenty-five and thirty-six participants, a number that facilitates intense exchange and is fed from a current list of 160 names, who have all declared themselves available for continuous exchange. Only a certain continuity of participants creates enough trust to warrant the expression of disputed points of view in a controversial and passionate manner and in a larger circle—such as for example in 2009 on the issue of building a mosque in Germany with Christian Welzbacher or the ephemeral spatial concepts of the opera and theatre director Sebastian Baumgarten. The intensity of opinions that were voiced with widely prevalent minimal knowledge of Islamic concepts of space led to another evening on the topic, which focussed on the Arabic city and architecture and was by way of exception heralded in by the organiser of the "BDA Urban Lounge" and architectural critic, Claus Käpplinger.

In contrast, the boundaries between art and architecture were up for debate with the light artist trio Mader Stublic Wiermann, which has very subversively transformed architectural volume and space in Europe and the USA into something new. Susanne Hauser from Berlin University of the Arts also offered a new perspective of the city. She linked contemporary "Urban Gardening" with a wider historical perspective and postulated the city as a garden on an equal footing with the city of buildings. The architects Christian and Peter Brückner from Tirschenreuth/Würzburg connected reason with emotion when they exposed the many boundary crossings within their biography and work; it oscillates between province and centre, industry and craft, the profane and the sacred, moving between both sides of the Iron Curtain.

The year 2010 was dedicated to architectural theory. It revealed the whole range of positions of

Der Architekturtheorie war das Jahr 2010 gewidmet, das die ganze Breite von Positionen dieser Teildisziplin der Architektur deutlich machte, die viel zu oft in Deutschland nur wenig Beachtung erfährt. Die namhaftesten Vertreter der Zunft, aber auch Nachwuchstalente, Gerd de Bruyn aus Stuttgart, Axel Sowa aus Aachen/Paris, Michael Dürfeld aus Berlin, Angelika Schnell aus Wien, Jörn Köppler aus Potsdam, Jörg Gleiter aus Berlin/Bozen trugen ihre Sichtweisen auf Architektur und Theorie vor, die ganz unterschiedliche Resonanz im „BDA Stadtsalon" fanden. Überaus leidenschaftlich, überraschend und durchweg anregend waren die Gespräche mit ihnen, die eine Disziplin im Wandel einmal sehr persönlich zugänglich machte.

2011 ist nun auch ein Jahr des Wandels für den „BDA Stadtsalon", der sich immer wieder auch selbst erneuern muss, der von neuen „Stadtsalon-iken" lebt und sich dazu stets neue Themenfelder erschließen muss. Leiteten zuvor vor allem Vertreter anderer Disziplinen aus Wissenschaft und Kultur die Abende ein, so übernahmen nun praktizierende Architekten und Stadtplaner diese Rolle, um sich ganz konkret ihrer Stadt anzunehmen. Unter dem Titel „Berliner Orte" wird über Straßen und Quartiere gesprochen und ihre Transformation auch in Hinblick auf die IBA 2020 diskutiert. So stellten Regina Poly die Bundesallee, Christine Edmaier die Hohenstaufenstraße, Heinz Tibbe das Poststadion-Quartier, Volkmar Nickol die Bernauer Straße sowie in einem gemeinsamen Vortrag Harald Bodenschatz und Hildebrand Machleidt ihr Konzept „Radikal Radial" vor. Die Mühen der Ebenen zeigt dieser neue Fokus auf, aber auch überraschende Unterschiede der Generationen und Disziplinen, über bestimmte Orte zu sprechen, deren Potenziale durchweg unterschiedlich beurteilt werden. Andrew Alberts bot so schon oft mit seinen Fotofolgen zu den Räumen andere Blickwinkel auf die Orte an (1,2).

Von Herbst 2011 an wird der „BDA Stadtsalon" flexibler werden, indem er nicht mehr einem Jahresthema folgen wird. Er wird noch offener werden, um unmittelbarer auf attraktive Diskussionsstoffe und Vortragsangebote reagieren zu können. Einer der ersten Abende wird sich so dem Berliner BDA, seiner Geschichte und seinen Perspektiven widmen, einem Projekt im Prozess wie der „BDA Stadtsalon" selbst, der von der aktiven Teilnahme und Vorschlägen seiner Teilnehmer lebt. Auf der Suche nach neuen Gastgebern, Gesprächspartnern, Orten und Themen sind wir stets, damit die Idee eines fachübergreifenden Austauschs mit Leben gefüllt werden kann. Wer sich einbringen will, kann dies im „BDA Stadtsalon" jenseits aller Schranken tun.

1

this sub-discipline of architecture, which all too often receives little attention in Germany. The most renowned advocates of the craft as well as up-and-coming talents, Gerd de Bruyn from Stuttgart, Axel Sowa from Aachen/Paris, Michael Dürfeld from Berlin, Angelika Schnell from Vienna, Jörn Köppler from Potsdam, Jörg Gleiter from Berlin/Bolzano presented their perspectives of architecture and theory, which found very diverse resonance within the "BDA Urban Lounge." Without exception, these conversations proved to be exceedingly passionate, surprising and inspiring, making a discipline caught in transformation personally accessible.

2011 is also a year of transformation for the "BDA Urban Lounge," which must continually renew itself, which thrives on new "Urban Lounge types" and which must keep connecting to new subject fields. While representatives of other disciplines from economy and finance used to herald in the evenings, this time practicing architects and urban planners took on that role, to very concretely embrace their city. Streets and districts and their transformation, particularly in regard to the IBA (International Building Exhibition) 2020 are being discussed under the title "Berlin Places." Within that context, Regina Poly presented Bundesallee, Christine Edmaier Hohenstaufen Strasse, Heinz Tibbe the Poststadion-Quartier, Volkmar Nickol Bernauer Strasse and in a combined lecture by Harald Bodenschatz and Hildebrand Machleidt their "Radical Radial" concept was presented. This new focus is revealing the efforts being made on these levels as well as the surprising differences between generations and disciplines when speaking about specific places; how differently their potentials are judged. Andrew Alberts thus also often provided new perspectives of these places through his photo series (1,2).

The "BDA Urban Lounge" will become more flexible from Autumn 2011 onwards as it will no longer stick to an annual topic. It will become more open in order to be able to react immediately to attractive debate material and available lectures. One of the first evenings will therefore be dedicated to the Berlin BDA, its history and its future perspectives, a project in process, just like the "BDA Urban Lounge" itself, which requires active participation and suggestions of its members. We are already on the lookout for new hosts, partners in dialogue and topics so that the idea of interdisciplinary exchange can be filled with life. Anyone who wishes to participate can do so at the "BDA Urban Lounge," transcending all barriers.

2

AG Berufsbild:
Projektentwicklung durch Architekten

Philipp Heydel

In der Arbeitsgruppe sollen die gegenwärtig vor allem durch Spezialisten besetzten Randbereiche des Berufsbildes für die freien Architekten zurückgewonnen werden. Die Übernahme von Projektinitiative und -risiko durch freie Architekten birgt Chancen – finanziell wie im Hinblick auf die Realisierung angemessener Bauten auf verfügbaren Grundstücken sowie der Entwicklung und Durchsetzung eigenständiger räumlich-konstruktiver Konzepte am Markt.
Im Rahmen interner und externer Wissensvermittlung werden die Grundzüge der Projektentwicklung vorgestellt und durch Beispielprojekte ergänzt. Dies kann zu eigenen Projekten führen oder auch nur das Verständnis für die Bindungen eines Projektentwicklers und späteren potenziellen Auftraggebers verstärken und somit die Zusammenarbeit verbessern.

Initialvortrag
Der Initialvortrag „Die schönen Dinge zum Geldverdienen" als Plädoyer für einen selbstbestimmten Ausweg aus schwierigen Arbeitsbedingungen oder schlechter Zahlungsmoral von Andreas Becher findet sich im vorderen Teil des Buches ab Seite 26.

Workshop Projektkalkulation
Andreas Becher
In diesem Workshop erläuterte Andreas Becher die Herangehensweise an eine Projektkalkulation aus der Sicht der Projektentwicklung am Beispiel eines eigenen Bauvorhabens in Berlin. Es wurden die Benchmarks der unterschiedlichen Projektphasen und die Grundsätze der Projektsicherung vermittelt. Im Rahmen der Reihe „Container" wurde nachfolgend eine Besichtigung der Wohngebäude Bismarckallee 7 in Berlin-Grunewald von Becher Rottkamp Architekten durchgeführt.

Baugruppe Flottwellstraße
Heide & von Beckerath Architekten
In Kombination mit einer Baubegehung im Rahmen der Reihe „Container" erläuterten Verena von Beckerath und Tim Heide die Motivation und den Projektverlauf der Umsetzung von der Grundstückssuche bis zur Fertigstellung. Als Gegenpol zu den wirtschaftlichen Zielen einer klassischen Projektentwicklung lag der Fokus hier auf der Entwicklung eines ortsbezogenen, prototypischen Architekturkonzeptes, das auch unter Einbeziehung der im Projektverlauf gefundenen Miteigentümer konsequent umgesetzt wurde.

AG Job Description:
Project Development by Architects

Philipp Heydel

The aim of this task group is to make peripheral areas of activity, which are largely dealt with by specialists, accessible again to independent architects. Taking on project initiatives and risks holds chances for independent architects—both from a financial point of view and in relation to realising appropriate buildings on available sites as well as the chance to develop and realise independent spatial-structural concepts for the market.

The basic features of project development are presented within the context of internal and external knowledge transfer and complemented by example projects. This can lead to their own projects or just to an understanding of the commitments of a project developer and future potential client, thus improving collaboration with them.

Introductory Lecture
The introductory lecture "The Beautiful Things With Which to Make Money" by Andreas Becher, as a call for a self-determined way out of difficult working conditions or bad payment behaviour is at the front part of this book starting on page 28.

Project Calculation Workshop
Andreas Becher
In this workshop, Andreas Becher explained project calculation from the point of view of project development, using the example of one of his own building projects in Berlin. The benchmarks of the various project phases and the principles of project management were conveyed. A viewing of the residential building Bismarckallee 7 in Berlin-Grunewald by Becher Rottkamp Architects took place afterwards within the context of the "Container" series.

Flottwellstrasse Building Group
Heide & von Beckerath Architects
In combination with a tour of the building within the context of the "Container" series, Verena von Beckerath and Tim Heide explained the motivation behind the project and described the whole process from the search for a site to completion. In contrast to the economic objectives of classical project development, the focus here was on developing a place-specific, prototypical architectural concept, which could be consistently implemented, taking into account the fellow owners that were found during the process of the project.

Projektentwickler
Marc Kimmich/COPRO GmbH, Stuttgart/Berlin und
Dr. Michael Börner-Kleindienst/Harmonia GmbH, Hamburg
Die beiden Vortragenden berichteten über die jeweilige Ausrichtung ihrer Unternehmen und erläuterten sehr eindrücklich die spezifische Zusammenarbeit mit Architekten und den Mehrwert, der durch kompetente Architekten in jeder Planungsphase erreicht werden kann. Marc Kimmich stellte ein klares Anforderungsprofil der Planungspartner, welches für den Projekterfolg ausschlaggebend ist, zur Diskussion.

Baugruppe Berkaerstraße
Anne Lampen Architekten
Im Rahmen der Reihe „Container" führten Anne Lampen und eine Vertreterin der Baugruppe die Teilnehmer durch das fast fertiggestellte Wohnhaus in Berlin-Schmargendorf. Das Gebäude setzt die unterschiedlichen, spezifischen Anforderungen der Miteigentümer an Wohnungsgröße und Wohnungstypus individuell um und kontrastiert die Straßenfront mit dem Gegenüber des historischen Rathausgebäudes, welches in der Aussicht aus den Wohnungen bildergleich inszeniert wird, sowie die Süd- und Gartenseite mit großen, wohnungsbezogenen Freiflächen.

Bankenvertreter
In einer kommenden Veranstaltung werden Vertreter von Banken unterschiedliche Finanzierungskonzepte und Hinweise zu den Anforderungen und Vorraussetzungen einer Projektentwicklung bzw. Projektfinanzierung erläutern.

Project Developers
Marc Kimmich/ COPRO GmbH, Stuttgart/ Berlin and
Dr. Michael Börner-Kleindienst/Harmonia GmbH, Hamburg
Both speakers told of the respective orientation of their companies and explained their specific collaboration with architects very clearly as well as the added value that can be achieved by competent architects in each phase of planning. Marc Kimmich put a clearly defined profile of the planning partners, which are decisive for the success of a project up for debate.

Berkaerstrasse Building Group
Anne Lampen Architects
Anne Lampen and a representative of the building group showed participants around an almost completed residential building in Berlin-Schmargendorf within the context of the "Container" series. The building translates the diverse, specific needs of its shared owners with regard to apartment size and type into reality, contrasting the street-facing front with the historical city hall building opposite. Views from the apartments orchestrate the façade and the south-facing and garden side of the building with large open spaces that are connected to living spaces.

Bank Representatives
In an event, which is soon to take place, representatives of banks will explain diverse financing concepts and give tips on the specifications and requirements of project development and project financing.

ANHANG APPENDIX

Geschäftstelle

Bund Deutscher Architekten
Landesverband Berlin e.V.

Mommsenstraße 64
10629 Berlin
Tel. 030.886 83 206 | Fax 030.886 83 216
info@bda-berlin.de | www.bda-berlin.de

Referentin der Geschäftsstelle: Petra Vellinga

Adressverzeichnis

Landesvorstand:

Vorsitzender
Dipl.-Ing.
Thomas Kaup
Kaup + Wiegand Gesellschaft von
Architekten mbH
Mommsenstraße 57
10629 Berlin
Tel. 030.4462126
Fax 030.4462936
kaup@kaupwiegand.de
www.kaup-wiegand.de

Stellvertretende Vorsitzende
Dipl.-Ing.
Carola Schäfers
Carola Schäfers Architekten BDA
Bundesallee 19
10717 Berlin
Tel. 030.88677866
Fax 030.88677868
info@csa-berlin.de
www.csa-berlin.de

▶ 48
Dipl.-Ing.
Andreas R. Becher
Becher Rottkamp Generalplanung
Gesellschaft von Architekten mbH
Lietzenburger Straße 51
10789 Berlin
Tel. 030.6959240
Fax 030.69592422
andreas.becher@becher-rottkamp.de
www.becher-rottkamp.de

Dipl.-Ing.
Birgit Frank
Xantener Straße 9
10707 Berlin
Tel. 030.3235779
birgit.frank@berlin.de

Dipl.-Ing.
Johann Philipp Heydel
SMV Bauprojektsteuerung
Ingenieursgesellschaft mbH
Wichmannstraße 5
10787 Berlin
Tel. 030.25422131
Fax 030.25422190
philipp.heydel@smv.com
www.smv.com

Dipl.-Ing.
Brigitte Kochta
Prinzessinnenstraße 1
10969 Berlin
Tel. 030.61401401
Fax 030.61401402
mail@kochta.com
www.kochta.com

Dipl.-Ing.
Justus Pysall
PYSALL Architekten
Zossener Straße 56-58
10961 Berlin
Tel. 030.6981080
Fax 030.69810811
info@pysall.net
www.pysall.net

Dipl.-Ing.
Jörg Springer
Springer Architekten
Gesellschaft von Architekten mbH
Erkelenzdamm 11-13
10999 Berlin
Tel. 030.61658350
Fax 030.61658480
j.springer@springerarchitekten.de
www.springerarchitekten.de

Ordentliche Mitglieder

Dipl.-Ing.
Rupert Ahlborn
Rupert Ahlborn & Partner
Giesebrechtstraße 3
10629 Berlin
Tel. 030.8827091
Fax 030.8824670
architekten@ahlbornundpartner.de
www.ahlbornundpartner.de

▶ 34
Prof. Dipl.-Ing.
Bernd Albers
Segitzdamm 2
10969 Berlin
Tel. 030.6159151
Fax 030.6159248
mail@berndalbers-berlin.de
www.berndalbers-berlin.de

Dipl.-Ing.
Andrew Alberts
Alte Allee 17
14055 Berlin
Tel. 030.3421916
andrew.d.alberts@googlemail.com

Dipl.-Ing.
Hans Werner Albrecht
Numrich Albrecht Klumpp
Gesellschaft von Architekten
Kohlfurter Straße 41-43
10999 Berlin
Tel. 030.61676920
Fax 030.6159259
info@nak-architekten.de
www.nak-architekten.de

▶ 36
Prof. Dipl.-Ing.
Claus Anderhalten
Anderhalten Architekten
Atelierhaus 5. OG Aufgang D
Köpenicker Straße 48/49
10179 Berlin
Tel. 030.2789440
Fax 030.27894411
architekten@anderhalten.com
www.anderhalten.com

Prof. Dipl.-Ing.
Peter Ludwig Arnke
AHM Architekten
Kluckstraße 8
10785 Berlin
Tel. 030.6122062
Fax 030.6187093
office@ahm-architekten.de
www.ahm-architekten.de

▶ 40
Dipl.-Ing.
Frank Arnold
Arnold und Gladisch
Gesellschaft von Architekten mbH
Belziger Straße 25
10823 Berlin
Tel. 030.23329800
Fax 030.23329899
info@arnoldundgladisch.de
www.arnoldundgladisch.de

▶ 42
Dr.-Ing.
Rainer Autzen
Autzen & Reimers
Hufelandstraße 22
10407 Berlin
Tel. 030.4211061
Fax 030.4211064
architekten@autzen-reimers.de
www.autzen-reimers.de

Dipl.-Ing.
Michael Bäckmann
Quick Bäckmann Quick + Partner
Kaiserstraße 24
14109 Berlin
Tel. 030.80585720
Fax 030.80585710
qbq@qbq-architekten.de
www.qbq-architekten.de

Dipl.-Ing.
Ernst-Friedrich Bartels
Tel. 030.3125225
Fax 030.3121351
b-s-o@t-online.de

Dipl.-Ing.
Joachim Bath
Kuno-Fischer-Straße 14
14057 Berlin
Tel. 030.30109627
Fax 030.30308764
j.bath@ferjuschin.com

▶ 46
Dipl.-Ing.
Roger Baumgarten
Baumgarten Simon Architekten BDA
Danckelmannstraße 9
14059 Berlin
Tel. 030.43727270
Fax 030.43727280
info@baumgartensimon.de
www.baumgartensimon.de

Dipl.-Ing.
Andreas R. Becher
Becher Rottkamp Generalplanung
Gesellschaft von Architekten mbH
Lietzenburger Straße 51
10789 Berlin
Tel. 030.6959240
Fax 030.69592422
mail@becher-rottkamp.de
www.becher-rottkamp.de

▶ 50
Dipl.-Ing.
Eike Becker
Eike Becker_Architekten
Charlottenstraße 4
10969 Berlin
Tel. 030.2593740
Fax 030.25937411
info@eb-a.de
www.eb-a.de

► 52
Dipl.-Ing.
Armin Behles
Behles & Jochimsen Architekten
Gesellschaft von Architekten BDA
Nürnberger Straße 8
10787 Berlin
Tel. 030.325948360
Fax 030.325948380
eingang@behlesjochimsen.de
www.behlesjochimsen.de

Dipl.-Ing.
Wolfgang Bergknecht
Stadtplanung Bergknecht
Heinrich-Heine-Straße 23
10179 Berlin
Tel. 030.25762591
Fax 030.25762592
bergknecht@aol.com

Dipl.-Ing.
Julia Bergmann
Husemannstraße 9
10435 Berlin
Tel. 030.44039181
Fax 030.41714257
bergmannjulia@gmx.de

► 54
Dipl.-Ing.
Christian Bernrieder
Bernrieder. Sieweke Lagemann.
Architekten BDA
Erkelenzdamm 59-61
10999 Berlin
Tel. 030.41763636
Fax 030.41763637
bernrieder@offwhite.de
www.bsl-architekten.de

Dipl.-Ing.
Dieter Bertel
Rosenorter Steig 7
13503 Berlin
Tel. 030.4913051
Fax 030.4926357
archbertel@aol.com

Dipl.-Ing.
Wolf Bertelsmann
Bertelsmann + Partner
Kaiserdamm 88
14057 Berlin
Tel. 030.3069140
Fax 030.30691460
bertelsmann@arch-bup.de
www.arch-bup.de

► 160
Dipl.-Ing. M.A.
Dirk Bertuleit
töpfer.bertuleit.architekten
Am Friedrichshain 2
10407 Berlin
Tel. 030.53214780
Fax 030.53214785
mail@tb-architekten.de
www.tb-architekten.de

Dipl.-Ing.
Wilfried Bete
Kiefholzstraße 402
12435 Berlin
Tel. 030.34998130
Fax 030.349981322
bete@bete-architekt.de
www.bete-architekt.de

Dipl.-Ing.
Dietrich von Beulwitz
Sodener Straße 24
14197 Berlin
Tel. 030.85728806
Fax 030.85728808
architekten@vonbeulwitz-berlin.de

Dipl.-Ing.
Lutz Beusterien
Prinzessinnenstraße 1
10969 Berlin
Tel. 030.6143019
Fax 030.6143010
info@beusterien-eschwe.de
www.beusterien-eschwe.de

Jürgen Bielski
Marienbader Straße 8
14199 Berlin
Tel. 030.8821058
Fax 030.8824029
juergen-bielski@t-online.de

Dr.-Ing.
Bernhard Binder
Kronberger Straße 10
14193 Berlin
Tel. 030.8959340
Fax 030.89593499

► 58
Dipl.-Ing.
Klaus Block
Klaus Block Architekt BDA
Sieglindestraße 5
12159 Berlin
Tel. 030.85963051
Fax 030.85963052
office@klausblock.de
www.klausblock.de

Dipl.-Ing.
Tilman Bock
Niebuhrstraße 75
10629 Berlin
Tel. 030.31991740
Fax 030.31991739
info@tilmanbock.de

Dipl.-Ing.
Fritz Böger
Oldenburgallee 55
14052 Berlin
Tel. 030.3046701
Fax 030.3046701
fritz.boeger@freenet.de

Dipl.-Ing.
Rudolf Böttcher
Charlottenburger Ufer 3a
10785 Berlin
Tel. 030.8817270
Fax 030.8813444

Prof. Dipl.-Ing
Helge Bofinger
Helge Bofinger + Partner
Architekt BDA
Köpenicker Straße 48/49
10179 Berlin
Tel. 030.2786554
Fax 030.61187095
bofinger@bofinger-partner.de
www.bofinger-partner.de

Dipl.-Ing.
Dietrich Bolz
An der Rehwiese 10
14129 Berlin
Tel. 030.8032223
Fax 030.8032223

Dipl.-Ing. M.S.
Friedrich Karl Borck
bbe Architekten
Borck Boye Eversberg
Kantstraße 134
10625 Berlin
Tel. 030.3130159
Fax 030.3138545
mail@bbe-architekten.de
www.bbbe-architekten.de

Prof. Dipl.-Ing.
Wolfgang Bosse
Albertinenstraße 9
13086 Berlin
Tel. 030.42081289
wolfgangbosse@t-online.de

Prof.
Andreas Brandt
Duisburger Straße 2A
10707 Berlin
Tel. 030.31165758
a.brandt37@googlemail.com

Prof. Dipl.-Ing.
Michael Braum
Michael Braum und Partner
StadtArchitekturLandschaft
Teplitzer Straße 34
14193 Berlin
Tel. 030.8514010
michael.braum@cbb-berlin.de
www.cbb-berlin.de

► 62
Dipl.-Ing.
Winfried Brenne
BRENNE
Gesellschaft von Architekten mbH
Rheinstraße 45
12161 Berlin
Tel. 030.8590790
Fax 030.85907955
mail@brenne-architekten.de
www.brenne-architekten.de

Peter Brinkert
Preußenallee 26
14052 Berlin
Tel. 030.86420255
peterbrinkert.architekt@t-online.de

Dipl.-Ing.
Georg Heinrich Bumiller
Georg Bumiller
Gesellschaft von Architekten
Großbeerenstraße 13 A
10963 Berlin
Tel. 030.2153024
Fax 030.2156316
mail@bumillerarchitekten.de
www.bumillerarchitekten.de

Dipl.-Ing.
Jens Casper
Schlesische Straße 12
10997 Berlin
Tel. 030.46906960
Fax 030.46905466
mail@jenscasper.com
www.jenscasper.com

► 70
Dipl.-Ing.
Oliver Collignon
CollignonArchitektur
Wielandstraße 17
10629 Berlin
Tel. 030.3151810
Fax 030.31518110
mail@collignonarchitektur.com
www.collignonarchitektur.com

Dipl.-Ing.
Ralf-Dieter Dähne
Konstanzer Straße 6
10707 Berlin
Tel. 030.8827494
Fax 030.8825996
architekten@daehne-berlin.de
www.daehne-berlin.de

► 72
Dipl.-Ing.
Julia Dahlhaus
DMSW Bürgemeinschaft
für Architektur und Landschaft
Mariannenplatz 23
10997 Berlin
Tel. 030.61658061
Fax 030.61658062
mail@dmsw.net
www.dmsw.net

Dipl.-Ing.
Christian Dierkes
An der Rehwiese 7 b
14129 Berlin
Tel. 030.8035625
Fax 030.80588426
buero@dierkes-poelzig.de

Dipl.-Ing.
Patrik Dierks
Patrik Dierks Norbert Sachs
Architekten BDA GbR
Knesebeckstraße 86/87
10623 Berlin
Tel. 030.23620001
Fax 030.23620019
dierks@dierks-sachs.com
www.dierks-sachs.com

Dipl.-Ing.
Stephan Dietrich
Damaschkestraße 34
10711 Berlin
Tel. 030.8818529
Fax 030.8816732
mail@stephandietrich.de
www.stephandietrich.de

► 74
Dipl.-Ing. M.A.
Denise Dih
DODK
Oderberger Straße 60
10435 Berlin
Tel. 030.44058122
Fax 030.44058122
contact@dodk.net
www.dodk.net

Dipl.-Ing.
Dietrich Dörschner
Hohenzollerndamm 27a
10713 Berlin
Tel. 030.8621381
Fax 030.8621716
doerschner@arch-atelier.de

Dipl.-Ing.
Jörg Ebers
Ebers Architekten
Brunnenstraße 10
10119 Berlin
Tel. 030.28047968
Fax 030.28047983
info@ebers-architekten.de
www.ebers-architekten.de

Dipl.-Ing.
Dieter Eckert
ENS Architekten
Eckert Negwer Suselbeek
Oranienplatz 4
10999 Berlin
Tel. 030.6141113
Fax 030.6159107
info@eckertnegwersuselbeek.de
www.eckertnegwersuselbeek.de

▶ 78
Dipl.-Ing.
Christine Edmaier
Büro für Architektur und Städtebau
Emser Straße 40
10719 Berlin
Tel. 030.2791655
Fax 030.2790205
Christine.Edmaier@t-online.de
www.christine-edmaier.de

Erwin Eickhoff
Badenallee 1
14052 Berlin
Tel. 030.30823536
Fax 030.30823537

Dipl.-Ing.
Peter Eingartner
Eingartner Khorrami Architekten
Gneisenaustraße 66-67
10961 Berlin
Tel. 030.61286298
Fax 030.61287260
berlin@eingartner-khorrami.de
www.eingartner-khorrami.de

▶ 80
Prof. Dr.
Wolf R. Eisentraut
Architekt BDA
Krumme Straße 75
10585 Berlin
Tel. 030.2641628
Fax 030.25793747
prof.dr.eisentraut@freenet.de
www.wolfeisentraut-archprof.de

Dipl.-Ing.
Christian Enzmann
Enzmann/Ettel Freie Architekten BDA
Schlesische Straße 29/30
10997 Berlin
Tel. 030.6114662
Fax 030.6113616
enzmann@enzmann-ettel.de
www.enzmann-ettel.de

Dipl.-Ing.
Christine Ern-Heinzl
ern + heinzl Architekten
Holsteinische Straße 28
10717 Berlin
Tel. 030.23628711
Fax 030.23628712
architekten@ernheinzl.com
www.ernheinzl.com

Dipl.-Ing.
Almut Ernst
Grüntuch Ernst Architekten
Auguststraße 51
10119 Berlin
Tel. 030.3087788
Fax 030.3087787
mail@gruentuchernst.de
www.gruentuchernst.de

Prof. Dipl.-Ing.
Mathias Essig
y.es Gesellschaft von Architekten
Garystraße 86
14195 Berlin
Tel. 030.8816759
Fax 030.8824569
architekten@yamaguchi-essig.de
www.yamaguchi-essig.de

Dr.-Ing.
Bernd Ettel
Enzmann/Ettel Freie Architekten BDA
Schlesische Straße 29/30
10997 Berlin
Tel. 030.6114662
Fax 030.6113616
ettel@enzmann-ettel.de
www.enzmann-ettel.de

Dipl.-Ing.
Johannes Fehse
Freie Planungsgruppe Berlin GmbH FPB
Giesebrechtstraße 10
10629 Berlin
Tel. 030.8839011
Fax 030.8839020
j.fehse@fpb.de
www.fpb.de

Dipl.-Ing.
Katharina Feldhusen
ff-Architekten Feldhusen
und Fleckenstein
Oranienplatz 5
10999 Berlin
Tel. 030.61280513
Fax 030.61280515
katharina.feldhusen@ff-architekten.de
www.ff-architekten.de

Prof. Dipl.-Ing.
Axel Finkeldey
Stubenrauchstraße 66
12161 Berlin
Tel. 030.8523557
Fax 030.8529366

▶ 84
Dipl.-Ing.
Florian Fischötter
Florian Fischötter Architekt GmbH
Poststraße 51
20354 Hamburg
Tel. 040.30997780
Fax 040.309977810
f.fischoetter@ff-a.net
www.ff-a.net

Dipl.-Ing.
Peter Rainer Flucke
eins bis neun gesellschaft von
architekten und ingenieuren mbh
Schillerstraße 94
10625 Berlin
Tel. 030.28094126
Fax 030.28094128
berlin@einsbisneun-architekten.de
www.einsbisneun-architekten.de

Dipl.-Ing.
Birgit Frank
Xantener Straße 9
10707 Berlin
Tel. 030.3235779
birgit.frank@berlin.de

▶ 164
Dipl.-Ing.
Martin Froh
Winking · Froh Architekten BDA
Sophienstraße 22 a
10178 Berlin
Tel. 030.2830280
Fax 030.28302828
berlin@winking-froh.de
www.winking-froh.de

▶ 94
Dipl.-Ing.
Silke Gehner-Haas
Haas I Architekten BDA
Busseallee 18
14163 Berlin
Tel. 030.83229820
Fax 030.83229825
info@haas-architekten.de
www.haas-architekten.de

Dipl.-Ing.
Bettina Georg
Georg Scheel Wetzel Architekten
Marienstraße 10
10117 Berlin
Tel. 030.27572470
Fax 030.27572477
buero@gsw-architekten.de
www.georgscheelwetzel.com

▶ 86
Prof.
Carsten Gerhards
Gerhards & Glücker
Architekten und Designer
Leuschnerdamm 13
10999 Berlin
Tel. 030.24723817
Fax 030.24723819
office@gerhardsgluecker.com
www.gerhardsgluecker.com

Prof.
Meinhard von Gerkan
Gerkan Marg und Partner
Hardenbergstraße 4-5
10623 Berlin
Tel. 030.617855
Fax 030.61785601
berlin@gmp-architekten.de
www.gmp-architekten.de

Dipl.-Ing.
Georg Gewers
Gewers & Pudewil GPAI GmbH
Schlesische Straße 27 Haus C
10997 Berlin
Tel. 030.69598800
info@gewers-pudewil.com
www.gewers-pudewil.com

▶ 40
Dipl.-Ing.
Mathias Gladisch
Arnold und Gladisch
Gesellschaft von Architekten mbH
Belziger Straße 25
10823 Berlin
Tel. 030.23329800
Fax 030.23329899
info@arnoldundgladisch.de
www.arnoldundgladisch.de

▶ 86
Dipl.-Ing. MSc
Andreas Glücker
Gerhards & Glücker
Architekten und Designer
Leuschnerdamm 13
10999 Berlin
Tel. 030.24723817
Fax 030.24723819
office@gerhardsgluecker.com
www.gerhardsgluecker.com

Prof. Dipl.-Ing.
Uta Graff
Uta Graff Architekten BDA
Architektur und Gestaltung
Schlesische Straße 27
10997 Berlin
Tel. 030.600316913
Fax 030.600316919
graff@utagraff.de
www.utagraff.de

Dipl.-Ing.
Fritz Gras
Vionvillestraße 11
12167 Berlin
Tel. 030.7716482

Dipl.-Ing.
Jan Große
Meyer Große Hebestreit Sommerer
Greifswalder Straße 9
10405 Berlin
Tel. 030.42802667
Fax 030.42802672
architekten@mghs.de
www.mghs.de

Dipl.-Ing.
Michael Großmann
Weinmiller Architekten GbR
Kurfürstendamm 178-179
10707 Berlin
Tel. 030.88714370
grossmann@weinmiller.de
www.weinmiller.de

▶ 92
Dipl.-Ing.
Doris Gruber
Gruber + Popp Architekten BDA
Am Spreebord 5
10589 Berlin
Tel. 030.68809665
Fax 030.68809666
office@gruberpopp.de
www.gruberpopp.de

Dipl.-Ing.
Armand Grüntuch
Grüntuch Ernst Architekten
Auguststraße 51
10119 Berlin
Tel. 030.3087788
Fax 030.3087787
mail@gruentuchernst.de
www.gruentuchernst.de

▶ 158
Dipl.-Ing.
Susanne Günther
Ticket B – Stadtführungen
von Architekten
Krüger Günther Architekten BDA
Frankfurter Tor 1
10243 Berlin
Tel. 030.42026960
Fax 030.420269629
info@ticket-b.de
ww.ticket-b.de

▶ 94
Dipl.-Ing.
Friedhelm Haas
Haas I Architekten BDA
Busseallee 18
14163 Berlin
Tel. 030.83229820
Fax 030.83229825
info@haas-architekten.de
www.haas-architekten.de

Dipl.-Ing.
Jost Haberland
Haberland Architekten
Sentastraße 3
12159 Berlin
Tel. 030.61628708
Fax 030.61628698
info@haberland-berlin.de
www.haberland-berlin.de

Dr.-Ing.
Bernd Halbach
An der Rehwiese 2
14129 Berlin
Tel. 030.8035862

Dipl.-Ing.
Gisela Hammes
Terrassenstraße 39
14129 Berlin
Tel. 030.8013291

Dipl.-Ing.
Heike Hanada
Heike Hanada – Laboratory
of art and architecture
Goethestraße 69
10625 Berlin
Tel. 030.310 186 60
mail@heikehanada.de
www.heikehanada.de

Dipl.-Ing.
Manfred Hantke
Tellheimstraße 15 a
14129 Berlin
Tel. 030.8031580
Fax 030.8032817
m-hantke@lycosxxl.de

Prof. Dipl.-Ing.
Tim Heide
HEIDE & VON BECKERATH
Architekten BDA
Kurfürstendamm 173
10707 Berlin
Tel. 030.8851879
Fax 030.8852095
mail@heidevonbeckerath.com
www.heidevonbeckerath.com

Dipl.-Ing.
Gottfried Hein
Hein, Wittemeyer und Partner
Godesberger Straße 7
10318 Berlin
Tel. 030.4438040
Fax 030.44380411
hwp-berlin@onlinehome.de

Dipl.-Ing.
Herbert Heinke
Ulmenallee 13
14050 Berlin
Tel. 030.3019651
Fax 030.3019144

▶ 142
Dipl.-Ing.
Reimar Herbst
ReimarHerbst.Architekten
Oranienstraße 183
10999 Berlin
Tel. 030.61656667
Fax 030.61656669
mail@reimarherbstarchitekten.de
www.reimarherbstarchitekten.de

▶ 98
Dipl.-Ing.
Carl Herwarth v. Bittenfeld
Herwarth + Holz
Planung und Architektur
Schlesische Straße 27
10997 Berlin
Tel. 030.61654780
Fax 030.616547828
kontakt@herwarth-holz.de
www.herwarth-holz.eu

Dipl.-Ing.
Andreas Hierholzer
Kurfürstendamm 173
10707 Berlin
Tel. 030.88679970
Fax 030.8835451
hierholzer@hierholzer-architekten.de
www.hierholzer-architekten.de

Dipl.-Ing.
Oskar Hillmann
Heimat 87 A
14165 Berlin
Tel. 030.8155300

▶ 102
Dipl.-Ing.
Markus Hirschmüller
HSH Hoyer Schindele Hirschmüller
BDA Architektur
Wolliner Straße 18-19
10435 Berlin
Tel. 030.44358855
Fax 030.44358857
office@HSHarchitektur.de
www.HSHarchitektur.de

Dipl.-Ing.
Thomas Höger
Höger Architekten BDA
Jänickestraße 99 A
14167 Berlin
Tel. 030.6914816
Fax 030.6943628
thomas.hoeger@smv.com
www.hoegerpartner.de

▶ 100
Dipl.-Ing.
Stephan Höhne
Höhne Architekten
Caroline-von-Humboldt-Weg 38
10117 Berlin
Tel. 030.88723920
Fax 030.88723901
mail@ stephan-hoehne-architekten.de
www.stephan-hoehne-architekten.de

Prof. Dipl.-Ing.
Susanne Hofmann
TU Berlin Die Baupiloten
Straße des 17. Juni 152
10623 Berlin
Tel. 030.314 289 23
Fax 030.314 289 25
hofmann@baupiloten.com
www.baupiloten.com

▶ 130
Dipl.-Ing.
Benjamin Hossbach
[phase eins]. Projektmanagement
für Architektur und Städtebau
Cuxhavener Straße 12-13
10555 Berlin
Tel. 030.3159310
Fax 030.3121000
office@phase1.de
www.phase1.de

▶ 102
Dipl.-Ing.
Florian Hoyer
HSH Hoyer Schindele Hirschmüller
BDA Architektur
Wolliner Straße 18-19
10435 Berlin
Tel. 030.44358855
Fax 030.44358857
office@HSHarchitektur.de
www.HSHarchitektur.de

▶ 104
Dipl.-Ing.
Christian Huber
huber staudt architekten bda
Kurfürstendamm 11
10719 Berlin
Tel. 030.88001080
Fax 030.88001099
info@huberstaudtarchitekten.de
www.huberstaudtarchitekten.de

▶ 52
Dipl.-Ing.
Jasper Jochimsen
Behles & Jochimsen Architekten
Gesellschaft von Architekten BDA
Nürnberger Straße 8
10787 Berlin
Tel. 030.325948360
Fax 030.325948380
eingang@behlesjochimsen.de
www.behlesjochimsen.de

Dipl.-Ing.
Werner Jockeit
Gierkezeile 33
10585 Berlin
Tel. 030.3411014
Fax 030.3411014
jockeitbas@aol.com
www.jockeit.de

Prof. Dipl.-Ing.
Jörg Joppien
Jörg Joppien Architekten BDA, IAKS
Flemingstraße 10
10557 Berlin
Tel. 030.20450690
Fax 030.20450692
mail@joerg-joppien.de
www.joerg-joppien.de

Dipl.-Ing.
Hans Jürgen Juschkus
Teplitzer Straße 34
14193 Berlin
Tel. 030.8929041
Fax 030.8913758
architekt@juschkus.de

▶ 106
Dipl.-Ing.
Tom Kaden
Kaden Klingbeil Architekten
Esmarchstraße 3
10407 Berlin
Tel. 030.48624662
Fax 030.48624661
info@kaden-klingbeil.de
www.kaden-klingbeil.de

Prof. Dipl.-Ing.
Petra Kahlfeldt
Kahlfeldt Gesellschaft
von Architekten mbH
Kurfürstendamm 58
10707 Berlin
Tel. 030.3277980
Fax 030.32779829
mail@kahlfeldt-architekten.de
www.kahlfeldt-architekten.de

Dipl.-Ing. M.
Astrid Kantzenbach-Mola
Mola Winkelmüller Architekten
Keithstraße 2-4
10787 Berlin
Tel. 030.83227220
Fax 030.83227222
mail@mw-arch.de
www.mw-arch.de

▶ 148
Prof. Dipl.-Ing.
Frank Kasprusch
Scheidt Kasprusch Gesellschaft
von Architekten
Schlesische Straße 29/30 Aufg. M
10997 Berlin
Tel. 030.88683277
Fax 030.88683278
kasprusch@ska-berlin.de
www.ska-architekten.de

Dipl.-Ing.
Thomas Kaup
Kaup + Wiegand Gesellschaft
von Architekten mbH
Mommsenstraße 57
10629 Berlin
Tel. 030.4462126
Fax 030.4462936
kaup@kaupwiegand.de
www.kaup-wiegand.de

▶ 108
Dipl.-Ing.
Minka Kersten
Kersten + Kopp Architekten
Skalitzer Straße 80
10997 Berlin
Tel. 030.61076436
Fax 030.61076437
kersten@kersten-kopp.de
www.kersten-kopp.de

Dipl. Architekt
Alexander Khorrami
Eingartner Khorrami Architekten
Erich-Zeigner-Allee 35
04229 Leipzig
Tel. 030.61286298
Fax 030.61287260
leipzig@eingartner-khorrami.de
www.eingartner-khorrami.de

Prof. Dipl.-Ing.
Luise King
Einsteinufer 59
10587 Berlin
Tel. 030.3413301
Fax 030.3413301
l.king@berlin.de

▶ 110
Dipl.-Ing.
Jan Kleihues
Kleihues + Kleihues
Gesellschaft von Architekten mbH
Helmholtzstraße 42
10587 Berlin
Tel. 030.3997790
Fax 030.39977977
berlin@kleihues.com
www.kleihues.com

Dipl.-Ing.
Holger Kleine
Kleine Metz Gesellschaft
von Architekten mbH
Lobeckstraße 30-35
10969 Berlin
Tel. 030.322 970 432
Fax 030.322 970 433
info@kleinemetzarchitekten.de
www.kleinemetzarchitekten.de

Dipl.-Ing.
Timm Kleyer
kleyer.koblitz.letzel.freivogel
gesellschaft von architekten mbH
Oranienstraße 25
10999 Berlin
Tel. 030.695808660
Fax 030.695808680
kleyer@kleyerkoblitz.de
www.kleyerkoblitz.de

▶ 106
Dipl.-Ing.
Thomas Klingbeil
Kaden Klingbeil Architekten
Esmarchstraße 3
10407 Berlin
Tel. 030.48624662
Fax 030.48624661
info@kaden-klingbeil.de
www.kaden-klingbeil.de

Dipl.-Ing.
Sabine Klose
Pücklerstraße 16
14195 Berlin
Tel. 030.8518783
Fax 030.8518802
SabineKlose@gmx.net

Dipl.-Ing.
Dietmar Kloster
Lützowstraße 102
10785 Berlin
Tel. 030.2542180
Fax 030.25421820
d.kloster@dkarchitekten.de
www.dkarchitekten.de

Dipl.-Ing.
Alexander E. Koblitz
kleyer.koblitz.letzel.freivogel
gesellschaft von architekten mbH
Oranienstraße 25
10999 Berlin
Tel. 030.695808660
Fax 030.695808680
aekoblitz@kleyerkoblitz.de
www.kleyerkoblitz.de

▶ 112
Dipl.-Ing.
Christian Koch
Belziger Straße 44
10823 Berlin
Tel. 030.3136013
Fax 030.8543491
christian.koch@berlin.de
www.christian-koch-plus.de

▶ 114
Dipl.-Ing.
Brigitte Kochta
Prinzessinnenstraße 1
10969 Berlin
Tel. 030.61401401
Fax 030.61401402
mail@kochta.com
www.kochta.com

▶ 108
Dipl.-Ing.
Andreas Kopp
Kersten + Kopp Architekten
Skalitzer Straße 80
10997 Berlin
Tel. 030.61076436
Fax 030.61076437
kopp@kersten-kopp.de
www.kersten-kopp.de

▶ 90
Dipl.-Ing.
Johan Kramer
Glass Kramer Löbbert Architekten BDA
Schlesische Straße 27
10997 Berlin
Tel. 030.60031690
Fax 030.600316919
info@glasskramerloebbert.de
www.glasskramerloebbert.de

Dr.-Ing.
Stephan Krause
Mühlenstraße 77
13187 Berlin
Tel. 030.4852240
Fax 030.48637747
info@krause-architekt.de
www.krause-architekt.de

Dipl.-Ing.
Thomas Kröger
Thomas Kröger Architekt
Schöneberger Ufer 59
10785 Berlin
Tel. 030.39809376
Fax 030.39809377
mail@thomaskroeger.net
www.thomaskroeger.net

Dipl.-Ing.
Lars Krückeberg
GRAFT
Gesellschaft von Architekten mbH
Heidestraße 50
10557 Berlin
Tel. 030.240 479 85
Fax 030.240 479 87
lars@graftlab.com
www.graftlab.com

▶ 158
Dipl.-Ing.
Thomas M. Krüger
Ticket B – Stadtführungen
von Architekten
Krüger Günther Architekten BDA
Frankfurter Tor 1
10243 Berlin
Tel. 030.42026960
Fax 030.420269629
info@ticket-b.de
www.ticket-b.de

Dipl.-Ing.
Torsten Krüger
KSV Krüger Schuberth Vandreike
Brunnenstraße 196
10119 Berlin
Tel. 030.2830310
Fax 030.28303110
ksv@ksv-network.de
www.ksv-network.de

▶ 88
Dipl.-Ing.
Oliver Kühn
GKK+Architekten
Gesellschaft von Architekten mbH
Pariser Straße 1
10719 Berlin
Tel. 030.2830820
Fax 030.28308253
info@gkk-architekten.de
www.gkk-architekten.de

▶ 88
Prof. Dipl.-Ing
Swantje Kühn
GKK+Architekten Gesellschaft
von Architekten mbH
Pariser Straße 1
10719 Berlin
Tel. 030.2830820
Fax 030.28308253
info@gkk-architekten.de
www.gkk-architekten.de

▶ 66
Dipl.-Ing
Roland Kuhn
Clarke und Kuhn Freie Architekten
Schlesische Straße 29-30
10997 Berlin
Tel. 030.6948976
Fax 030.6928669
mail@clarkeundkuhn.de
www.clarkeundkuhn.de

▶ 116
Dipl.-Ing.
Karin Kusus
Kusus + Kusus Architekten
Rudi-Dutschke-Straße 26
10969 Berlin
Tel. 030.25376040
Fax 030.25376050
post@kusus-architekten.de
www.kusus-architekten.de

▶ 116
Dipl.-Ing.
Ramsi Georg Kusus
Kusus + Kusus Architekten
Rudi-Dutschke-Straße 26
10969 Berlin
Tel. 030.25376040
Fax 030.25376050
post@kusus-architekten.de
ww.kusus-architekten.de

▶ 138
Dipl.-Ing.
Jan Läufer
raumzeit Gesellschaft von Architekten
mbH
Waldemarstraße 38
10999 Berlin
Tel. 030.692047310
Fax 030.692047319
studio@raumzeit.org
www.raumzeit.org

▶ 118
Dipl.-Ing.
Anne Lampen
Anne Lampen Architekten BDA
Schlesische Straße 31
10997 Berlin
Tel. 030.6165166
Fax 030.61651670
office@anne-lampen.de
www.anne-lampen.de

▶ 120
Dipl.-Ing.
Jakob Lehrecke
Lehrecke Gesellschaft
von Architekten mbH
Lärchenweg 33
14055 Berlin
Tel. 030.3025353
Fax 030.3029291
office@lehrecke.com
www.lehrecke.com

Prof. M. Arch.
Daniel Libeskind
Architekt Daniel Libeskind AG
Walchestraße 9
8006 Zürich (CH)
Tel. 0041.44.5404700
Fax 0041.44.5404760
info@daniel-libeskind.com
www.daniel-libeskind.com

Dipl.-Ing.
Michael Lindenmeyer
Maxie-Wander-Straße 9
14532 Klein-Machnow
Tel. 033203.86030
Fax 033203.86029
lindenmeyer@online.de

Cornelia Locke
Locke Lührs Architektinnen
Friedrichstraße 29
01067 Dresden
Tel. 0351.82125938
Fax 0322.26879848
info@locke-luehrs.de
www.locke-luehrs.de

▶ 90
Dipl.-Ing.
Johannes Löbbert
Glass Kramer Löbbert Architekten BDA
Schlesische Straße 27
10997 Berlin
Tel. 030.60031690
Fax 030.600316919
info@glasskramerloebbert.de
www.glasskramerloebbert.de

▶ 122
Dipl.-Ing.
Stefan Ludes
Stefan Ludes Architekten
Kurfürstendamm 177
10707 Berlin
Tel. 030.7001820
Fax 030.700182180
info@ludes-architekten.de
www.ludes-architekten.de

▶ 124
Dipl.-Ing.
Jens Ludloff
ludloff + ludloff Architekten BDA
Bernauer Straße 5 D
10115 Berlin
Tel. 030.77908094
Fax 030.77908095
mail@ludloffludloff.de
www.ludloffludloff.de

Edna Lührs
Locke Lührs Architektinnen
Friedrichstraße 29
01067 Dresden
Tel. 0351.82125938
Fax 0322.26879848
info@locke-luehrs.de
www.locke-luehrs.de

Dipl.-Ing.
Hildebrand Machleidt
Machleidt + Partner
Leuschnerdamm 31
10999 Berlin
Tel. 030.6097770
Fax 030.6097729
mail@machleidt.de
www.machleidt.de

Dipl.-Ing.
Mario Maedebach
Maedebach und Redeleit
Gesellschaft von Architekten mbH
Düsseldorfer Straße 38
10707 Berlin
Tel. 030.88190600
Fax 030.881906018
mail@maedebach-redeleit.de
www.maedebach-redeleit.de

Dipl.-Ing.
Jürgen Mayer H.
J. Mayer H. Freier Architekt BDA
Bleibtreustraße 54
10623 Berlin
Tel. 030.64490770
Fax 030.64490771
contact@jmayerh.de
www.jmayerh.de

Dipl.-Ing.
Klaus Meier-Hartmann
Helmholtzstraße 2-3
10587 Berlin
Tel. 030.3069620
Fax 030.30696229
info@kmh-architekten.de
www.kmh-architekten.de

Dipl.-Ing.
Natascha Maria Meuser
Meuser Architekten GmbH
Caroline-von-Humboldt-Weg 20
10117 Berlin
Tel. 030.20696920
Fax 030.20696932
info@meuser-architekten.de
www.meuser-architekten.de

Dipl.-Ing.
Philipp Meuser
Meuser Architekten GmbH
Caroline-von-Humboldt-Weg 20
10117 Berlin
Tel. 030.20696930
Fax 030.20696932
info@meuser-architekten.de
www.meuser-architekten.de

Dipl.-Ing.
Johannes Modersohn
Modersohn & Freiesleben Architekten
Bayernallee 47
14052 Berlin
Tel. 030.21750160
Fax 030.21750161
office@mofrei.de
www.mofrei.de

MA Architecture
Luis Mola
Mola Winkelmüller Architekten
Keithstraße 2-4
10787 Berlin
Tel. 030.83227220
Fax 030.83227222
lm@mw-arch.de
www.mw-arch.de

Dipl.-Ing. HBK
Georg P. Mügge
Dernburgstraße 55
14057 Berlin
Tel. 030.3226362
Fax 030.74750489
georg-p-muegge@gmx.de
www.architekturbüro-muegge.de

► 64
Harald Müller
David Chipperfield Architects
Gesellschaft von Architekten mbH
Joachimstraße 11
10119 Berlin
Tel. 030.2801700
Fax 030.28017015
info@davidchipperfield.de
www.davidchipperfield.com

Dipl.-Ing.
Thomas Müller
Thomas Müller Ivan Reimann
Gesellschaft von Architekten mbH
Kurfürstendamm 179-180
10707 Berlin
Tel. 030.3480610
Fax 030.3415024
architekten@mueller-reimann.de
www.mueller-reimann.de

► 126
Prof.
Walter Nägeli
nägeliarchitekten
Lychenerstraße 43
10437 Berlin
Tel. 030.61609712
Fax 030.61609714
buero@naegeliarchitekten.de
www.naegeliarchitekten.de

► 68
Dipl.-Ing.
Claus Nieländer
CNAM Claus Nieländer
Architekten BDA
Bayrische Straße 33
10707 Berlin
Tel. 030.81825960
Fax 030.81825987
claus.nielaender@googlemail.com

Dipl.-Arch.
Robert Niess
Köpenicker Straße 48-49 Aufgang F
10179 Berlin
Tel. 030.2787270
Fax 030.27872788
mail@chestnutt-niess.de
www.chestnutt-niess.de

Dipl.-Ing.
Jürgen Nottmeyer
PEB+
Gipsstraße 9
10119 Berlin
peb-nottmeyer@t-online.de

► 128
Prof. Dipl.-Ing.
Axel Oestreich
Ingrid Hentschel – Prof. Axel
Oestreich Architekten BDA
Rheinstraße 45
12161 Berlin
Tel. 030.8599563
Fax 030.85995656
info@hentschel-oestreich.de
www.hentschel-oestreich.de

Dipl.-Ing.
Andreas Oevermann
architectureRelated+
Niebuhrstraße 75
10629 Berlin
Tel. 030.32664490
andreas.oevermann@architecture-
related.de
www.architecturerelated.com

Heinz Ostmann
Elvirasteig 13
14163 Berlin
Tel. 030.80907866
Fax 030.80907889

Dipl.-Ing.
Karl Pächter
Pächter Schattauer Architekten
Stadtplaner
Emser Straße 40
10719 Berlin
Tel. 030.8818046
Fax 030.8818044
paechter@paechter-schattauer.de
www.paechter-schattauer.de

Dr.-Ing.
Peter Pawlik
Spanische Allee 80
14129 Berlin
Tel. 030.8032003
Fax 030.8032120
pawlik@planungsring.com
www.planungsring.com

Dipl.-Ing.
Manfred Pechtold
Pariser Straße 44
10707 Berlin
Tel. 030.8845950
Fax 030.8819052
mail@architekt.pechtold.de

► 96
Dipl.-Ing.
Christian Pelzeter
Heinle Wischer und Partner
Freie Architekten
Alt Moabit 63
10555 Berlin
Tel. 030.3999200
Fax 030.3935000
berlin@heinlewischerpartner.de
www.heinlewischerpartner.de

► 140
Dipl.-Arch.
Petra Petersson
Realarchitektur
Schinkestraße 8-9
12047 Berlin
Tel. 030.61209700
mail@realarchitektur.de
www.realarchitektur.de

Dipl.-Ing.
Gerd Pieper
Architekturbüro Pieper
Gaudystraße 19
10437 Berlin
Tel. 030.49905794
Fax 030.49905795

► 132
Dipl.-Ing.
Mara Pinardi
Mara Pinardi Architekten
Pariser Straße 63
10719 Berlin
Tel. 030.8835324
Fax 030.8854053
pinardi@pinardi-architekten.de
www.pinardi-architekten.de

Prof. Dipl.-Ing.
Stephan Pinkau
Landsberg + Pinkau Architekten
Rappoltsweiler Straße 18
14169 Berlin
Tel. 030.8593873
Fax 030.8593874
landsberg.pinkau@snafu.de
www.landsbergpinkau.de

Dipl.-Ing.
Günter Plessow
Breisgauer Straße 28 A
14129 Berlin
Tel. 030.8027165

► 92
Dipl.-Ing.
Bernhard Popp
Gruber + Popp Architekten BDA
Spreebord 5
10589 Berlin
Tel. 030.68809665
Fax 030.68809666
office@t-online.de
www.gruberpopp.de

► 134
Dipl.-Ing.
Roland Poppensieker
Schulenburgring 130
12101 Berlin
Tel. 030.29350789
Fax 030.66763289
mail@rolandpoppensieker.de
www.rolandpoppensieker.de

Waldemar Poreike
Gelfertstraße 50
14195 Berlin
Tel. 030.8313265
Fax 030.8315936

Dipl.-Ing.
Wolfram Putz
GRAFT
Gesellschaft von Architekten mbH
Heidestraße 50
10557 Berlin
Tel. 030.24047985
Fax 030.24047987
wolfram@graftlab.com
www.graftlab.com

► 136
Dipl.-Ing.
Justus Pysall
PYSALL Architekten
Zossener Straße 56-58
10961 Berlin
Tel. 030.6981080
Fax 030.69810811
info@pysall.net
www.pysall.net

Dipl.-Ing.
Susanne Quick
Quick Bäckmann Quick & Partner
Kaiserstraße 24
14109 Berlin
Tel. 030.80585720
Fax 030.80585710
qbq@qbq-architekten.de
www.qbq-architekten.de

Dipl.-Ing.
Nils-J. Raddatz
Damaschkestraße 2
10711 Berlin
Tel. 030.8923838
Fax 030.8923838

► 64
Mark Randel
David Chipperfield Architects
Gesellschaft von Architekten mbH
Joachimstraße 11
10119 Berlin
Tel. 030.2801700
Fax 030.28017015
info@davidchipperfield.de
www.davidchipperfield.com

Dipl.-Ing.
Lucius Rathke
Friedbergstraße 9
14057 Berlin
Tel. 030.32764232
Fax 030.32764230
rathke.architekten@web.de

Prof. Dipl.-Ing.
Rolf Rave
Meierottostraße 6
10719 Berlin
Tel. 030.31868860
Fax 030.31868866
office@rave-architekten.de
www.laurarave.com

Dipl.-Ing.
Werner Redeleit
Maedebach und Redeleit
Gesellschaft von Architekten mbH
Düsseldorfer Straße 38
10707 Berlin
Tel. 030.88190600
Fax 030.881906018
mail@maedebach-redeleit.de
www.maedebach-redeleit.de

Dipl.-Ing.
Andreas Reidemeister
Tegeler Weg 104
10589 Berlin
Tel. 030.39902560
Fax 030.3932814
reidemeister_berlin@t-online.de

Dipl.-Ing.
Ivan Reimann
Thomas Müller Ivan Reimann
Gesellschaft von Architekten mbH
Kurfürstendamm 179-180
10707 Berlin
Tel. 030.3480610
Fax 030.3415024
architekten@mueller-reimann.de
www.mueller-reimann.de

▶ 42
Dipl.-Ing.
Bernd Reimers
Autzen & Reimers
Hufelandstraße 22
10407 Berlin
Tel. 030.4211061
Fax 030.4211064
architekten@autzen-reimers.de
www.autzen-reimers.de

Dipl.-Ing.
Klaus Reimers
Reimers Architekten c/o Hilbert
Marienburger Allee 13
14055 Berlin
Tel. 030.6169790
Fax 030.6169790
info@reimers-architekten.de
www.reimers-architekten.de

Dipl.-Ing.
Oskar Reith
Nußbaumallee 9
14050 Berlin
Tel. 030.3028055
Fax 030.3016355

Dipl.-Ing.
Tanja Riccius
Riccius & Winter
Weimarer Straße 6
10625 Berlin
Tel. 030.85730902
Fax 030.85730907
info@riccius-winter.de
www.riccius-winter.de

Dipl.-Ing.
Hans-Günther Rogalla
Süntelsteig 21
14163 Berlin
Tel. 030.8312720
Fax 030.8312775

Dipl.-Ing.
Hella Rolfes
Köpenicker Straße 48-49
10179 Berlin
Tel. 030.27909958
Fax 030.27909959
mail@rolfes-architekten.com
www.rolfes-architekten.com

Dipl.-Ing.
Walter Rolfes
Walter Rolfes Architekten
Pariser Straße 44
10707 Berlin
Tel. 030.8845070
Fax 030.88450712
rolfes@walterrolfespartner.de
www.walterrolfespartner.de

▶ 144
Dipl.-Ing.
Eike Roswag
Zieger I Roswag I Seiler Architekten
Ingenieure
Roswag Architekten
Schlesische Straße 26, Aufg. A
10997 Berlin
Tel. 030.3980095-0
Fax 030.3980095-66
architekten@zrs-berlin.de
www.zrs-berlin.de

Dipl.-Ing.
Klaus Roth
Klaus Roth Architekten
Strelitzer Straße 61
10115 Berlin
Tel. 030.2833222
Fax 030.2833223
office@klaus-roth.de
www.klaus-roth.de

Dipl.-Ing.
Rainer Rothkegel
Behlertstraße 6a
14469 Potsdam
Tel. 030.3312015833
Fax 030.3312015839
info@rothkegel-architekten.de

Dipl.-Ing.
Elmar L. Rottkamp
Pfalzburger Straße 83
10719 Berlin
Tel. 030.6959240
Fax 030.69592422

Dipl.-Ing.
Peter Ruge
Peter Ruge Architekten
Rheinstraße 5
12159 Berlin
Tel. 030.85079920
info@peter-ruge.de
www.peter-ruge.de

Dipl.-Ing.
Bodo Rusch
Cunostraße 50
14193 Berlin
Tel. 030.8263874
Fax 030.89505869
s.rusch@t-online.de

Dipl.-Ing.
Norbert Sachs
Patrik Dierks Norbert Sachs
Architekten BDA GbR
Knesebeckstraße 86/87
10623 Berlin
Tel. 030.23620001
Fax 030.23620019
sachs@dierks-sachs.com
www.dierks-sachs.com

▶ 146
Dipl.-Ing.
Carola Schäfers
Carola Schäfers Architekten BDA
Bundesallee 19
10717 Berlin
Tel. 030.88677866
Fax 030.88677868
info@csa-berlin.de
www.csa-berlin.de

▶ 148
Dipl.-Ing.
Hermann Scheidt
Scheidt Kasprusch
Gesellschaft von Architekten mbH
Schlesische Straße 29/30 Aufg. M
10997 Berlin
Tel. 030.88683277
Fax 030.88683278
info@SKA-Architekten.de
www.SKA-Architekten.de

Prof. Dipl.-Ing.
Kirsten Schemel
Kirsten Schemel Architekten BDA
c/o ksms
Kurfürstendamm 11
10719 Berlin
Tel. 030.88724956
Fax 030.88724958
ks@k-s-architekten.de
www.k-s-architekten.de

▶ 102
Dipl.-Ing.
Harald Schindele
HSH Hoyer Schindele Hirschmüller
BDA Architektur
Wolliner Straße 18-19
10435 Berlin
Tel. 030.44358855
Fax 030.44358857
office@HSHarchitektur.de
www.HSHarchitektur.de

▶ 150
Dipl.-Ing.
Klaus Schlosser
Klaus Schlosser Architekten BDA
Goethestraße 2-3
10623 Berlin
Tel. 030.61657960
Fax 030.61657989
mail@klausschlosserarchitekten.com
www.klausschlosserarchitekten.com

Dipl.-Ing.
Christoph Schmidt-Ott
Arno-Holz-Straße 7
12165 Berlin
Tel. 030.7914730
c.schmidtott@yahoo.de

Prof. Dr. Ing.
Enno Schneider
Enno Schneider Achitekten
Gipsstraße 6
10119 Berlin
Tel. 030.28098130
Fax 030.28098131
berlin@ennoschneider-architekten.de
www.ennoschneider-architekten.de

Dipl.-Ing.
Volkmar Schnöke
Dorfstraße 9
15837 Klasdorf
Tel. 030.31503610
Fax 030.31503611
info@schnoeke.de
www.schnoeke.de

Dipl.-Ing.
Ingo Schrader
Rheinstraße 45, Aufgang C
12161 Berlin
Tel. 030.88949340
Fax 01803.551800408
ingo@schrader-architekt.de
www.schrader-architekt.de

Prof. Dipl.-Ing
Hasso Schreck
Erlenweg 72, App. 406
14532 Kleinmachnow
Tel. 033203.56406
Fax 033203.82235

Dipl.-Ing.
Walter Schreiber
Fasanenstraße 71
10719 Berlin
Tel. 030.8871410
Fax 030.88714166

Dipl.-Ing.
Christiane Schuberth
KSV Krüger Schuberth Vandreike
Brunnenstraße 196
10119 Berlin
Tel. 030.2830310
Fax 030.28303110
ksv@ksv-network.de
www.ksv-network.de

Dipl.-Ing.
Frank Schüler
koopX Architekten
Böhning Schüler Zalenga
Wildenbruchstraße 47
12435 Berlin
Tel. 030.25291586
Fax 030.25291596
berlin@koopx.de
www.koopx.de

► 36
Dipl.-Ing.
Hubertus Schwabe
Anderhalten Architekten
Köpenicker Straße 48/49
10179 Berlin
Tel. 030.2789440
Fax 030.27894411
architekten@anderhalten.com
www.anderhalten.com

Dipl.-Ing.
Manuel Sedeno
Sedeno Architekten
Emser Straße 40/41
10719 Berlin
Tel. 030.3010430
ms@sedeno.de

► 54
Frederike Sieweke-Lagemann
Bernrieder. Sieweke Lagemann.
Architekten BDA
Erkelenzdamm 59-61
10999 Berlin
Tel. 030.41763636
Fax 030.41763637
sieweke-lagemann@offwhite.de
www.bsl-architekten.de

Dipl.-Ing.
Detlef Sommer
Sommer + Sommer Architekten
Uhlandstraße 158
10719 Berlin
Tel. 030.88625500
Fax 030.88625510
hd@sommersommer.de
www.sommersommer.de

Dipl.-Ing.
Andreas Sommerer
Architekturbüro Meyer Große
Hebestreit Sommerer
Greifswalder Straße 9
10405 Berlin
Tel. 030.42802667
Fax 030.42802672
architekten@mghs.de
www.mghs.de

Dipl.-Ing.
Jörg Springer
Springer Architekten
Gesellschaft von Architekten mbH
Erkelenzdamm 11-13
10999 Berlin
Tel. 030.61658350
Fax 030.61658480
j.springer@springerarchitekten.de
www.springerarchitekten.de

► 152
Dipl. Arch. ETH
Volker Staab
Staab Architekten
Schlesische Straße 27
10997 Berlin
Tel. 030.6179140
Fax 030.61791411
info@staab-architekten.com
www.staab-architekten.com

Prof. b. arch.
Marina Stankovic
Marina Stankovic Architekten BDA
Goethestraße 2-3, Aufg. B
10623 Berlin
Tel. 030.31505317
Fax 030.31505319
mail@stankovicarchitekten.de
www.stankovicarchitekten.de

► 104
Dipl.-Ing.
Joachim Staudt
huber staudt architekten bda
Kurfürstendamm 11
10719 Berlin
Tel. 030.88001080
Fax 030.88001099
info@huberstaudtarchitekten.de
www.huberstaudtarchitekten.de

Prof.
Jürg Steiner
Jürg Steiner Architekt BDA
Schmargendorfer Straße 6
12159 Berlin
Tel. 030.8839988
Fax 030.8839918
juerg@steiner.ag
www.steiner.ag

Dipl.-Ing.
Jürgen Steland
Wundtstraße 12
14059 Berlin
Tel. 030.3929113
Fax 030.39904361
juergen.steland@gmx.de

► 154
Dipl.-Ing.
Stefan Sterf
sterfarchitekten
Fehrbelliner Straße 31
10119 Berlin
Tel. 030.2809858082
Fax 030.2827411
sterfarchitekten@arcor.de
www.sterfarchitekten.de

► 138
Dipl.-Ing. M Sc
Gunnar Tausch
raumzeit Gesellschaft
von Architekten mbH
Waldemarstraße 38
10999 Berlin
Tel. 030.692047310
Fax 030.692047319
studio@raumzeit.org
www.raumzeit.org

► 156
Dipl.-Ing.
Andreas Thiele
AndreasThiele.Architekten
Max-Beer-Straße 17
10119 Berlin
Tel. 030.24088372
Fax 030.24088377
berlin@thiele-architekten.com
www.thiele-architekten.com

Dipl.-Ing.
Heinz Tibbe
Gruppe Planwerk
Pariser Straße 1
10719 Berlin
Tel. 030.88916390
Fax 030.88916391
tibbe@gruppeplanwerk.de
www.gruppeplanwerk.de

Dipl.-Ing.
Bernd Tibes
DGI Bauwerk GmbH
Schillstraße 9-10
10785 Berlin
Tel. 030.2649430
Fax 030.2627934
tibes@dgi-bauwerk.de
www.dgi-bauwerk.de

► 138
Dr.-Ing.
Friedrich Tuczek
raumzeit Gesellschaft
von Architekten mbH
Waldemarstraße 38
10999 Berlin
Tel. 030.692047310
Fax 030.692047319
studio@raumzeit.org
www.raumzeit.org

Dipl.-Ing.
Lika Valentien
architektur + design Atelier
Gussmann + Valentien
Wielandstraße 12
10629 Berlin
Tel. 030.31507305
Fax 030.31507306
post@gussmann-valentien.de
www.gussmann-valentien.de

Dipl.-Ing.
Bertram Vandreike
KSV Krüger Schuberth Vandreike
Brunnenstraße 196
10119 Berlin
Tel. 030.2830310
Fax 030.28303110
ksv@ksv-network.de
www.ksv-network.de

► 44
Dipl.-Ing.
Andreas Veauthier
av-a Veauthier Meyer
Gesellschaft von Architekten mbH
Friedrichstraße 127
10117 Berlin
Tel. 030.30878930
Fax 030.30878931
info@av-a.com
av-a.com

► 56
Dipl.-Ing.
Bruno Vennes
BHBVT Gesellschaft v. Architekten
mbH Berlin
Leuschnerdamm 13
10999 Berlin
Tel. 030.6179960
Fax 030.61799629
info@bhbvt.de
www.bhbvt.de

► 32
Dipl.-Ing.
Walter Vielain
AVP Architekten
Hasenheide 61/II
10967 Berlin
Tel. 030.6115313
Fax 030.6119041
avp@abelmann-vielain-pock.de
www.abelmann-vielain-pock.de

Dipl.-Ing.
Peter Voigt
Ravensberger Straße 5 E
10709 Berlin
Tel. 030.8549376
Fax 030.85493763
voigt-architekt-bda@gmx.de

Dipl.-Ing.
Axel Volkmann
Oranienstraße 15
10999 Berlin
Tel. 030.2169556
Fax 030.2169428
axelvolkmann@alice-dsl.net

Dipl.-Ing.
Verena von Beckerath
HEIDE & VON BECKERATH
ARCHITEKTEN BDA
Kurfürstendamm 173
10707 Berlin
Tel. 030.8851879
Fax 030.8852095
mail@heidevonbeckerath.com
www.heidevonbeckerath.com

Dipl.-Ing.
Thomas von Thaden
Emser Straße 40
10719 Berlin
Tel. 030.61402660
Fax 030.61402661
mail@thomasvonthaden.de
www.thomasvonthaden.de

Dipl.-Ing.
Petra Vondenhof-Anderhalten
Anderhalten Architekten
Köpenicker Straße 48-49
10179 Berlin
Tel. 030.2789440
Fax 030.27894411
architekten@anderhalten.com
www.anderhalten.com

Dipl.-Ing.
Henning von Wedemeyer
ut Architects
Glogauer Straße 6
10999 Berlin
Tel. 030.0179 70 50 378
Fax 030.81492890
mail@ut-architects.de
www.ut-architects.de

► 72
Dipl.-Ing.
Philipp Wehage
DMSW Bürogemeinschaft für
Architektur und Landschaft
Mariannenstraße 23
10997 Berlin
Tel. 030.61658061
Fax 030.61658062
wehage@dmsw.net
www.dmsw.net

Dipl.-Ing.
Hans Wehrhahn
Nassauische Straße 3
10717 Berlin
Tel. 030.8738806
Fax 030.86397809
zentrale@architekten-plk.de

Prof.
Gesine Weinmiller
Weinmiller Architekten BDA
Kurfürstendamm 178-179
10707 Berlin
Tel. 030.88714370
Fax 030.3415024
weinmiller@weinmiller.de
www.weinmiller.de

Dipl.-Ing.
Birgitt Welter
Birgitt Welter Architekten
Köpenicker Straße 48/49
10179 Berlin
Tel. 030.30862567
Fax 030.30862570
b.welter@t-online.de
www.bwelter.de

Dr.-Ing.
Karlheinz Wendisch
Am Goldmannpark 12
12587 Berlin
Tel. 030.64488319
Fax 030.64488321
dr.k.wendisch@t-online.de

Dipl.-Ing.
Klaus Wiechers
Wiechers Beck Gesellschaft
von Architekten mbH
Manteuffelstraße 77
10999 Berlin
Tel. 030.616229925
Fax 030.616229922
k.wiechers@wiechers-beck.de
www.wiechers-beck.de

Dipl.-Ing.
Kai Wiegand
Kaup + Wiegand Gesellschaft von
Architekten mbH
Mommsenstraße 57
10629 Berlin
Tel. 030.4462126
Fax 030.4462639
wiegand@kaupwiegand.de
www.kaupwiegand.de

▶ 162
Dipl.-Ing.
Carsten Wiewiorra
wiewiorra hopp architekten
gesellschaft von architekten mbH
Schiffbauerdamm 13
10117 Berlin
Tel. 030.40056740
Fax 030.40056741
post@wh-arch.de
www.wh-arch.de

Dipl.-Ing.
Thomas Willemeit
GRAFT
Gesellschaft von Architekten mbH
Heidestraße 50
10557 Berlin
Tel. 030.24047985
Fax 030.24047987
berlin@graftlab.com
www.graftlab.com

▶ 96
Dipl.-Ing.
Ursula Wilms
Heinle, Wischer und Partner
Freie Architekten
Alt-Moabit 63
10555 Berlin
Tel. 030.3999200
Fax 030.3935000
info@heinlewischerpartner.de
www.heinlewischerpartner.de

Dipl.-Ing.
Henner Winkelmüller
Mola Winkelmüller Architekten
Keithstraße 2-4
10787 Berlin
Tel. 030.83227220
Fax 030.83227222
mail@mw-arch.de
www.mw-arch.de

Dipl.-Ing.
Georg Wittwer
Senator a.D.
Trabener Straße 14 c
14193 Berlin
Tel. 030.8902870
Fax 030.89028710
G.Wittwer_arch-staedtebau@gmx.net

Ulrich Wülfing
Preußenallee 28
14052 Berlin
Tel. 030.3059900
Fax 030.3041112

▶ 166
Dipl.-Ing.
Gudrun Wurlitzer
Wurlitzer Architekten GmbH
Neue Grünstraße 18
10179 Berlin
Tel. 030.28598663
Fax 030.88598664
berlin@wurlitzerarchitekten.de
wwww.wurlitzerarchitekten.de

Dipl.-Ing.
Yoshimi Yamaguchi-Essig
y.es Gesellschaft v. Architekten mbH
Garystraße 86
14195 Berlin
Tel. 030.8816759
Fax 030.8824569
architekten@yamaguchi-essig.de
www.yamaguchi-essig.de

Dipl.-Ing.
Bettina Zalenga
koopX Architekten
Böhning Schüler Zalenga
Wildenbruchstraße 47
12435 Berlin
Tel. 030.25291586
Fax 030.25291596
berlin@koopx.de
www.koopx.de

Dipl.-Ing.
Andreas Zerr
ZH Gesellschaft von Architekten
Goethestraße 72
10625 Berlin
Tel. 030.31806684
Fax 030.31806686
post@zhn-architekten.de
www.zhn-architekten.de

Dipl.-Ing.
Helmut Zeumer
Architekten AGP
Xantener Straße 17
10707 Berlin
Tel. 030.8837881
Fax 030.8822930
agp@architekten-agp.de
www.architekten-agp.de

Prof. Dipl.-Ing.
Klaus Zillich
Engel & Zillich Architekten
Helmholtzstraße 2-9 Aufg. L
10587 Berlin
Tel. 030.8857500
Fax 030.88575055
engelundzillich@freenet.de

Dipl.-Ing.
Herbert Zimmermann
Rüsternallee 35 a
14050 Berlin
Tel. 030.3053536
Fax 030.30812529
h.zimmermann@fpb.de
www.fpb.de

Dipl.-Ing.
Günter zur Nieden
Geschwister-Scholl-Straße 4
14471 Potsdam
Tel. 0177.7749825
zur-nieden@freenet.de
www.awerk.com

Außerordentliche Mitglieder

Dipl.-Ing.
Hans-Peter Achatzi
achatzi.com - strategieberatung
Tietzenweg 34
12203 Berlin
Tel. 030.8339551
Fax 030.84313182
office@achatzi.com
www.achatzi.com

Prof. Dipl.-Ing.
Inken Baller
Hasenheide 92
10967 Berlin
Tel. 030.6947025
Fax 030.6931779
inkenballer@online.de

Prof. Dr.
Harald Bodenschatz
Technische Universität Berlin Fakultät
VII, Sekr. FR 2-5
Franklinstraße 28-29
10587 Berlin
Tel. 030.7913568
Fax 030.7934825
harald.bodenschatz@t-online.de
www.schinkelzentrum.tu-berlin.de/
beteil/harabo.html

▶ 60
Dipl.-Ing.
Anne Boissel
Altonaer Straße 7
10557 Berlin
Tel. 030.78095107
info@anneboissel.de
www.anneboissel.de

Veronika Brugger
Publizistin, Kuratorin,
Architekturvermittlerin
Ceciliengärten 35
12159 Berlin
www.veronikabrugger.de

Dipl.-Ing.
Philipp Dittrich
Bundesamt für Bauwesen
und Raumordnung Ref. IV S 3
Fasanenstraße 87
10623 Berlin
Tel. 030.184018103
Fax 030.184018109
info@k41wettbewerbe.de

Dipl.-Ing.
Christian Drimborn
Windscheidstraße 17
10627 Berlin
Tel. 030.8915009
Fax 030.8914614
CDrimborn@aol.com

Dipl.-Ing.
Hans Jörg Duvigneau
Wasgenstraße 39
14129 Berlin
Tel. 030.8018439
Fax 030.80195713
hjduvigneau@aol.com

Dipl.-Ing.
Tim Edler
realities:united GmbH
Falckensteinstraße 47-48/H/4.OG
10997 Berlin
Tel. 030.20646631
Fax 030.20646639
te@realU.de
www.realU.de

▶ 82
Dipl.-Ing.
Christiane Fath
architektur:kommunikation
Maybachufer 23
12047 Berlin
mail@christianefath.de
www.christianaefath.de

Dipl.-Ing.
Herbert Fink
Davoser Straße 2
14199 Berlin
Tel. 030.8856560
Fax 030.8821458
h.fink-gmbh@t-online.de

Dipl.-Ing.
Bernhard Freund
Kaiserdamm 14
14057 Berlin
Tel. 030.32605155
Fax 030.32605059
freund@gutachtenerstattung.de
www.gutachtenerstattung.de

Prof. Dr.
Jörg Haspel
Landesdenkmalamt Berlin
Landeskonservator
Klosterstraße 47
10179 Berlin
Tel. 030.90273601
Fax 030.90273701
joerg.haspel@senstadt.berlin.de

Dipl.-Ing.
Markus N. Hastenteufel
Hastenteufel Architekten BDA
10, Rue des Pucelles
FR 67000 Strasbourg
mail@hastenteufel.de
www.hastenteufel.de

Dipl.-Ing.
Johann Philipp Heydel
SMV Bauprojektsteuerung
Ingenieursgesellschaft mbH
Wichmannstraße 5
10787 Berlin
Tel. 030.25422131
Fax 030.25422190
philipp.heydel@smv.com
www.smv.com

Dr. Ing.
Jochen Kempmann
Kurfürstendamm 130
10711 Berlin
Tel. 030.8929951
Fax 030.8932406
tomkem@t-online.de

▶ 74
Dipl. Des.
Ole Klingemann
DODK
Oderberger Straße 60
10435 Berlin
Tel. 030.44058122
Fax 030.44058122
contact@dodk.net
www.dodk.net

Dipl.-Ing.
Klaus-Peter Kloß
Straßmannstraße 39
10249 Berlin
Tel. 030.42015518
Fax 030.44050397
kloss.goralczyk@gmx.de

Prof.
Adolf Krischanitz
Arch. Krischanitz ZT GmbH
Getreidemarkt 1/11
1060 Wien
Tel. 0043.15861406
Fax 0043.1586140622
a.krischantiz@krischanitz.at

Dipl.-Ing.
Carsten Krohn
Rykestraße 4
10405 Berlin
Tel. 030.4426028
Fax 030.4426028
carstenkrohn@web.de

Regula Lüscher
Senatsverw. für Stadtentwicklung
Senatsbaudirektorin
Am Köllnischen Park 3
10179 Berlin
Tel. 030.90251250
Fax 030.90251666
regula.luescher@senstadt.berlin.de

BBR-Präsident i.R.
Florian Mausbach
August-Euler-Zeile 3
14089 Berlin

Dipl.-Ing.
Christina C. Mehlhose
Mulackstraße 25
10119 Berlin
Tel. 030.97005547
Fax 030.97005895
kontakt@ccmehlhose.de
www.ccmehlhose.de

▶ 38
Dipl.-Ing.
Ulrich Müller
Architektur Galerie Berlin
Karl-Marx-Allee 96
10243 Berlin
Tel. 030.78897431
Fax 030.78897432
info@architekturgalerieberlin.de
www.architekturgalerieberlin.de

Dipl.-Ing.
Reiner Nagel
Senatsverw. für Stadtentwicklung
Am Köllnischen Park 3
10179 Berlin
Tel. 030.90251300
Fax 030.90251302
reiner.nagel@senstadt.berlin.de

Dipl.-Ing.
Peter Ostendorff
Senatsverwaltung
für Stadtentwicklung, Referat IID
Brückenstraße 6
10179 Berlin
Tel. 030.90252028
Fax 030.90252535
peter.ostendorff@senstadt.berlin.de

Dipl.-Ing.
Regina Poly
Emser Straße 40
10719 Berlin
Tel. 030.8823572
Fax 030.8824192
info@regina-poly.de
www.regina-poly.de

Dr.
Tillmann Prinz
Bundesarchitektenkammer
Askanischer Platz 4
10963 Berlin
Tel. 030.26394410
Fax 030.26394413
prinz@bak.de
www.bak.de

Prof. Dr.-Ing.
Wolfgang Schäche
Mommsenstraße 6
10629 Berlin
Tel. 030.8838389
Fax 030.8826931
schaeche@tfh-berlin.de

Dipl.-Ing.
Kurt Schmidt
Otto-Suhr-Allee 72
10585 Berlin
Tel. 030.3425626
kurt.schmidt@versanet.de

▶ 76
Dipl.-Ing.
Matthias Seidel
c/o dr. julius ap
Leberstraße 60
10829 Berlin
Tel. 030.24374349
m@dr-julius.de
www.dr-julius.de

Dr.-Ing.
Hans Stimmann
Welserstraße 3
10777 Berlin
Tel. 030.23621999
info@stimmann.de

Prof.
Kai Vöckler
Projektbüro Vöckler
Nordring 56
63067 Offenbach
kai@voeckler.de
www.kai.voeckler.de

Prof. Dipl.-Ing.
Werner Wentzel
Stresemannstraße 40
10963 Berlin
Tel. 030.25293531
Fax 030.25293532
info@wentzel-architekten.de

Dr.
Astrid Elisabeth Wokalek
Oldenburger Straße 35 A
10551 Berlin
Tel. 030.39036032
awokalek@web.de

Dipl.-Ing.
Beatrix Wuttke
Beatrix Wuttke Thomas Ringhof
Architekten
Glückstadtsvej 2,1, Frihavn
DK-2100 Kopenhagen
Tel. 0045.2364855
buero@wuttkeringhof.com
www.wuttkeringhof.com

Ehrenmitglieder

Prof. Dr.-Ing.
Hardt-Waltherr Hämer
Dorfstraße 43 b
18347 Ahrenshoop
Tel. 030.03822080471
haemerwellmer@gmx.de

Dipl.-Ing.
Georg Heinrichs
Clayallee 34
14195 Berlin
Tel. 030.8833728

Dipl.-Ing.
Helga Schmidt-Thomsen
Eichkatzweg 75
14055 Berlin
Tel. 030.32602230
Fax 030.3211144
stz.arch@t-online.de

BDA MITGLIEDER

 [▶ 33] Walter Vielain

 [▶ 34] Bernd Albers

 [▶ 36] Claus Anderhalten

 [▶ 36] Hubertus Schwabe

 [▶ 36] Petra Vondenhof-Anderhalten

 [▶ 38] Ulrich Müller

 [▶ 40] Frank Arnold

 [▶ 40] Mathias Gladisch

 [▶ 42] Rainer Autzen

 [▶ 42] Bernd Reimers

 [▶ 44] Andreas Veauthier

 [▶ 46] Roger Baumgarten und Judith Simon

 [▶ 48] Andreas Becher

 [▶ 50] Helge Schmidt und Eike Becker

 [▶ 52] Jasper Jochimsen und Armin Behles

 [▶ 54] Christian Bernrieder

 [▶ 54] Frederike Sieweke Lagemann

 [▶ 56] Stefan Tebroke

 [▶ 56] Bruno Vennes

 [▶ 58] Klaus Block

[▶ 60] Anne Boissel

[▶ 62] Winfried Brenne

[▶ 64] Harald Müller

[▶ 64] Mark Randel

[▶ 66] Maria Clarke und Roland Kuhn

[▶ 68] Claus Nieländer

[▶ 70] Oliver Collignon

[▶ 74] Ole Klingemann und Denise Dih

[▶ 76] Matthias Seidel

[▶ 78] Christine Edmaier

[▶ 80] Wolf R. Eisentraut

[▶ 82] Christiane Fath

[▶ 84] Florian Fischötter

[▶ 86] Carsten Gerhards und Andreas Glücker

[▶ 88] Oliver Kühn und Swantje Kühn

[▶ 90] Johannes Löbbert und Johan Kramer

[▶ 92] Doris Gruber

[▶ 92] Bernhard Popp

[▶ 94] Friedhelm Haas und Silke Gehner-Haas

[▶ 96] Christian Pelzeter

[▶ 96] Ursula Wilms

[▶ 98] Carl Herwarth von Bittenfeld

[▶ 98] Brigitte Holz

[▶ 102] Harald Schindele, Markus Hirschmüller und Florian Hoyer

[▶ 104] Joachim Staudt und
Christian Huber

[▶ 106] Tom Kaden, Tom Klingbeil

[▶ 108] Andreas Kopp

[▶ 108] Minka Kersten

[▶ 110] Jan Kleihues

[▶ 114] Brigitte Kochta

[▶ 116] Ramsi Kusus und
Karin Kusus

[▶ 118] Anne Lampen

[▶ 120] Jakob Lehrecke

[▶ 122] Stefan Ludes

[▶ 124] Jens Ludloff und Laura Fogarasi-Ludloff

[▶ 126] Walter Nägeli

[▶ 128] Axel Oestreich

[▶ 130]
Benjamin Hossbach

[▶ 132] Mara Pinardi

[▶ 134]
Roland Poppensieker

[▶ 136] Justus Pysall

[▶ 138] Friedrich Tuczek

[▶ 138] Gunnar Tausch

[▶ 138] Jan Läufer

[▶ 140] Petra Petersson

[▶ 142] Reimar Herbst und Angelika Kunkler

[▶ 144] Eike Roswag

[▶ 146] Carola Schäfers

[▶ 148] Hermann Scheidt

[▶ 148] Frank Kasprusch

[▶ 150] Klaus Schlosser

[▶ 152]
Alfred Nieuewenhuizen

[▶ 152] Volker Staab

[▶ 156] Andreas Thiele

[▶ 158] Thomas M. Krüger und Susanne Günther

[▶ 160] Dirk Bertuleit und Sandra Töpfer

[▶ 162]
Carsten Wiewiorra

[▶ 164] Martin Froh

[▶ 166] Gudrun Wurlitzer

Verena von Beckerath

Julia Bergmann

Wilfried Bete

Bernhard Binder

Veronika Brugger

Christian Dierkes

Patrik Dierks

Erwin Eickhoff

Peter Eingartner

Almut Ernst

Birgit Frank

Bettina Georg

Armand Grüntuch

Jörg Haspel

Johan Philipp Heydel

Andreas Hierholzer

Jürgen Mayer H.

Thomas Kaup

Alexander Khorrami

Timm Kleyer

Alexander E. Koblitz

Cornelia Locke

Edna Lührs

Hildebrand Machleidt

Mario Maedebach

Florian Mausbach

Natascha Maria Meuser

Philipp Meuser

Thomas Müller

Manfred Pechtold

Stephan Pinkau

Regina Poly

Tillmann Prinz

Wolfram Putz

Lucius Rathke

Rolf Rave

Werner Redeleit

Ivan Reimann

Walter Rolfes

Norbert Sachs

Detlef Sommer

Joerg Springer

Jürg Steiner

Thomas von Thaden

Bernd Tibes

Lika Valentien

Kai Wiegand

Bettina Zalenga

Andreas Zerr

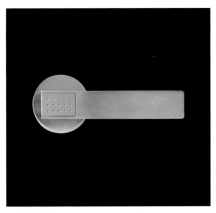

Bildnachweis

Alberts, Andrew: Seite/page 177, 184, 185 I Albers, Bernd: Seite/page 34, 35 I Altenkirch, Dirk: Seite/page 94, 95 r. I Stefan Amann – a2b: Seite/page 93 r. I archvispro.com – architecture visualization projects: Seite/page 93 I BDA Berlin: Seite/page175, 176 I Bitter, Jan: Seite/page 124, 125 r. I Böhmer, Ursula: Seite/page 120, 121 r. I Bredt, Marcus: Seite/page 53 I Brenne, W.: Seite/page 62, 63 I BSL-Architekten: Seite/page 54, 55 I Büro Edmaier: Seite/page 78, 79 I Büro Prof. Dr. Eisentraut: Seite/page 81 r. M. I Chemollo, Alessandra: Seite/page 172 I Clarke und Kuhn: Seite/page 66, 67 l. I CNAM: Seite/page 68, 69 I David Chipperfield Architects: Seite/page 65 I Davies, Richard: Seite/page 64 I Deimel+Wittmar: Seite/page 148, 149 r. o. I Dmsw: Seite/page 73 l.M. I Drescher, Wolfgang: Seite/page 98 I Ebener, Marcus: Seite/page 153 l. I Eike Becker_Architekten: Seite/page 51 I Eisentraut, Prof. Dr.: Seite/page 81 l., r. u. I Eisentraut, Thomas: Seite/page 81 r. o. I Gahl, C.: Seite/page 125 l. I galerie archcouture halle: Seite/page 82 I Gehrmann, Frank: Seite/page 133 l. I Godin, Lon: Seite/page 118 I Gollmer, Rainer: Seite/page 174 r. I Gottschalk, Kim Oliver: Seite/page 123 I Graubner, Claus: Seite/page 88, 89 l. I Gruber+Popp Architekten: Seite/page 93 I Haas Architekten: Seite/page 95 l. I Hacke, Mila: Seite/page 42, 43 l. o. I Helmerdig, Silke: Seite/page 39, 134 I Herwarth+Holz, Planung und Architektur: Seite/page 99 I hiepler, brunier: Seite/page 156, 157 I Holtz, Paula: Seite/page 145 r. u. I Huthmacher; Werner: Seite/page 36, 37, 40, 41, 72, 73 r., 83, 86, 87, 90, 91, 104/105, 119, 125, 152, 153 r.,170 o., 181 I Joosten, Hanns: Seite/page 92 I Jost, Ingrid: Seite/page 89 r. I Foto Kirsch: Seite/page 132 I Klapsch, Thorsten: Seite/page 162, 163 l., r. I Kleine, Christa: Seite/page 52 I Koch, Christian: Seite/page 112, 113 I Büro Kochta: Seite/page 114 I Könsgen, Matthias: Seite/page 96 I Kusus+Kusus Architekten: Seite/page 117 I Kwiatosz, Tomek: Seite/page 67 r. o., r. u. I Lehmann, Jörn: Seite/page 43 l. u., r. I Lintner, Linus: Seite/page 121 l. I Mahlstedt, Olaf: Seite/page 97 I Meinel, Udo: Seite/page 60, 61, 178, 179 I Moskau GmbH: Seite/page 103 I Müller, Stefan: Seite/page 100, 101, 102, 110, 111, 146, 150, 151, 170 u., 171 I NÄGELIARCHITEKTEN: Seite/page 126, 127 I Odell, Felix: Seite/page 140, 141 I Ortmeyer, Klemens: Seite/page 74, 75, 108, 109 I Paffrath, Ludger: Seite/page 145 l. I phase eins: Seite/page 130, 131 l., r. I Profitlich, Florian: Seite/page 133 r. I Quabbe & Tessmann: Seite/page 161 r. I Röhrbein, Jens: Seite/page 122 I Rokitta, Christoph: Seite/page 44, 45 I Rose, Christian: Seite/page 163 M. I Carola Schäfers: Seite/page 147 I Scheidt Kasprusch: Seite/page 149 l., r. u. I Schmorte, Hartwig: Seite/page 80 I Schönfeld, Eva J.: Seite/page 38 I Schwarz, Ulrich: Seite/page 58, 59, 116, 180 I Seidel, Matthias: Seite/page 174 l. I Seidel, Torsten: Seite/page 144, 145 r. o. I Siefka, Jan: Seite/page 165 l. I SMB/Photo Ute Zscharnt für David Chipperfield Architects: Seite/page 173 I Sprenger, Lothar: Seite/page 142, 143 I sterfarchitekten: Seite/page 154, 155 I Ticket B: Seite/page 158, 159 I Vielain, V./ap: Seite/page 32, 33 I Vogt: Seite/page 115 I Wille, Tobias: Seite/page 164 I Willebrand, Jens: Seite/page 50, 136, 137 I Winking Froh Architekten BDA: Seite/page 165 r. I Wuthenow, Hans Joachim: Seite/page 131 M.